U0557081

北京市社会科学基金特别委托项目
北京市社会科学理论著作出版基金重点资助项目
辽宁"攀登学者"支持计划

国外经济学发展报告（2015）

国外经济热点前沿

（第 12 辑）

黄泰岩　等著

经济科学出版社

图书在版编目（CIP）数据

国外经济热点前沿. 第 12 辑 / 黄泰岩等著 . —北京：经济科学出版社，2015.12
ISBN 978 - 7 - 5141 - 6411 - 4

Ⅰ. ①国… Ⅱ. ①黄… Ⅲ. ①经济 - 问题 - 研究 - 国外　Ⅳ. ①F113

中国版本图书馆 CIP 数据核字（2015）第 308931 号

责任编辑：柳　敏　于海汛
责任校对：郑淑艳
责任印制：李　鹏

国外经济热点前沿
（第 12 辑）

黄泰岩　等著

经济科学出版社出版、发行　新华书店经销
社址：北京市海淀区阜成路甲 28 号　邮编：100142
总编部电话：010 - 88191217　发行部电话：010 - 88191522
网址：www.esp.com.cn
电子邮件：esp@esp.com.cn
天猫网店：经济科学出版社旗舰店
网址：http://jjkxcbs.tmall.com
北京汉德鼎印刷有限公司印刷
三河市华玉装订厂装订
710×1000　16 开　17.25 印张　300000 字
2015 年 12 月第 1 版　2015 年 12 月第 1 次印刷
印数：0001—5000 册
ISBN 978 - 7 - 5141 - 6411 - 4　定价：35.00 元
（图书出现印装问题，本社负责调换。电话：010 - 88191502）
（版权所有　侵权必究　举报电话：010 - 88191586
电子邮箱：dbts@esp.com.cn）

前　言

《国外经济热点前沿》（第12辑）的出版，标志着该书实现了一轮的圆满。团队12年的努力，可嘉；成果12年的积累，可喜；影响12年的扩大，可贺！

一年有十二个月，一天有十二个时辰，由此中华文化认定十二为天之大数，从而有了十二地支，及十二生肖的周期轮回。

世事难料，似乎杂乱无章，但其中真的有自然规律可循，否则无法解释"道法自然"。

2004年是本书出版的元年，这一年我也非常有幸被评为第一批哲学社会科学长江学者特聘教授，从北京去了位于沈阳的辽宁大学，从此与辽宁大学结下了不解之缘。2011年6月我被任命为辽宁大学常务副校长，2012年4月被任命为校长。2015年4月，我又被国家民委任命为中央民族大学校长，从沈阳回到了北京。这一年，恰恰是本书一轮的收官之年。

加入中央民族大学，对我来说是一种缘分，也是一个轮回。我虽然不是少数民族，但我是从民族地区走出来的：在内蒙古呼和浩特市上过小学和中学，1975年1月投笔从戎成为坦克兵驻守在内蒙古凉城，1979年2月从部队复员回到呼和浩特市，同年9月从内蒙古考入中国人民大学。今年到中央民族大学任职，虽然没有回到民族地区，但却来到了服务民族地区和少数民族的民族大学。从民族地区出来再到民族大学工作，时间跨度正好是3个12年。

感悟近5个12年的人生经历，我更加坚信了"好人必有好报"的良言古训。努力做一个好人，努力多做些好事。

何为"好人"？对此人们有各种不同的界定。如果仅从解字释义的角度来看，汉字"好"由一"女"和一"子"组成，古人何意？按照民间流传的说法，儿女双全为好，这是圆满的结果。但从追求这种圆满的过程或机制来看，是否还可以引申出以下三点：一是有儿有女意味着性别的自然平衡，是人口理论追求的一种理想境界。这是否隐含着要求我们敬畏自然、尊重自然、顺其自然，从而做人做事要追求和谐、注重协调、强化合作、实现共赢。二是有儿有女意味着对立统一，这是否要求我们做人要精一半傻一半；做事要拿得起放得下。三是男为刚、女为柔，有儿有女是否要求我们做人做事应刚柔并济。该刚的时候，一定要像男子汉那样，掷地有声，抓铁有痕；该柔的时候，一定要像母性那样伟大，上善若水，润万物而无声。既然"好人"如此，那要有"好报"就至少要做到：

1. 有责任心、感恩心。责任心就是敢担当、能担当、会担当，也就是：招之即来，来之能战，战之能胜。当今的时代是一个需要担当的时代。担当是这个浮躁社会的稀有品质，是你有所成就的必要素质。所以，要做到电影《百团大战》中所说的那样：人在，旗在；人不在，旗还在！感恩心就是知恩、念恩、报恩。无论你处于什么地位，你有多重要，都要看轻自己，因为谁离开你都能活。所以没有什么是应该的、应得的，对每一次的获得都要常怀感恩之心，常怀报答之意。最近微信上流传的一位"80后"女孩的演讲视频，对父母的感恩之情催人泪下，"你养我长大，我陪你变老"是多么真情的报答。

2. 有德。只有好人才有更多的机会做事、做成事、做好事。今天社会的用人理念是：有德有才重用，有德无才培养，无德有才不用。人做不好，就等于失去了展示自己才能的机会和平台。一位中国留学生在英国找工作的故事就昭示了这一点。这位留学生因学习成绩好、有才华而受到招聘单位的青睐，但屡屡在最后签约时被拒，原因就是在乘公交时有三次逃票的记录。

3. 多做好事。只有做好事才能表明你是一个好人。所以，在人生的不同阶段，做人与做事可能需要有不同的组合。在年轻时，需要通过做事做人，有的人称之为先做事、后做人，或边做事、边做人；经过一定阶段后，则可以通过做人做事，有的人称之为光做人、不做事，这里的不做事，是指不用亲自做小事，而是组建团队和与人合作一起做事。所以，要做一个好人，要得到好报，唯一的途径就是：怀着一颗感恩的心，踏踏实实、任劳任怨地做事，甚至做小事，做似乎与自己无关的事，才能最终修炼自己、提升自己。

4. 做一辈子好人好事。一个人做一件好事并不难，难的是一辈子做好事。能坚持一辈子做好事的人一定是一个好人。好人有好报，不是不报，是时候不到。为了图报，往往总是不报。做好事，就是做好事，没有为什么。找到了为什么，好事可能就不一定是好事了。所以，请坚信：认定了方向，埋头拉车，坚持数年，必有好报。

本书作为《中国经济学发展报告（2015）——中国经济热点前沿（第12辑）》的姊妹篇，试图针对2015年中国经济学研究的热点问题，通过对相关热点问题国外研究文献的系统梳理，展示国外经济学在相应专题研究方面的最新进展，使对相关热点问题感兴趣的学者们可以较容易地通览国内外的文献，把握研究的学术前沿，为推进经济学的理论创新打造基础和平台。当然，由于我们的水平和对资料的掌握有限，难免有一些相当精彩的观点没有被综述进来，从而使研究成果反映得不够全面，敬请有关专家、学者谅解。同时我们也诚心诚意地欢迎有关专家、学者支持和帮助我们，以使我们的工作越做越好。

参加本书写作的有（按章顺序）：牛飞亮（第一章）；王琨（第二章）；李政、刘明、杨思莹（第三章）；宋丽萍、郑江淮

(第四章);聂大海(第五章);王军(第六章);钟滨(第七章);彭炎辉(第八章);许悦雷(第九章);姜伟(第十章);惠炜(第十一章);郭广珍(第十二章);袁惊柱、李鹏飞(第十三章);丁守海、唐兆涵(第十四章);许璐、郑江淮(第十五章)。他们分别是来自于中国社会科学院、中国人民大学、南京大学、辽宁大学、云南大学、北京第二外国语学院的教授、副教授、讲师和博士生等。全书最后由我修改和定稿。

  本书的出版,得到了北京市社科基金特别委托项目、北京市社会科学理论著作出版基金和辽宁省"攀登学者"支持计划的资助。正是有了他们的资助,我国的理论之树才更加根深叶茂。中国财经出版传媒集团副总经理、经济科学出版社社长兼总编辑吕萍女士、财经分社副社长于海汛及其同事们为本书又好又快地出版给予了超乎寻常的鼎力支持,在此一并表示衷心的感谢!

黄泰岩

2015年12月于中央民族大学

目 录

第一章
潜在经济增长率与经济增长收敛理论研究的新进展 …………（1）
- 一、潜在经济增长率问题 …………………………………（1）
- 二、经济增长收敛理论 ……………………………………（8）

第二章
创业对经济增长影响研究的新进展 ………………………（24）
- 一、创业对经济增长的影响效果 …………………………（24）
- 二、创业影响经济增长的内在机制 ………………………（30）
- 三、创业影响经济增长的外部条件 ………………………（34）
- 四、简要述评及对中国的启示 ……………………………（36）

第三章
创新经济与政策研究的新进展 ……………………………（43）
- 一、创新的经济效应 ………………………………………（43）
- 二、创新的评价指标和方法 ………………………………（46）
- 三、创新的影响因素 ………………………………………（48）
- 四、创新生态系统 …………………………………………（50）
- 五、创新政策 ………………………………………………（54）

第四章
技能偏向性技术进步形成机制与发展态势研究的新进展 (65)
一、引言 (65)
二、技能偏向性技术进步的基本特征 (66)
三、技能偏向性技术进步的形成机理 (70)
四、开放经济下技能偏向性技术进步发展态势 (75)
五、结论性评述 (81)

第五章
创意产业研究的新进展 (86)
一、创意产业及创意经济的内涵和分类 (86)
二、创意产业对经济社会发展的影响 (91)
三、创意产业的影响因素 (92)
四、创意产业的集聚效应 (96)
五、促进创意产业发展的政策建议 (99)

第六章
金融自由化问题研究的新进展 (109)
一、金融自由化的经济增长效应 (109)
二、金融自由化对经济增长的影响机制 (111)
三、金融自由化与货币需求和供给 (113)
四、金融自由化与商业银行 (114)
五、金融自由化与金融稳定 (116)

第七章
调控政策对房价影响研究的新进展 (120)
一、土地政策对房价的影响 (120)
二、财政政策对房价的影响 (121)
三、货币政策对房价的影响 (124)

第八章
农业补贴效应研究的新进展 ……………………… (131)
　　一、农业补贴的产量效应 ……………………………… (131)
　　二、农业补贴的生产率效应 …………………………… (134)
　　三、农业补贴的要素市场效应 ………………………… (136)
　　四、农业补贴的收入效应 ……………………………… (138)
　　五、农业补贴的溢出效应 ……………………………… (142)
　　六、农业补贴的国际效应 ……………………………… (146)
　　七、结论性评语 ………………………………………… (148)

第九章
产学合作利益分配研究的新进展 ……………………… (158)
　　一、产学合作利益分配的内涵 ………………………… (158)
　　二、产学合作利益分配的原则 ………………………… (160)
　　三、产学合作利益分配的方式 ………………………… (161)
　　四、避免和解决产学合作利益冲突的方式 …………… (163)

第十章
外商直接投资收入不平等效应研究的新进展 ………… (170)
　　一、外商直接投资具有缩小收入不平等效应 ………… (170)
　　二、外商投资具有扩大收入不平等效应 ……………… (171)
　　三、外商直接投资与收入不平等之间存在倒"U"型关系 …… (175)
　　四、外商直接投资的收入不平等效应存在争议的原因 …… (177)

第十一章
消费平滑理论研究的新进展 …………………………… (183)
　　一、经典消费理论 ……………………………………… (183)
　　二、家庭资产持有、自身特征对消费平滑的影响 …… (188)
　　三、非正式风险分担对消费平滑的影响 ……………… (191)
　　四、财政政策对消费平滑的作用机制 ………………… (193)
　　五、社会福利对消费平滑的影响 ……………………… (196)
　　六、估值效应、全球化对消费平滑的影响 …………… (197)

第十二章
城镇化进程中土地用途转变问题研究的新进展 …………（205）
一、城镇化造成农业用地流失 …………………………（205）
二、土地用途转变对农民福利的影响 …………………（208）
三、土地用途改变对环境的影响 ………………………（209）
四、土地用途改变对粮食生产的影响 …………………（210）

第十三章
自然资源定价研究的新进展 ……………………………（213）
一、可交易的自然资源定价方法 ………………………（214）
二、不可交易的生态服务定价方法 ……………………（215）
三、评述性总结 …………………………………………（222）

第十四章
小企业就业问题研究的新进展 …………………………（228）
一、小企业就业创造功能的比较研究 …………………（228）
二、衰退期小企业就业稳定器功能的内在机理 ………（231）
三、小企业就业的脆弱性分析 …………………………（234）
四、提高小企业就业能力的扶持政策 …………………（238）
五、结论性评语 …………………………………………（241）

第十五章
出口企业融资约束问题研究的新进展 …………………（247）
一、引言 …………………………………………………（247）
二、出口企业融资渠道的选择 …………………………（248）
三、出口企业融资约束程度的测算 ……………………（251）
四、融资约束对异质性企业出口的影响机理 …………（252）
五、全球价值链上出口企业的融资约束 ………………（257）
六、总体述评与展望 ……………………………………（259）

第一章 潜在经济增长率与经济增长收敛理论研究的新进展

世界主要经济体美国、中国，以及新兴市场经济国家经济增长率自2008年开始出现下降，全球经济危机加深，因此，经济增长问题日益受到学者们的关注。对经济增长的研究主要集中在经济潜在增长率和经济增长收敛两个方面。

一、潜在经济增长率问题

潜在产出、潜在经济增长率和产出缺口是宏观经济学的重要概念，与政策制定者关心的经济增长、物价水平、失业率和短期经济波动等都密切相关，是分析宏观经济运行态势以及制定经济政策的重要依据和根据，具有相当重要的理论和现实意义。

（一）潜在产出提出的背景

国外早期对潜在产出的讨论主要是与就业和失业联系在一起的，也包含对劳动时间的讨论。但是早期研究只是根据经验简单地估计"二战"后就业量和劳动生产率的变化，并没有像后来的奥肯那样提出失业率与产出波动之间的数量关系，也并没有将潜在产出与通货膨胀相联系，甚至有些研究使用的数据还存在较大误差。

由于总需求和总供给的波动，经济增长的现实路径并不平滑，有波峰、有波谷。经济波动会给社会带来不受欢迎的失业和通货膨胀，因此现代各国政府希望能够熨平经济周期，使经济沿着一个具有较低且稳定的失业率、较低且稳定的通货膨胀率的路径增长。这种长期可持续的增长路径就是潜在产出路径。

为了避免严重的通货膨胀和过高的失业率，政府希望通过各种宏观调控政策使经济在潜在产出或略低于潜在产出附近平稳运行，因此，潜在经济增长是判断一个经济体是否健康运行的重要指标。估计潜在产出可以对一个国家和地区长期经济增长的影响因素和发展趋势做出准确的分析和判断，可以使政策制定者了解经济增长的最大潜能，从而为政府制定经济发展目标提供依据。

实际经济增长与潜在经济增长之间的产出缺口与短期经济波动密切相关，可以使政策制定者知晓经济运行的合理水平，识别经济波动所处的状态。若产出缺口为负，即实际产出低于潜在产出，现实经济运行在潜在水平之下，预示着经济运行中总需求小于总供给，经济出现下滑和通货紧缩趋势，经济在发展过程中可能出现了运行效率低下或要素闲置的情况，劳动力市场就会表现出非自愿失业的情况，当失业率达到一定程度时，就容易引发一系列的社会问题，政策制定者应实行宽松的经济政策，拉动总需求，使经济达到均衡状态；若产出缺口为正，即实际产出高于潜在产出，现实经济运行在潜在水平之上，预示着经济运行中总需求大于总供给，通货膨胀的压力增加，应当采取紧缩的财政和货币政策，以防止经济过热，同时应通过推动技术进步、加快转变经济增长方式、促进产业结构优化升级等手段提高经济的潜在产出水平。

长期来看，准确估算出潜在经济增长率，有助于决策者确定一国或地区经济的可持续增长空间，并据此制定相应的经济发展规划，以实现经济的持续、健康、高效发展。

（二）潜在产出的内涵

要想对潜在产出进行准确估计，首先要明晰潜在产出的基本概念。国外大多以奥肯1962年的论文作为潜在产出研究的起点。奥肯的特别贡献一方面在于他提出了失业率变化与经济增长率变化之间的经验关系，另一方面在于他将通货膨胀与失业率和潜在产出联系在一起，完善了潜在产出的理论含义。奥肯指出，他研究的潜在产出是指"一个经济体在所有资源被充分利用时的最大可能产出。"并首次运用线性趋势方法对潜在产出和产出缺口进行估计。但是奥肯提出的潜在产出只是一个笼统概念，对于这样一个概念可以给出不同的理解。之后，不少学者和机构对潜在产出的

第一章 潜在经济增长率与经济增长收敛理论研究的新进展

内涵、研究思路和计算方法进行了深入的研究和分析,但是迄今为止,仍然没有一个确定的对潜在产出内涵的统一界定,不同的宏观经济学派对潜在产出赋予了不同的含义。目前学术界对潜在产出的界定和理解主要分为以下两类:凯恩斯主义学派和新古典主义学派。

凯恩斯主义的潜在产出理论是在其经济周期理论基础上提出的。在经济周期的扩张期,经济体可能存在资源过度使用的状况,在经济周期收缩时期,可能存在资源闲置的状况。该学派认为,潜在产出是当各种投入要素在一定的约束条件下充分利用时所能达到的最大产出值,与要素投入水平呈正相关关系。

新古典主义的潜在产出理论基于其对市场的基本假设,认为潜在产出是在给定实际约束的条件下,在不引起通货膨胀率改变时,经济体所能实现的产出。

凯恩斯主义与新古典主义的潜在产出建立在各自不同的理论基础上,对潜在产出内涵不同的界定最终会得到不同的估计结果。凯恩斯理论分析框架下的潜在产出主要强调产出的最大可能,在这种情况下,实际产出往往低于潜在产出,产出缺口大多为负。新古典主义理论下,实际产出围绕潜在产出在一定范围内上下波动,且产出缺口正负交替。

(三) 潜在产出估算方法

从 20 世纪 60 年代至今,已经涌现出大量从不同内涵、不同角度展开研究的潜在产出和产出缺口的估算方法,各种新方法不断涌现并且应用于实践。迄今为止,学术界和机构对潜在产出和产出缺口的估计方法众多,结合凯恩斯主义理论和新古典经济理论对潜在产出概念的不同理解,已有研究方法大体可以分为三类。

1. 统计性分解趋势法

统计性分解趋势法是在不考虑变量间经济关系的情况下,将时间序列分解为趋势成分和周期成分,把实际产出看作是潜在产出和短期波动的某种组合。因此,可以利用各种统计和计量方法将实际产出序列进行分解,其中趋势成分称为潜在产出,周期成分称为产出缺口。

潜在产出和产出缺口的统计分解趋势法随着计量技术的发展不断改进。早期比较常用的是线性趋势分解法,该方法认为经济产出是一种确定的线性时间趋势，对产出序列数据取对数转化为线性趋势形式，残差部分表示周期成分。

之后的很多学者对宏观经济变量是否具有确定的时间趋势提出了质疑。1982年，经济学家尼尔森和普洛瑟（Nelson and Plosser，1982）认为，大多数宏观经济变量是随机变动的，只有单位根性质，而没有趋势稳定的性质。1981年，百沃瑞和尼尔森（Beverage and Nelson，1981）提出了一个一般的分解非平稳时间序列的方法，这种方法可将趋势部分和周期部分都分解为随机序列。其中，趋势部分是一个带漂移的随机游走过程，而周期部分则是均值为零的平稳序列。这种方法曾被应用到分析美国"二战"后经济周期问题当中，后被称为BN分解法。BN分解法为纯粹的统计分析方法，缺乏相关经济理论基础。之后的UC——卡尔曼滤波分解法也是基于这个理论，该方法最早由哈维（Harvey）于1989年提出，它假设趋势非平稳，其估计过程是：首先把UC模型表示成状态空间形式，然后用极大似然估计法估计参数，得到趋势成分和周期成分。该结果对卡尔曼滤波程序计算的初始值、样本数据长度等因素变化比较敏感，因而结果并不唯一。

1997年，霍德瑞克和普雷斯科特（Hodrick and Prescott，1997）提出的HP滤波法认为经济变量既不是永远不变，也不是随机变动，其趋势是缓慢变动的。他们采用对称的数据移动平均方法原理，设计一个滤波器，即HP滤波器，该滤波器从时间序列中得到一个平滑的序列，即趋势部分。HP滤波方法的一个重要问题就是平滑参数的取值，不同的取值——即不同的滤波器——决定了不同的周期方式和平滑度，学界对于该取值并没有形成统一的标准，造成了取值的主观性、随意性，从而致使估计出现偏差。与此相类似的还有巴克斯特和金（Baxer and King，1995）于1995年提出的BK滤波法。该方法的思路是将实际产出序列的分解成分对应为谱中的高频、中频和低频部分。其中长期趋势成分对应为谱中的低频部分，周期成分对应为谱中的中频部分，不规则成分对应为谱中的高频部分。然后将长期趋势成分（低频）和不规则成分（高频）剔除而得到周期成分（中频）。BK分解法的最大优点就是滤波的结构可根据频率的变化而灵活变化，但是该方法很难准确的测算经济周期中暂时性成分以及产出的近似值，且在样本很小的情况下，与HP滤波法的差别很小。

上述这些方法是研究潜在产出最常用的滤波方法，都是将实际产出分解为趋势成分和周期成分，也可称为单变量状态分解法。总体来看，统计性分解趋势法的共同特点是不需要复杂假设，操作简单，使用的变量少，对数据要求较低，且数据也较容易获得，一般只需要实际产出值即可。这一套方法一度成为估算潜在产出的一种较为流行的方法。如奥兹别克和欧兹拉（Ozbek and Ozlale，2005）通过非线性状态空间模型并结合扩展的卡尔曼滤波对土耳其经济的潜在产出进行了估算，这种时变参数的方法可以将产出分解为趋势成分和周期成分，同时分析了产出缺口和通货膨胀之间的关系。卡马达（Kamada，2005）检验了日本银行（BOJ）用于估算产出缺口的方法，指出了实时估计的一些问题，最后指出实时估计得到的产出缺口对于通货膨胀的预测很多时候并不准确。米绰等（Mitra et al.，2011）运用小波分析的滤波方法和工业生产指数的月度数据对印度的潜在产出进行了估计，并且将这种方法和 HP 滤波与季度 ARIMA 建模方法进行了比较，结果表明小波滤波方法得到的结果要好于其他计量方法。

但是，这类方法仅仅考虑利用实际产出的时间序列进行分析，而没有将其他对产出变动产生重要影响的宏观经济变量，如通货膨胀率、失业率等因素加以考虑，因此缺乏经济理论基础。另外，随着各种现代化统计和计量方法的更新，也使得该类方法的计算过程变得越来越难以把握，这也可能对最后的测算结果造成一定的误差，因此近年来被应用的越来越少。

2. 生产函数法

从经济增长的角度来看，潜在产出可以从生产函数出发，利用标准的经济增长模型来进行估计。这种方法需要对各种生产要素的分布先期进行估算，然后才能得到最终估算的潜在产出。这类方法首先选定合理的生产函数形式，确定了这种关系之后，利用实际产出和要素投入的数据来对生产函数中的参数进行估计，之后，估算出各个要素的潜在利用水平，然后将这些结果带入到所选生产函数进而得到潜在产出水平的估算。

生产函数法通过经济结构关系估计潜在产出，基本思想是利用现实经济数据估算总量生产函数，认为产出取决于资本投入 K、劳动投入 L 和劳动生产率 A。故潜在产出的函数表达式为：

$$Y_t^* = F(A, K_t^*, L_t^*)$$

其中，Y_t^* 为潜在产出水平；K_t^* 为潜在资本投入；L_t^* 为潜在劳动投入；A 为全要素生产率。这种方法的估算过程较复杂，但是该方法有经济理论的支持，并且可以对影响产出的生产要素进行分析。虽然生产函数方法是以经济理论为依据，在此基础上做出一些假设来估计潜在产出，但是该方法需要对生产函数的形式进行选择。研究中常用的函数形式有柯布—道格拉斯（Cobb-Douglas）生产函数、不变替代弹性（CES）生产函数、超越生产函数等。在以上这些生产函数中，因为具有规模报酬不变的性质，柯布—道格拉斯生产函数在研究中最为常用。在很多发达经济体，这样的性质被认为是合理的。国外的一些经济机构已经使用生产函数法发展出较为成熟的模型来计算潜在产出和预测未来潜在产出增长率。

美国国会预算办公室和欧盟委员会在利用生产函数方法估算潜在产出的众多研究中比较具有代表性，而且也较为成熟。美国国会预算办公室（CBO，2001）在对各种生产要素分解的基础上，将潜在产出过程中分成农业、非农业、家庭、政府等不同部门利用生产函数法分别计算潜在产出。其中，非农业部门在计算的过程中使用的是柯布—道格拉斯生产函数形式。然后根据对要素的预测来预测未来的潜在产出增长率。罗杰（Roeger，2006）介绍了欧盟委员会（EU，Commission）利用生产函数方法计算潜在产出水平的过程。产出是劳动和资本共同投入产生的，其中，劳动和资本都要受到利用效率和产能过剩程度的影响。通过计量回归方程估算出自然失业率水平，从而可以计算潜在就业水平；然后通过对索洛余值进行 HP 滤波，来得到趋势全要素生产率；而资本存量认为总是处于充分利用的状态，最后将这些生产要素代入生产函数就可以得到潜在产出水平。

这种方法在计算过程中由于用到了各个要素的经济变量，因而相对于统计分解趋势的方法能够利用更多的信息。同时，该方法有较强的经济理论做支撑，能够从要素变化的角度分析潜在产生水平的变化，经济意义更强。但是，值得注意的是，利用这种方法得到科学准确的潜在产出水平结果的前提条件是，能够准确地确定各个要素的潜在利用水平，而且可以说明要素与产出关系的设定合理性。这些前提条件往往成为实际应用这类方法计算潜在产出的障碍。

生产函数法可以通过估计生产要素数量变化从供给侧探讨未来的潜在产出，但是也面临一些问题：一是生产函数形式包含的生产要素难以反映生产实际。大多数生产函数只包含劳动数量和资本数量，而实际生产中还包含了更多生产要素，比如人力资本、能源使用量等；二是实际当中，要素的产出弹性会随时间发生变化，但生产函数法难以及时捕捉到这种变化；三是若想通过生产函数法对潜在产出进行较为准确的估计需要预先搜集和估算大量数据，比如失业率、劳动时间、固定资产投资量、企业开工率、固定资产使用率、折旧率、价格指数，乃至人力资本等指标，而这些数据在很多国家不容易获得。

3. 综合估计法

由于统计趋势方法在经济理论方面的不足，而生产函数法又过于复杂，综合估计法应运而生。综合估计法尝试将统计趋势方法和生产函数法相结合，建立具有一定经济理论基础支撑，又有较好统计分析特性的潜在产出估计方法，在此基础上能够得到更加科学合理的潜在产出测算结果。

第一，SVAR 估计法。该方法是由布兰察德和奎因（Blanchard and Quah，1989）提出的，其基本思想是：趋势和周期的主要成因缘于不同的事物，例如，可以认为趋势变动主要是由于技术革新引起，而周期性变动则是需求冲击的结果，在这种情况下，有必要从数据中提取两种不同类型的结果。布兰察德和奎因建议对一个非平稳变量（实际产出）以及一个或若干个平稳变量（如失业率等）进行方差分析，通过对残差进行分解，得到相互独立的趋势成分和周期成分，即潜在产出和产出缺口。这种方法不会出现统计上的样本终点的偏差问题，这样的特点能够给运用带来很大的便利。

第二，多变量系统模型法。该方法通过引入一定的经济理论或结构信息，如奥肯定律关系和菲利普斯曲线关系建立多变量系统方程，估计出潜在产出。拉克斯顿和泰特洛（Laxton and Tetlow，1992）把菲利浦斯曲线方程、奥肯定律方程和生产能力利用率方程纳入损失函数而提出了多变量 HP 滤波法。库特纳等（Kuttner et al.，1994）通过把菲利浦斯曲线方程纳入观测方程提出了多变量 UC 卡尔曼滤波法等。

第三，动态随机一般均衡方法。动态随机一般均衡模型（DSGE）从微观主体出发，通过各个部门代理人的最优化行为方程，得到动态系统联立方程组，然后在此基础上分析各个冲击对主要经济变量的动态影响。生产函数方法只是考虑局部均衡的问题，而 DSGE 模型是在一般均衡框架下来进行分析的。尼斯和尼尔森（Neiss and Nelson，2005）估计了美国和英国的新凯恩斯菲利普斯曲线，又利用 DSGE 模型为基础估计了澳大利亚的产出缺口和新凯恩斯菲利普斯曲线。他们得出的结论认为，劳动力成本对于通货膨胀率的解释程度并不强于产出缺口，因此，劳动力市场工资刚性对于建立模型分析通货膨胀变化并不是一个首要选择。目前，利用 DSGE 模型来计算潜在产出还存在结果不够稳健等有待解决的问题，这在一定程度上限制了这种方法在计算潜在产出方面的运用。

(四) 潜在经济增长率研究评析

测算潜在产出的三类方法各有所长，我们应根据研究对象的不同，选择最适合的方法。统计性分解趋势法使用的变量较少，方法简单容易操作，但是由于其不考虑经济关系，单纯是数据分析，缺乏经济理论基础。同时，模型中的外生参数值需要提前设定，但关于参数的取值标准，目前还没有一个客观标准，同时学术界也没有达成共识，大多是凭经验取值，存在较多的主观性和随意性。因此，不同的参数取值得到的潜在产出会存在很大的差异。生产函数法则是建立在经济增长理论上，全面考虑了经济影响因素，如全要素生产率和生产要素利用率对经济增长的贡献度，体现了潜在产出的供给侧特征，具有明确的经济理论基础，但该方法对数据要求较高且估计过程较为复杂。多变量结构化分解方法需要以一定的经济关系为基础，如菲利普斯曲线或奥肯定律，但上述关系即便成立也主要是限于国家层面。因此多变量结构化分解方法不适合估计地区潜在产出。

二、经济增长收敛理论

经济增长收敛理论主要研究较为落后的经济体对于发达经济体的追赶速度与最终结果问题。这一理论框架对于分析亚太地区"四小龙"的发展历程，以及中国等金砖国家的经济崛起具有一定的指导意义。它主要分为新古典经济增长收敛理论和内生经济增长收敛理论两个理论框架。

(一) 经济增长收敛的概念

经济增长收敛（Economic Growth Convergence）是研究某个国家或者地区收入差距的概念，部分学者也将其译为经济增长的趋同性，但是大部分学者还是使用经济增长收敛这个名称。具体来说经济增长收敛是指在封闭经济环境下，某个范围内的不同经济体（国家、地区、城市等）初始的静态指标与经济增长速度之间是否存在负的相关关系，如果说存在负的相关关系，则说明经济体之间存在经济增长收敛，否则称其经济增长发散,通常用人均产出或者人均收入同人均产出增长率来量化这种关系。简单而言,经济增长收敛反映的是相对落后的经济体较相对发达的经济体而言具有更快的经济增长速度,并且这最终会导致经济体之间初始的静态指标的差异逐渐消失,是一个动态调整的过程。

(二) 经济增长收敛的分类

不同的学者根据不同的需要从各种不同的角度来考察实际经济增长收敛的存在性,大致而言主要分为 δ 收敛、β 收敛和俱乐部收敛(Club Convergence)这三种,其中,β 收敛又分为绝对 β 收敛与条件 β 收敛,有的研究者还出于实际需要考察了 γ 收敛、随机性收敛(Stochastic Convergence)以及时间序列收敛,不过这几种收敛形式在研究中很少见。

1. δ 收敛

δ 收敛描绘的是不同经济体之间的初始静态指标(人均产出或者人均收入)的离差随着时间的推移而逐渐降低的一种趋势。一般而言可以用初始静态指标对数的标准差来衡量,如果标准差 $\sigma_{t+1} < \sigma_t$,则认为不同经济体之间存在 δ 收敛。这一推导过程如下,现考虑经济体 i 的经济增长率可以被

$$(y_{i+1} - y_i)/y_i \approx \ln\left(1 + \frac{y_{i+1}}{y_i}\right) = \ln(y_{i+1}/y_i) \tag{1}$$

所近似,其中,$i \in (1, N)$,N 为一个正整数,那么经济体 i 的人均收入可以表示为:

$$\ln(y_{it}) = \alpha + (1-\beta)\ln(y_{i,t-1}) + u_{it} \tag{2}$$

进而:

$$\ln(y_{it}/y_{i,t-1}) = \alpha - \beta\ln(y_{i,t-1}) + u_{it} \tag{3}$$

其中,α 与 β 是常数且 $0 < \beta < 1$;t 是年数据的离散时间;u_{it} 是包含了经济结构、人口增长率、储蓄率等因子的随机扰动项,并且服从 $i.i.d$ 的假定。如果 β 为负则说明期末年经济增长率与初始期经济增长率存在负相关关系,从而说明存在绝对收敛趋势。我们可以通过 $\ln(y_{it})$ 的样本方差来度量人均产出或者收入,这一样本方差可以表示为:

$$\sigma_t = \frac{1}{N} \cdot \sum_{i=1}^{N} [\ln(y_{it}) - u_t]^2 \tag{4}$$

其中，u_t 为样本均值。如果 N 趋于无穷大，均方差趋近于总体方差，则根据方程（4）可以得到动态演化：

$$\sigma_t = (1-\beta)^2 \sigma_{t-1} + \varepsilon_u^2 \tag{5}$$

求得方程（5）的稳态：

$$\sigma^* = \frac{\varepsilon_u^2}{1-(1-\beta)^2} \tag{6}$$

这一稳态随离差收敛系数 β 的强度大小而变化，呈现反方向变化，与随机冲击项 ε_u^2 正相关。

2. β 收敛

β 收敛分为绝对 β 收敛和条件 β 收敛。其中绝对 β 收敛可以用方程（3）来衡量，其阐明的是人均产出或人均收入的增长率同初期静态经济指标呈现出负相关，即人均资本或者人均产出较低的经济体比人均产出水平较高的经济体拥有更快的经济增长速度。

根据索洛模型的劳均资本存量方程 $k' = sf(k) - (n+\delta)k$，我们可以得出人均资本 k 的增长率 r_k 由 $sf(k)/k - (n+\delta)$ 给出，现对人均资本 k 的增长率 r_k 对人均资本 k 求导可得：

$$\frac{\partial r_k}{\partial k} = s\frac{f'(k) - f(k)/k}{k} < 0 \tag{7}$$

通过式（7）可知人均资本 k 的增长率 r_k 与人均资本 k 存在着负方向变化，在一个封闭的经济环境中，储蓄率 s、人口增长率 n、资本折旧率 δ 以及生产函数 $f(\cdot)$ 相同的条件下，那么人均资本 k 唯一地决定了人均资本增长率，则 k 越小的经济体，则 r_k 越大，最终两个不同的经济体收敛于同一稳态。

绝对收敛的假设过于严格，当我们放松对储蓄率 s、人口增长率 n、资本折旧率 δ 以及生产函数 $f(\cdot)$ 的假设时，就会引申出条件收敛的概念。我们知道不同的经济体存在着影响自身的相关经济特征，根据索洛—斯旺模型，当储蓄率等条件放松时，经济体之间只会收敛于自身的稳态，它们之间存在着不同的增长路径，那么距离稳态越远的经济体拥有更快的经济增长率，两者之间存在着反比关系，这即是条件 β 收敛。

3. 俱乐部收敛

经济增长收敛的另一种重要形式是俱乐部收敛，有的学者也称其为集团收敛。这种收敛理论认为经济系统中不只单单地存在着一种稳态均衡增长路径，而是存在着多重稳态增长路径，如果初始的经济状态不同，哪怕结构特征（技术水平、储蓄率、人口增长率、偏好以及制度等）相似的经济体也不会收敛于同一稳态，而是只有经济结构和初始状态都接近的国家才会收敛于同一稳态（Galor，1996）。俱乐部收敛同条件 β 收敛比较相似，尤其是在实证分析中很难加以区分，但是二者的经济含义具有重大差别：条件 β 收敛是说明人均产出或者人均收入存在着唯一的稳态增长路径，而俱乐部收敛则说明人均产出或者收入在动态均衡路径上存在着多重稳态水平。盖洛（Galor，1996）在新古典经济增长模型下证明了这种多重均衡的存在性。盖洛根据劳动的边际生产率和资本的边际生产率将人均产出水平 $f(k_t)$ 分成了劳动份额 $w(k_t)$ 与资本份额 $r(k_t)k_t$，并进一步假设储蓄率 s 不是由总收入决定而是由工资决定，那么：

$$f(k_t) = w(k_t) + r(k_t)k_t, \text{其中} w(k_t) = f(k_t) - f'(k_t)k_t, r(k_t) = f'(k_t) \tag{8}$$

则：

$$k_{t+1} = \frac{(1-\delta)k_t + (s^w - s^r)f'(k_t)k_t + s_w f(k_t)}{1+n} = \varphi(k_t) \tag{9}$$

式（9）刻画了资本劳动比 k_t 的动态均衡路径，从中可得到多重均衡的稳态水平。

盖洛的俱乐部收敛可以简单地通过图1-1来说明。假设经济体在初始的资本劳动比率为 k_0，$k_0 \in [0, \bar{k}_b]$，那么该经济体会收敛于 $\bar{k}_a$；如果 $k_0 \in [\bar{k}_b, \infty]$，则该经济体会收敛于较高稳态水平的 $\bar{k}_c$。因此，盖洛证明了新古典特征下资本劳动比可能不是单调递减函数，而可能存在多重稳态水平下的俱乐部收敛。

（三）经济增长理论的发展阶段与收敛理论的相应发展

经济增长理论发展大致经历了三个重要的时期，分别是古典经济增长理论、新古典经济增长理论与新经济增长理论（内生经济增长理论）。

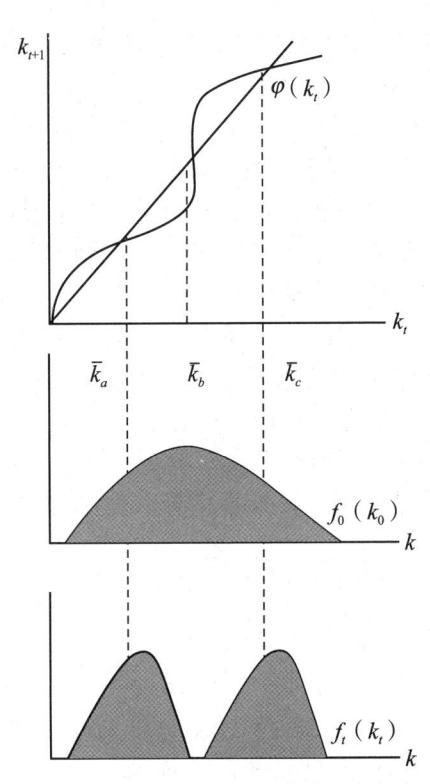

图 1-1 俱乐部收敛

古典经济增长理论以亚当·斯密（Adam Smith，1776）和大卫·李嘉图（David Richardo，1817）为代表对经济增长给予了高度关注。进入到 20 世纪 90 年代，拉姆齐（Ramsey，1928）基于跨期家庭最优化选择开启了现代经济增长理论的新征程，哈罗德—多马模型（Harrod，1939；Domar，1946）以及拉姆齐模型（Ramsey，1928；Cass，1965；Koopmans，1965）相继建立，然而这些模型后来受到新古典经济学学派的诸多批评，最终索洛—斯旺模型（Slow，1956；Swan，1956）的建立标志着新古典经济增长理论的建立。

内生经济增长模型是在 20 世纪 80 年代逐步发展起来的。该模型将技术进步、知识外溢和人力资本等外生变量内生于模型中来研究经济增长，取得了卓有成效的成果，大大丰富了经济增长理论。内生经济增长理论以阿罗、罗默、卢卡斯等经济学家为代表，主要从知识积累型的技术进步和人力资本型的技术进步两个方向展开。知识积累型技术进步从干中学模型

(Arrow, 1962)、两部门模型（Uzawa, 1965）发展到知识外溢模型（Romer, 1986）和 RD 模型（Romer, 1990；Grossman-Helpman, 1991；Aghion-Howin, 1992），人力资本型技术进步主要以卢卡斯（Lucas, 1988）的人力资本模型为代表。

上面的这些经济增长模型，基本涉及了经济增长的收敛性，考虑到这些模型的重要性，本章仅对最重要的索洛—斯旺模型和内生经济增长模型发展作重点关注。

（四）新古典经济增长理论与收敛

索洛—斯旺模型是经济学家研究经济增长的传统模型，几乎所有增长问题都以这一模型为出发点。

1. 索洛—斯旺模型假设条件

（1）生产函数的假定。索洛—斯旺模型中假定生产函数为新古典生产函数，具体来看，包含四个重要的变量：产量（Y）、资本（K）、劳动（L）和"知识"或者"劳动的有效性"（A）。在任一时间 t，经济中存在一定量的资本、劳动和知识以组合起来生产产品。从而生产函数的具体形式为：

$$Y(t) = F(K(t), A(t)L(t)) \qquad (10)$$

其中，时间 t 间接地通过 K、L 和 A 进入生产函数，这意味着只有要素投入变化时，产量 Y 才随着时间而变动。一般生产函数中，技术进步的刻画有三种：如果知识进入生产函数的形式是 $Y = F(AK, L)$，那么这种技术进步称为资本增进型技术进步，又被称为索洛中性；如果是 $Y = AF(K, L)$，则称为希克斯中性；在索洛模型生产函数下，知识的进入方式为 AL 型，被称为劳动增进型或者哈罗德中性，这种假定能够将资本—产量比 K/L 最终稳定下来，并在长期中这一比例保持不变，从而使分析更为简单。另外，索洛—斯旺模型假定生产函数满足如下几个条件：

第一，生产规模报酬不变。这就是说，如果资本和有效劳动的投入量加倍，那么产出也加倍，且倍数相同，一般地有：$F(cK, cAL) = cF(K, AL)$，对 $\forall c \geq 0$ 成立。在规模报酬不变这一假定条件下，可以得到密集形式（Intensive Form）的生产函数：

$$y(t) = f(k(t)) \tag{11}$$

其中，$y(t) = \dfrac{Y(t)}{A(t)L(t)}$，表示每单位有效劳动的平均资本产量；

$k(t) = \dfrac{K(t)}{A(t)L(t)}$，表示每单位有效劳动的平均资本数量。这样我们就把每单位有效劳动的平均资本产量表示成了每单位有效劳动的平均资本数量的函数。

第二，密集生产函数 $f(k)$ 满足 $f(0)=0$，$f'(k)>0$，$f''(k)<0$。这说明，资本的边际产品 $f'(k)$ 为正，但随着每单位有效劳动的平均资本增加而递减 $f''(k)<0$，即资本的边际产品报酬满足递减规律。

第三，密集生产函数 $f(k)$ 满足稻田条件（Inada, 1964）：

$$\lim_{k\to 0} f'(k) = \infty, \quad \lim_{k\to \infty} f'(k) = 0 \tag{12}$$

这一条件保证了经济增长的路径是不发散的，表明资本存量很小时，资本的边际产品很大；而资本存量很大时，资本的边际产品很小。

(2) 要素投入的假设条件。索洛—斯旺模型中的三个重要投入要素知识（A）、劳动（L）、资本（K）分别满足如下条件：

第一，知识与劳动以不变的速度增长：$L'(t)=nL(t)$，$A'(t)=gA(t)$，其中 n 和 g 为外生参数，这意味着 L 和 A 是指数型的增长。

第二，现存资本的折旧率为不变的 δ，同时产量中用于投资的比例，即储蓄率 s 外生给定且不变，这样就得到资本的动态方程：

$$K'(t) = sY(t) - \delta K(t) \tag{13}$$

2. 索洛—斯旺模型的稳态

通过上面的假定我们不难发现，模型中三种投入品中劳动和技术进步都分别以 n 和 g 不变的增长速度外生给定，只剩下唯一的资本变量为内生，因此只要确定了资本的变动轨迹就可以得到模型的均衡。

由上文 $k(t) = \dfrac{K(t)}{A(t)L(t)}$，知道 k 是 K、L、A 的函数，而 K、L、A 又是时间 t 的函数，根据求导的链式法则有：

$$k'(t) = \frac{\mathrm{d}k(t)}{\mathrm{d}t} = \frac{\mathrm{d}\left(\dfrac{K(t)}{AL(t)}\right)}{\mathrm{d}t} = \frac{K'(t)}{AL(t)} - \frac{K(t)}{A(t)} \frac{L'(t)}{L(t)} - \frac{K(t)}{A(t)L(t)} \frac{A'(t)}{A(t)}$$

因为 $L'(t)=nL(t)$，$A'(t)=gA(t)$，$k(t) = \dfrac{K(t)}{A(t)L(t)}$ 以及式

(13)，则：

$$k'(t) = \frac{sY(t) - \delta K(t)}{A(t)L(t)} - nk(t) - gk(t) = s\frac{Y(t)}{A(t)L(t)} - \delta k(t) - nk(t) - gk(t)$$

又根据 $y(t) = \frac{Y(t)}{A(t)L(t)}$ 和式（11），就可以得到资本的动态方程：

$$k'(t) = sf(k(t)) - (n+g+\delta)k(t) \tag{14}$$

式（14）是索洛—斯旺模型的关键方程，它表明单位有效劳动的平均资本存量的边际变动率由两部分的差组成。$sf(k(t))$ 表示每单位有效劳动的平均实际投资；$(n+g+\delta)k(t)$ 表示持平投资（Break-even Investment），是保持 k 在其现有水平下而必须进行的一些投资。显然，如果每单位的有效劳均实际投资大于需要的持平投资，则 k 上升；如果持平投资大于每单位的有效劳均实际投资，则 k 下降；如果两者相等，那么 k 保持不变。由此可以证明 k 的稳态 k^* 发生在每单位的有效劳均实际投资与需要的持平投资相等处。

3. 索洛—斯旺模型中的经济增长收敛

索洛—斯旺模型在资本边际报酬递减这一关键假定下可以从中推导出经济增长过程中存在收敛性，因为经济增长在向稳态的路径进发中，初始阶段资本投入的边际报酬较高，这使得距离稳态越远的经济体人均的收入增长率越高，从而得到增长率与人均收入初始状态成负相关的结论，可以从以下分析中证明这一事实。

根据资本的动态方程：$k'(t) = sf(k(t)) - (n+g+\delta)k(t)$，两边同时除以 $k(t)$ 则人均资本的增长率可以表示为：

$$r_k = \frac{k'(t)}{k(t)} = s\frac{f(k(t))}{k(t)} - (n+g+\delta) \tag{15}$$

让人均资本的增长率对 k 求导得到：

$$\frac{\partial r_k}{\partial k} = s\frac{f'(k) - f(k)/k}{k} \tag{16}$$

由于密集生产函数 $f(k)$ 满足 $f(0) = 0$，$f'(k) > 0$，$f''(k) < 0$，因此可以证明式（16）的人均资本增长率对资本存量的变动率为负。进一步地，对那些人口增长率 n、资本折旧率 δ、技术进步率 g 以及外生的储蓄率 s 相同的国家和地区而言，它们存在着相同的增长路径和相同的稳态，因此，那些在初始人均资本（k_0）较低的国家和地区由于距离稳态较远和边际资本报酬递减规律下会有更快的人均收入经济增长率，这就是绝对 β

收敛的逻辑。

显然绝对 β 收敛的假设条件过于苛刻,从实证的情况来看,大多数的实证检验都发现绝对 β 收敛不存在,而与之相对的条件 β 收敛则更容易成立,条件 β 收敛放弃了各个国家和地区经济体具有相同经济结构的假设条件,从而得出不同的经济体之间会存在自己的稳态,初始的劳均资本越低,即距离稳态的距离越远,那么将拥有越快的人均增长率。

假设放松储蓄率为外生给定的常数这一条件,根据索洛—斯旺的稳态条件 $sf(k^*) = (n+g+\delta)k^*$,储蓄率可以表示为:$s = \dfrac{(n+g+\delta)k^*}{f(k^*)}$,将其带回式(15)化简得到:

$$r_k = \left(\dfrac{f(k)/k}{f(k^*)/k^*} - 1\right)(n+g+\delta) \qquad (17)$$

令 $\Delta k = k^* - k$ 表示经济中实际的资本水平与稳态时资本水平时的距离,通过式(17)中人均资本的增长率公式对 Δk 求偏导得到:

$$\dfrac{\partial r_k}{\partial \Delta k} = \dfrac{\partial\left\{\left(\dfrac{f(k)/k}{f(k^*)/k^*} - 1\right)(n+g+\delta)\right\}}{\partial \Delta k}$$

$$= \dfrac{\partial\left(\dfrac{f(k)/k}{f(k+\Delta k)/(k+\Delta k)}\right)}{\partial \Delta k}(n+g+\delta)$$

$$= \dfrac{f(k+\Delta k) - (k+\Delta k)f'(k+\Delta)}{[f(k+\Delta k)]^2}\dfrac{f(k)}{k}(n+g+\delta)$$

$$= \dfrac{f(k^*) - f'(k^*)k^*}{f''(k^*)}\dfrac{f(k)}{k}(n+g+\delta) \qquad (18)$$

根据式(16)我们可以得到式(18)大于 0,这就证明了人均资本增长率与稳态资本距离的单调递增函数关系,所以,人均收入的增长速度也就越快,从而说明了我们上面关于条件 β 收敛的论述。

4. 收敛速度的测算[①]

收敛速度是经济增长向稳态收敛所需要的时间,实际经济中,人们不单单是关注地区差距消失的可能性,更具有意义的是实现协调发展所需要的时间,如果这一过程十分漫长,那么理论就不具有很好的现实意义。我

---

① 戴维·罗默:《高级宏观经济学》,商务印书馆 1999 年版。

们从式（11）的密集生产函数可知，产出 y 的变化取决于 k，因此为了简单起见，根据罗默的方法，我们只对 k 的行为进行考察，从而近似地得出 y 的收敛速度。

由资本的动态方程（14）可知 k' 取决于 k，那么 $k' = k'(k)$，如果 $k^* = 0$，$k = k^*$，因此把 $k'(k)$ 在 $k = k^*$ 处进行一阶泰勒展开近似得到：

$$k^* \approx \left(\frac{\partial k'(k)}{\partial k} \bigg|_{k=k^*} \right)(k - k^*) \tag{19}$$

让式（14）对 k 求偏导并在 $k = k^*$ 处赋值可得：

$$\frac{\partial k'(k)}{\partial k} \bigg|_{k=k^*} = sf'(k^*) - (n+g+\delta)$$

$$= \frac{(n+g+\delta)k^* f'(k^*)}{f(k^*)} - (n+g+\delta)$$

$$= [a_K(k^*) - 1](n+g+\delta) \tag{20}$$

其中，$a_K(k^*) = \dfrac{k^* f'(k^*)}{f(k^*)}$ 是 $k = k^*$ 处的产出资本弹性，再将式（20）带入式（19）得：

$$k'(t) \approx [a_K(k^*) - 1](n+g+\delta)(k(t) - k^*) \tag{21}$$

方程（21）说明了在平衡增长路径的附近，每单位有效劳动的平均资本向 k^* 收敛的速度与 k^* 的距离成比例。可定义 $v(t) = k(t) - k^*$ 与 $\lambda = (1 - a_K)(n+g+\delta)$，根据方程（21）有 $v'(t) = -\lambda v(t)$，说明 v 的增长率为常数且等于 $-\lambda$，v 的路径为 $v(t) \approx v(0)e^{-\lambda t}$，其中 $v(0)$ 为 v 的初始值。将这一逻辑用 k 表示就成为：

$$k(t) - k^* \approx e^{-(1-a_K)(n+g+\delta)t}(k(0) - k^*) \tag{22}$$

y 趋近 y^* 的速度与 k 趋近 k^* 的速度是相同的，即：

$$y(t) - y^* \approx e^{-\lambda t}(y(0) - y^*) \tag{23}$$

通过求解 t 就可以测算出收敛的速度。

（五）内生经济增长理论与收敛

内生经济增长理论（Endogenous Growth Theory）又称新经济增长理论，通过将新古典经济增长理论的资本边际报酬递减等假设条件放松，将技术进步内生，得到长期的经济增长动力并不是来自经济系统外部而是存在于系统内部本身。

1. 罗默知识资本外溢模型与经济增长收敛

阿罗（K. Arrow，1962）在《干中学的经济含义》(*The Economic Implications of Learning by Doing*) 一文中首次提出了"干中学"（Learning by Doing）的概念。阿罗通过将知识作为投资的附属产品以克服边际规模报酬递减的规律，从而对如何将技术内生化做了初步性的尝试。在阿罗的干中学模型里，阿罗认为知识本身是一种重要的生产要素，当把知识作为一个变量纳入生产函数模型后，由于厂商在扩大资本投入后，知识水平会随之扩大，而知识又作为一个整体，在知识具备的非竞争性条件下，资本的边际报酬就存在着不变或者递增的可能，这样一来新古典经济增长模型推导出的经济增长收敛就可能不成立。

在阿罗干中学模型的基础下，罗默（Romer，1986）在文章 *Increasing Returns and Long-Run Growth* 中假设知识具有外溢性，知识从社会角度上看存在报酬的递增和知识生产存在边际规模递减，以及内生的知识在长期经济增长过程中存在着递增的边际生产力，从而建立起了长期经济增长的一般均衡模型。模型假定代表性厂商 i 的生产函数是：

$$Y = F(k_i, K, x_i) \tag{24}$$

其中，k_i 是代表性厂商 i 的知识存量；$K = \sum k_i$ 表示社会总的知识存量；x_i 是其他除知识外的生产投入要素。对于 k, x 具有使生产函数边际规模报酬不变的假定，而社会总知识 K 使得边际规模报酬递增，则存在 $\forall a > 1$ 使

$$F(ak_i, aK, ax_i) > aF(k_i, K, x_i) \tag{25}$$

在式（25）下，罗默（1986）还假定了知识生产过程所遵循 $\frac{dk}{dt} = G(I, k)$ 的原则，其中，I 是 R&D 部门中的投入，G 对于 I 和 k 存在边际报酬递增，知识资本函数表示为：

$$\frac{dk/dt}{k} = g\left(\frac{I}{k}\right) \tag{26}$$

且 $g'\left(\dfrac{I}{k}\right) > 0$，$g''\left(\dfrac{I}{K}\right) < 0$，$0 \leq g \leq \alpha$，那么取 x 为一固定值，并根据 $F(k_i, K, \bar{x}) = f(k_i, K)$，其最优化效用可表示为：

$$\max. U = \int_0^\infty u[c(t)] e^{-\rho t} dt$$

$$\text{s.t.} \quad \frac{\mathrm{d}k'(t)}{k(t)} = g\left(\frac{f(k(t), K(t) - c(t))}{k(t)}\right)$$

遗憾的是罗默并没有给出投资函数 g 的具体函数，因此也得不到增长率的确定表达式。但是通过求解汉密尔顿（Hamilton）动态最优方程，可以得到均衡的长期增长路径，从而随着知识资本的不断增加，在增长路径上得到的竞争均衡并不能自动的产生经济增长收敛的趋势。相反的是，干中学所产生的知识外溢使得初期人均收入水平更高的发达国家拥有了较高的知识资本存量，随着 R&D 部门的投入不断增加，知识资本存量进一步增加，从而推动经济持续高速增长，这样罗默就完成了知识资本外溢效应下经济增长收敛性不存在的论证。

2. 卢卡斯人力资本模型与经济增长收敛

日本著名经济学家宇泽弘文（Hirofumi Uzawa，1965）在论文《资本积累两部门模型中的最优增长》（*Optimal Growth in a Two-Sector Model of Capital Accumulation*）中，用新古典的逻辑体系建立起了两部门模型，研究了怎样通过必要劳动投入以实现最优的技术进步模型。他将社会生产活动分成了两个部分：一是专门用于生产物质产品的生产部门；二是专门从事思想生产、知识积累和技术进步的教育部门。教育部门通过吸收一部分社会资源产生新的知识，这些新知识再以零成本提供给生产部门从而提高生产部门的生产效率和产出（Uzawa，1965）。卢卡斯（Lucas，1988）的人力资本模型借鉴了宇泽弘文的"最优技术进步模型"，在《经济增长的机制》（*On the Mechanics of Economic Development*）中，拓展了新古典经济学中资本的概念。他认为资本不但应该包括传统的纯物质资本，还应该将人力资本内生于模型，并将人力资本看成是经济增长的发动机，从人力资本的内部效应和外部效应所产生的递增收益来实现经济长期的稳定增长（Lucas，1988）。

卢卡斯主要是建立了一个专业化的人力资本（Specified Human Capital）积累的内生经济增长模型。他假设经济中有 N 个工人，这些工人的技术水平相同，这可以用相同的人力资本 h 来表示。如果用于当期的工作时间为 μ，那用来接受教育和专门培训等人力资本投资的时间为 $1-\mu$。假定劳动的增长率为 λ，根据罗默（1986）对知识资本的假定，卢卡斯的人力资本也同样具有外溢性，则卢卡斯建立了一个将人力资本内生在连续时间条件下具有希克斯中性技术进步的科布—道格拉斯生产函数模型：

$$Y = A \cdot K(t)^\alpha [u(t)h(t)N(t)]^{1-\alpha} \cdot h_\alpha(t)^\gamma \quad (27)$$
$$= N(t)c(t) + d(K(t))/dt$$

其中，$h_\alpha(t)^\gamma$ 是人力资本对产出的溢出效应，在人力资本具有边际报酬不递减或递增的前提假设下，生产形式具有线性：$dh(t)/dt = h(t)\delta(1-u(t))$。代表性的无限寿命家庭的总效用函数可表示为：$\int_0^\infty \frac{c^{1-\theta}-1}{1-\theta} N(t)e^{-\rho t}dt$，通过汉密尔顿方程得到动态最优路径下的均衡状态是：

$$h \cdot \gamma \cdot \alpha \left(\frac{uhN}{AK}\right)^{1-\alpha} = \rho + \theta \cdot \gamma_c \quad (28)$$

则人均物质资本和人均消费的增长率为：

$$\gamma_k = \gamma_c = \gamma_h \frac{1-\alpha+\gamma}{1-\alpha} \quad (29)$$

根据式（29）可知人均资本的增长率为：

$$\gamma_h = \frac{1-\alpha}{\theta(1+\gamma-\alpha)}(\delta-\rho) \quad (30)$$

进一步的，生产函数的产出增长率为：

$$\gamma_y = \frac{1+\gamma-\alpha}{\theta(1+\gamma-\alpha)-\gamma} \cdot (\delta-\rho) \quad (31)$$

从式（27）的生产函数可以看出，由于人力资本的外溢效应，物质产品的生产将具有递增的规模报酬，显然增加物质资本的投入将使产出规模倍增，递增的规模收益还能够吸引资本不断地从各国流向发达国家，进而带动较高人力资本的劳动力向发达国家流动，这样不断的恶性循环，会将贫富差距锁定在一个路径上，经济增长的结果不是收敛而是发散。根据式（29）也可以知道，人均物质资本和人均消费的增长率与人力资本的增长率是正向关系，这说明落后地区往往较低的人力资本积累导致了长期均衡中人力资本也会处于较低水平，导致人均物质资本和人均消费增长率较低，显然这样的后果是经济增长过程中不存在"富而慢，贫而快"的发展结果，即不存在新古典经济增长的收敛性。

3. R&D 模型与经济增长收敛

不同于阿罗（1962）"干中学"所认为的那样，知识和技术只是通过历史积累所产生的。罗默在 1987 年和 1990 年的两篇文章中指出，厂商出于利润最大化的考虑，会进行有目的的 R&D 活动。罗默放弃完全竞争条件，认为垄断竞争条件下的技术进步对经济增长起到决定性作用，并且同样证明了新古典经济的增长收敛性不存在。罗默在 R&D 模型中将社会分成物质生产部门和研发部门。研发部门的生产函数是：$A' = \delta H_A A$，其中，H_A 表示投入到研发部门的人力资本；A 表示非竞争性的知识存量，假设 H_Y 为投入到最终产品部门的人力资本，则最终的产出部门的生产函数是：

$$Y(H_Y, L, x) = H_A^\alpha L^\beta \int_0^A x(i)^{1-\alpha-\beta} di \qquad (32)$$

再令市场利率为 r，最终可得稳态的增长率为：

$$g = \gamma_c = \gamma_k = \gamma_A = \delta H_A = \delta(H - H_Y) = \delta H - \Lambda r \qquad (33)$$

其中，$\Lambda = \dfrac{\alpha}{(1-\alpha-\beta)(\alpha+\beta)}$；$H$ 表示竞争性人力资本。式（33）表明了人力资本更高的经济体会有更高的增长率，否定了经济增长收敛性的存在性。

（六）经济增长收敛理论评析

我们比较了三个比较重要的新经济增长模型，这几个增长模型从知识资本、人力资本等不同视角论证了新古典经济增长收敛性的不存在性。但是这里需要说明两点：一方面，尽管绝对收敛在实证检验中大多都没有发现其存在，但是条件收敛得到了广泛的验证，尤其是巴罗（Barro，1995）在存在技术扩散的条件下从理论上证明了条件收敛的存在性。他在模型中假定了两国，分别是技术领先者和技术追随者，短期中技术追随者能够通过较低的模仿成本获取比自己发明更大的收益，但是长期中模仿的难度越来越大，模仿成本不断上升，所以长期来看，世界经济是由技术领先国驱动的，拥有不同技术水平的国家和地区不会收敛于同一稳态，会收敛于自身的稳态。另一方面，在存在技术扩散的条件下，布鲁姆等（Bloom et al.，2002）构建了一个通过全要素生产率（Total Factor Productivity）变动来观察技术扩散效应的检验模型，得到了全要素生产率会条件收敛于其稳态值，并通过一百多个国家和地区的经验数据支持了他们的设想。尽管从理论上很难说明全要素生产的条件收敛是由技术扩散引起的，还是只是其中的一种可能性，但不管如何，这充分说明了收敛性的存在与否仍是一个值得人们不断研究的课题，需要人们从理论和实证上加以创新和发展。

参考文献

1. Aghion, P., Bolton, P., 1997, A Theory of Trickle-down Growth and Development, *Review of Economic Studies*, 64 (2): pp. 151 – 172.

2. Arrow, Kenneth J., 1962, The Economic Implications of Learning by Doing, *Review of Economic Studies*, 29 (3): pp. 155 – 173.

3. Ashok Parikh, Miyuki Shibata, 2004, Does Trade Liberalization Accelerate Convergence in per Capita Incomes in Developing Countries? *Journal of Asian Economics*, 15: pp. 33 – 48.

4. Baltagi, B. H., 2005, *Econometrics Analysis of Panel Data*, New York: Wiley.

5. Barro, R., X. Sala-i-Martin, 1997, Technological Diffusion, Convergence, and Growth, *Journal of Economic Growth*, 2 (1): pp. 1 – 26.

6. Baumol, W., 1986, Productivity Growth Convergence and Welfare: What the Long-run Date Show, *The American Economic Review*, 76 (5): pp. 1072 – 1085.

7. Baxter, M., King, R. G., 1995, Measuring Business Cycles: Approximate Band-Pass Filters for Economic Time Series, *NBER Working Paper*, No. 5022.

8. Ben-David, Dan., 1997, Convergence Clubs and Subsistence Economics, *Journal of Development Economics*, 55 (1): pp. 155 – 171.

9. Bernard, A., Durlauf, S., 1996, Interpreting Tests of the Convergence Hypothesis, *Journal of Econometrics*, 71 (1 –2): pp. 161 – 173.

10. Bernard, A., Jones, C., 1996, Technology and Convergence, *The Economic Journal*, 106 (437): pp. 1037 – 1044.

11. Beverage Stephen, Nelson Charles R., 1981, A New Approach to Decomposition of Economic Time Series into Permanent and Transitory Components with Particular Attention to Measurement of the Business Cycle, *Journal of Monetary Economics*, 7 (2): pp. 151 –174.

12. Blanchard, O., D. Quah., 1989, The Dynamic Effects of Aggregate Demand and Supply Disturbances, *The American Economic Review*, 79 (4): pp. 655 – 673.

13. Chantal Dupasquier, Alain Guay, Pierre St-Amant., 1999, A Survey of Alternative Methodologies for Estimating Potential Output and the Output Gap, *Journal of Macroeconomics*, 21 (3): pp. 577 –595.

14. De long, B., 1988, Productivity, Growth Convergence, and Welfare: Comment, *The American Economic Review*, 78 (5): pp. 1138 –1154.

15. Elhorst, J. P., 2003, Specification and Estimation of Spatial Panel Data Models, *International Regional Science Review*, 26 (3): pp. 244 –268.

16. Harvey, A., 1990, *Forecasting, Structure Time Series Models and the Kalman*

Filter, Cambridge University Press.

17. Hodrick, B. J., Prescott, E. C., 1997, Postwar U. S. Business Cycles: An Empirical Investigation, *Journal of Money, Credit, and Banking*, 29 (1): pp. 1 – 16.

18. Islam, N., 1995, Growth Empirics: A Panel Data Approach, *Quarterly Journal of Economics*, 110 (4): pp. 1127 – 1170.

19. Koichiro Kamada, 2005, Real-Time Estimation of the Output Gap in Japan and its Usefulness for Inflation Forecasting and Policymaking, *North American Journal of Economics and Finance*, 16 (3): pp. 309 – 332.

20. Kuttner, K. N., 1994, Estimating Potential Output as a Latent Variable, *Journal of Business and Economic Statistics*, 12 (3): pp. 361 – 368.

21. Levent Ozbek, Umit Ozlale, 2005, Employing the Extended Kalman Filter in Measuring the Output Gap, *Journal of Economic Dynamics & Control*, 29 (9): pp. 1611 – 1622.

22. Lucas, E., 1988, On the Mechanics of Economic Development, *Journal of Monetary Economics*, 22 (1): pp. 3 – 42.

23. Mankiw, G., D. Romer, D. Weil, 1992, A Contribution to the Empirics of Economic Growth, *Quarterly Journal of Economics*, 107 (2): pp. 407 – 437.

24. Neiss Katharine, S., Edward Nelson, 2005, Inflation Dynamics, Marginal Cost, and the Output Gap: Evidence from Three Countries, *Journal of Money, Credit, and Banking*, 37 (6): pp. 1019 – 1045.

25. Priya Ranjan, 2003, Trade Induced Convergence Through Human Capital Accumulation in Credit—Constrained Economics, *Journal of Development Economics*, 72 (1): pp. 139 – 162.

26. Rod Falvey, 1999, Trade Liberation and Factor Price Convergence, *Journal of International Economics*, 49: pp. 195 – 210.

27. Romer, P., 1986, Increasing Returns and Long-Run Growth, *The Journal of Political Economy*, 94 (5): pp. 1002 – 1037.

28. Sharmishtha Mitra, Vidit Maheswari, Amit Mitra, 2011, A Wavelet Filtering Based Estimation of Output Gap, *Applied Mathematics and Computation*, 218 (7): pp. 3710 – 3722.

29. Solow, 1956, A Contribution to the Theory of Economic Growth, *The Quarterly Journal of Economics*, 70 (1): pp. 65 – 94.

30. Swan, W., 1956, Economic Growth and Capital Accumulation, *Economic Record*, 32 (2): pp. 334 – 361.

31. The Congress of the United States Congressional Budget Office, 2001, CBO'S Method for Estimating Potential Output: An Update, *CBO Working paper*.

第二章 创业对经济增长影响研究的新进展

创业是人类社会发展和经济增长的重要推动力（Holcombe，1998）。随着以信息技术为核心的当代科技革命在全球蓬勃兴起，创业受到学界和政策制定者的广泛关注。在我国经济发展进入新常态和加快经济转型的背景下，政府提出了"大众创业、万众创新"的号召，以期通过激发全民族的创业精神和创新基因为未来经济发展提供新动力，并达到扩大就业、增加居民收入和促进社会公平的目的。科学认识和把握创业对经济增长的影响对于正确理解和引导"大众创业、万众创新"具有重要的指导意义，为此，本章从创业对经济增长的影响效果、创业影响经济增长的内在机制和外部条件三个方面对国外在这一领域的最新研究成果进行梳理和简要评述。

一、创业对经济增长的影响效果

（一）早期经典研究的简要回顾

创业影响经济增长的研究最早可追溯到19世纪的法国经济学家萨伊（Say，1821）。萨伊特别强调创业者将稀缺资源从非生产领域转移到生产领域的作用，并认为能否实现这种资源转移是决定一个国家和地区经济发展绩效的关键。如果说萨伊是从静态经济角度探讨创业活动在资源配置中的作用，熊彼特（Schumpeter，1934）则从非均衡动态角度研究了创业者和创业活动。熊彼特认为创业者是经济均衡状态的破坏者。创业者通过发明新产品、开拓新市场、实现新的生产要素组合等创新活动打破静态均衡，从而获取暂时的垄断利益。一旦创业者获取了利益，潜在竞争者就会通过模仿进入市场进而侵蚀创业者的垄断租金。为了避免租金的完全消散，创业者需要不断进行创新，否则将无法生存。在熊彼特模型中，创业者起着"创造性破坏"的作用，不断打破均衡状态，在非均衡状态中通过不断创新推动经济增长，熊彼特实际上最早将创新创业的微观机制和宏观层面的经济增长联系起来，对后来的研究有重大启发。

然而，正是由于熊彼特提出的"创造性破坏"理论，使得在20世纪相当长的时期内，创业被完全排除在西方主流经济学之外。原因在于西方主流的微观经济理论都是在去除时间维度的假设下研究静态均衡状态，而熊彼特提出的理论恰恰是对静态均衡的不断打破，这种在均衡和非均衡之间的不间断冲击自然不符合新古典静态微观模型的假定，因此创业和创新活动几乎完全被微观经济理论排除掉了（Durlauf, S. N. and Blume, L. E., 2008）。

20世纪70年代以后，在新自由主义思潮的影响下，西方国家逐渐放松了对经济的干预和管制，创业活动开始增多，实践中创业活动的日益重要需要理论上加以研究。同时，柯兹纳（Kirzner, 1973, 1979）提出了作为市场过程主体的创业者通过探索非均衡状态下未开发的经济机会从而促进竞争，并最终促使市场实现零经济利润的长期均衡理论，开始将创业和均衡联系起来。自此以后，创业对增长的影响受到越来越多西方学者的关注，现在已经成为经济学界研究的重点问题之一。

（二）当代主流研究述评

20世纪80年代以后，西方学者提出了大量关于创业影响经济增长的理论，也进行了很多实证检验，主流研究多是通过对创业活动进行分类，探索不同类型的创业活动对经济增长的影响。研究结果普遍表明，尽管不同类型的创业对经济增长的影响不尽相同，但高科技含量的创业对经济增长有明确且显著的正向影响，整体层面的创业对经济增长的影响效果未达成共识。

鲍莫尔（Baumol, 1990, 2002）提出了生产性和非生产性创业理论，他认为经济个体会在生产性创业活动①和非生产性创业活动②之间进行选择，选择的依据是从事某项活动的成本和收益。而成本和收益受到特定社会制度（经济、政治、法律制度）的制约，如果一个国家（地区）的社会制度运转良好使得从事生产性创业活动的收益较大成本较低，而从事非生产性创业活动的收益较小成本较高，这种制度就会引导人们更多地从事创造财富的生产性创业从而促进经济增长。相反，如果一个国家（地区）的社会制度运转不良，则会有大量的人口从事非生产性的游说或犯罪等寻租活动，必然会阻碍经济增长。鲍莫尔还从经济史的角度检验了这个理论，证实生产性和非生产性创业的划分有助于解释古代和现代国家经济增长率的差别。之后索贝尔（Sobel，2008）对鲍莫尔的理论进行了进一步地实证检验。他研究了不同国家政治和法律制度与生产性和非生产性创业的关系，发现更好的制度结构产生更高的人均风险资本投资、人均更多的专利数目、更快的个人所有权增长率、更高的企业创建率，而那些有最差制度结构的国家在游说活动和法律诉讼上有更坏的表现。他还构建了一个净创业生产率指标，即生产性创业活动与非生产性创业活动的比例，发现更好的制度结构和净创业生产率指标是高度相关的，这些结果都证实了鲍莫尔的理论。

　　鲍莫尔的理论在从经济史的角度解释古代国家和现代国家经济增长的差别时很有说服力，然而在分析现代各国经济增长尤其是贫穷国家经济增长时遇到了困难。很多研究发现即使在最艰苦的环境下，人们也能够发现机会改变自己的生活状况。博特克（Boettke，1993）、科尔奈（Kornai，1992）、诺瓦（Nove，1993）发现，在苏联存在大量非正式市场交易，博德拉克斯（Boudreaux，2005）、古斯特（Guest，2004）证实，即使在非常贫穷的发展中国家也存在相当程度的市场交易活动。根据鲍莫尔的理论，这些国家的经济增长速度缓慢是由于制度的负向激励导致大量劳动者从事非生产性寻租活动而没有致力于财富创造。然而这些国家的实际情况却是大量的劳动者都在从事生产性的市场活动，这些在鲍莫尔的理论中属于生产性的创业活动并没有带来经济增长，因此他的理论无法对这些国家的情况给出合理解释。鉴于此，萨泰特（Sautet，2011）进一步发展了鲍莫尔的理论，提出生产性创业又包括本地创业和系统创业。他指出本地创

---

① 在市场经济中创造财富的活动，对经济增长有促进作用。
② 寻求财富再分配的寻租活动（包括犯罪），一般对经济增长有阻碍作用。

业是局限于很小的市场交易范围，从贸易中得利有限，缺乏复杂的分工和深度资本积累，而且主要依赖个人和非正式关系来维持创业活动。本地创业不会导致规模经济和范围经济出现，会使增长陷入停滞，这在很多不发达国家中相当普遍。系统创业是基于大范围市场交易，有复杂的组织和分工以及深度资本积累，主要依赖非个人和正式关系维持创业活动。系统创业能享受规模经济、范围经济和广泛劳动分工的好处，能够促进经济长期增长。然而萨泰特的理论存在事前如何区分两种创业的问题，根据创业活动的结果能够比较容易地确定创业类型，但在创业开始时很难准确判断究竟是何种类型的创业活动，事实上区分萨泰特的两种创业要比识别鲍莫尔的分类更加困难。

不同于鲍莫尔和萨泰特主要依据创业活动结果的划分，全球创业管理报告（GEM Executive Report，2008）根据创业动机把创业活动划分为生存型创业和机会型创业。生存型创业是创业者在没有其他谋生渠道的情况下被迫进行的创业，仅能够维持基本生活，一般对经济增长无明显影响；机会型创业是创业者发现商机并将其市场化获取经济利益的创业，能够促进经济增长。莫里斯等（Morris et al.，2015）在 GEM 分类基础上，依据创业的时间取向、融资资源、退出策略、管理方式将创业分为生存型创业、生活型创业、有管理的增长型创业和高增长创业。其中生存型和生活型创业对经济增长的影响有限，有管理的增长型创业和高增长创业能显著促进经济增长。但是后两种创业对经济增长的促进作用需要前两种创业的存在，多种类型的创业形成一个创业生态系统，只有在一个互动的创业系统中后两种特别是高增长创业才能充分发挥其对增长的正向影响。

由于以上对创业的划分方式都带有相当程度的主观性，缺乏一个统一认可的标准，最近对创业影响经济增长的实证检验主要集中于考虑高科技含量的创业和社会整体层面的创业。相比较而言，这两种创业比较易于统计衡量，引起的争议也较小。阿克斯和奥德查等（Acs & Audretsch，2009，2012，2013）主要从知识溢出的角度考察了高科技含量的创业对经济增长的影响，他们证实了知识溢出型创业对经济增长有非常显著的正向影响，实际上拓展了内生增长理论。德尔玛等（Delmar et al.，2011）更加深入到产业层面研究科学技术型创业对增长的影响，他们根据美国的产业分类标准确定了科学技术型创业的相关领域，并利用瑞典产业层面的数据进行实证检验。研究发现科学技术密集型创业对经济增长有很强的促进作用，而且促进作用依赖于相关产业的技术密集度，创业企业和相关产的技术密集度越相近创业对经济增长的正向影响越显著。然而以上的实证结论多是基于发达国家特别是 OECD 国家的数据得出的，因此很难确定高科技含量的创业对经济增长的影响效应在世界各国是否普遍存在。

除了高科技含量的创业，学界还对社会整体层面的创业对经济增长的影响进行了研究。黄等（Wong et al.，2005）利用 GEM 所有 37 个国家（包括发展中国家）的产业数据检验了创业和增长的关系。他们发现整体的创业率增加对经济增长并没有显著影响，进一步检验发现，高增长潜力的创业（以技术创新密集程度衡量）增加会显著促进经济增长，他们的研究也在一定程度上证实了除高科技含量的创业以外的其他创业活动对经济增长的促进作用相当有限。陈（Chen，2014）运用向量自回归方法对中国台湾地区 1987~2012 年的宏观季度数据进行检验发现，整体层面的创业有助于经济增长，但存在一个季度的时间滞后效应。卢克斯等（Lukas et al.，2014）运用加拿大省级层面的面板数据检验创业对增长的影响发现，创业显著促进加拿大各区域经济增长且有长达 20 年的影响。斯蒂芬斯等（Stephens et al.，2013）考察了美国阿巴拉契亚地区的创业情况，认为创业显著地促进了这一落后地区的经济增长。考斯特等（Koster et al.，2008）研究印度的情况后指出，创业是印度最近 20 年来经济增长的重要驱动力。

（三）从矛盾的实证结果说起：创业越多越好吗？

现有大量实证研究均证实了高科技含量的创业明显促进经济增长，然而整体层面的创业对经济增长的影响却存在争议，其中两个比较著名的实证检验结果特别引人注目。布拉纳杰尔姆等（Braunerhjelm et al.，2010）使用 17 个 OECD 国家 1981~2002 年的面板数据，采用多种回归方法检验了整体层面创业和经济增长率的关系。他们发现，以自我雇佣人数指标衡量的创业对经济增长有非常显著的正向影响，证实了创业促进增长。而布兰奇弗拉沃（Blanchflower，2000）使用 23 个 OECD 国家[①] 1966~1996 年的面板数据检验自我雇佣率变化与经济增长率之间的关系发现，采用多种不同方法计算的自我雇佣率变化对经济增长率并没有促进作用，其中两种方法计算的自我雇佣率变化对经济增长率甚至有显著的负向影响，即自我

---

① 布兰奇弗拉沃的样本国家多了希腊、冰岛、卢森堡、新西兰、葡萄牙、土耳其。

雇佣率的增加倾向于降低经济增长率。

很难相信两个截然相反的实证结果完全是由于统计样本的细微差别和计量模型不同造成的,在表面看似矛盾的实证结果背后可能隐藏着更深刻的经济逻辑。少数但具有较高影响力的经济学家认为,经济体中存在一个与经济发展水平相适应的均衡创业率,任何对均衡创业率的偏离都会对经济增长起到"惩罚"作用,这种观点进一步加深了人们对于创业影响增长的理解。

关于均衡创业率的猜想最早来源于卢卡斯(Lucas, 1978)。卢卡斯在一个静态职业选择模型中探讨了最优公司管理规模的存在问题,由于他的研究中公司管理规模实际上是以雇主所管理的工人数衡量的,因此均衡的最优公司管理规模也暗含了以自我雇佣率衡量的均衡创业率的存在。之后乔瓦诺维克(Jovanovic, 1982)发展了一个不完全信息条件下小企业根据所实现的业绩自我选择经营管理规模的动态模型,揭示了由于小企业规模的发展演化导致动态均衡创业率的存在。卡林(Carrer, 2002)证明了经济体在不同经济发展阶段存在一个相应的均衡创业率,并利用23个OECD国家1976~1996年的面板数据进行了检验。研究发现,均衡创业率是存在的,而且各种外生冲击和制度障碍往往使实际创业率偏离均衡创业率,任何偏离都会对经济增长造成"惩罚",减弱中长期经济增长的潜力。创业对经济增长的净影响取决于正向影响[①]和"惩罚"影响哪个更大。奥德查等(Audretsch et al., 2002)证实产业层面上存在均衡创业率,并且实证检验了偏离均衡率对增长的"惩罚"作用,发现过多创业反而会阻碍产业结构重组和经济增长。

均衡创业率理论能够对两个看似矛盾的实证结果进行解释。布拉纳杰尔姆等得出的正影响效果是创业总量的增加能够促进经济增长,布兰奇弗拉沃的结论是创业变化率的增加阻碍经济增长。如果存在与经济发展水平相适应的动态均衡创业率,大部分OECD国家的实际创业率可能略低于各自的均衡创业率。当用创业总量指标衡量创业时,由于较大的自我雇用人口基数,创业总量的变化对实际创业率的影响比较小,从而使得偏离均衡创业率的"惩罚"作用较小,该总量指标更多反映的是创业增加对经济增长的正向影响。然而当用创业率指标衡量创业时,与总量指标相比,该指标更多反映了偏离均衡率的"惩罚"作用,因而会得到创业率变化对

---

① 正向影响包括创业通过促进竞争、披露信息、重组资源、增进创新等促进经济增长。

经济增长率有净负向影响的结果。

均衡创业率存在的猜想在一定程度上得到证实使得布兰奇弗拉沃（2000，2004）、奥德查等（2002）、尚恩（Shane，2009）都认为，尽管创业对经济增长有正向促进作用，但也并非越多越好，过多的创业可能会增大偏离均衡率的"惩罚"作用从而阻碍经济增长。

二、创业影响经济增长的内在机制

（一）创业通过不断披露市场信息促进经济增长

信息在现代经济生活中的作用至关重要，然而经济系统中总是存在未能被充分利用的信息，创业项目的成败能够通过为潜在创业者提供新的市场信息降低经济活动中的信息不对称，提高经济活动效率，从而促进经济增长。维勒（Weiler，2000）建立了一个博弈模型探讨新创企业的信息披露问题，他发现，先驱企业进入和退出市场所披露的市场信息会显著影响潜在进入企业的决策和行为。之后维勒等（Weiler et al.，2006）进一步拓展了模型，将创业活动的信息披露机制整合在一个贝叶斯显示偏好框架中。在这个框架中，潜在进入者对于某项创业计划实施结果的先验概率分布会通过先驱企业的市场活动所披露的离散信息而得到更新，从而能优化自己的创业计划。邦腾等（Bunten et al.，2015）率先提出有用的市场信息也是决定经济增长的因素之一。勒纳（Lerner，2010）和邦腾等（2015）都认为创业项目的结果有明显的外部性，能够被所有潜在创业者察觉，这样与该创业项目相关的市场容量、竞争程度、盈利前景、消费者偏好、要素供给、技术水平、产业环境、地理位置等信息都会被披露出来。潜在创业者可以充分利用这些信息，模仿并发展成功的创业项目，避免失败的创业活动，从而能够在整体上改善新创企业的经营绩效，促进经济增长。邦腾等（2015）进一步通过实证检验发现，创业项目的成功率、失败率和地理位置等信息对于之后的创业活动有显著影响，创业项目结果传递的相关产业和地理位置等信息能够明显提高新企业的创建率并改善其经营绩效，创业可以通过信息披露机制对未来经济增长产生正向且决定性的影响。

（二）创业通过更有效地配置资源促进经济增长

除了创业对信息的动态披露机制以外，国外学者也关注获取信息之后创业者的具体行动如何影响经济增长。一个自然的猜想是披露机制使得价格所传递的市场信息更加准确，创业者根据准确的市场价格信号能够更有效地配置资源，从而促进经济增长。柯兹纳（1973，1979）最早提出了创业者可能在各种经济活动之间"套利"的思想。柯兹纳延续了奥地利学派的观点，认为市场中总是存在未被充分利用的信息，创业者的任务就是发现这些信息并将其商业化。创业活动使创业者获得了商业化信息的经济租金，而收益高于投入资源的机会成本，因此资源得到了更有效的配置，经济也实现了增长。凯瑟（Kaiser，1990）发展了柯兹纳的理论，他考虑到了不同个体面对风险有不同的态度，从个人经济活动的成本收益出发构建了一个模型。他认为，个体对于创业的选择必定是在一定条件下的最优选择，将相关资源配置到创业活动中是个体基于预期收益最大化的理性考虑，这些资源得到了更有效地使用。进一步说，即使创业活动存在失败的可能，失败的创业活动也是个体最理性决策的结果，其造成的损失应该是最小的。因而，基于个体理性决策的创业活动必定能优化资源的配置，促进经济增长。楚等（Chu et al.，2015）证实在中国由计划经济向市场经济转变的过程中，相比国有部门，私人部门的创业活动实现了资源更有效率的配置，成为中国经济转型和增长的重要驱动力。

（三）创业通过推进产业结构调整促进经济增长

创业有利于实现资源的优化配置，资源的更有效配置在产业层面上能够引起产业结构的调整和变迁，而大量研究已经证实产业结构调整是促进经济增长的重要因素。弗里茨和斯克罗特（Fritch & Schroter，2009）、普拉格等（Praag et al.，2011）都认为，影响经济增长的并不是创业活动本身，而取决于创业的具体类型。那些能够引起产业结构变迁的创业活动特别有利于经济增长。诺赛雷特（Noseleit，2013）特别强调新创企业的进入对于产业结构调整的重要作用。他认为，影响经济增长的不只是创业活动的水平高低，还有跨部门组织要素再分配从而促进产业结构调整的创业能力，而后者对于经济增长的促进作用可能更大。然而以上研究存在的共同缺陷是,都没有具体说明创业如何推进产业结构调整从而促进增长。熊彼特(Schumpeter,1934)的创业和创新理论能够弥补这些研究缺失的一环。熊彼特认为,创业者通过创新活动打破旧的市场均衡,创造新的机会,开发新的市场。创业活动能够通过开发新产品、构建新市场直接改变原有生产要素组合和产业结构,从而导致产业绩效发生变化,进而促进经济增长。另外,创业会使经济系统内不断出现新的企业和创新活动,导致生产组织形式发生变化并引起产业组织结构的变迁,这些变化会推动产业结构调整和升级,形成产业竞争力,进而带动经济增长。实证研究方面,诺赛雷特(2013)利用德国1975~2002年的数据检验了创业、产业结构调整和经济增长之间的关系,结果证实了产业结构调整和重组是创业促进经济增长的重要途径。

(四) 创业通过提高知识溢出水平促进经济增长

国外学者已经认识到不同类型的创业活动对经济增长的影响是不同的,即便是那些引起产业结构调整的创业活动仍然可以分成不同的类别。近年来大量的研究关注于知识溢出型创业,即将未开发利用的高科技含量知识商业化的创业活动,研究一致认为,这种类型的创业活动显著促进了经济增长。

知识溢出创业理论是内生增长理论的扩展。内生增长理论认为技术进步导致了经济的长期增长[1],而新技术是追求利润最大化的企业通过投入知识资本有目的地生产出来的,新技术一旦出现就可以增加知识存量,从而增加了未来生产新技术的投入要素。在他们的模型中,新技术(新知识)的生产是内生的,因此可以持续带动经济增长。然而内生增长理论隐含的假设是新技术一旦出现就立刻全部被社会所采用,并没有对新技术溢出的渠道进行解释。由于内生增长理论的这个缺陷,西方一些学者提出了创业作为知识溢出的渠道,试图进一步完善内生增长理论。

较早的知识溢出创业理论认为,孵化器企业研发的新知识能够直接商业化的只是很少一部分,相当程度的知识并没有被开发利用,而没有被开发利用的知识是不能促进技术进步的。这些未开发的科技知识为创业提供

---

[1] 事实上新古典增长理论也认为技术进步决定长期经济增长,只不过假定技术进步是外生的。目前在经济学界,技术进步作为刺激经济增长的重要因素已经得到广泛认可。

了商业机会，一些在孵化器企业中参与研发工作的科学家和工程师可能察觉到商机和预期利润，于是通过创业将知识商业化。这样创业活动通过将未开发的知识商业化实现了技术进步从而促进经济增长。

之后很多学者对该理论进行了拓展[①]，布拉纳杰尔姆等（2010）首先将创业融入内生增长理论，构建了一个基于创业的内生增长理论模型。霍金斯和汤普森（Huggins and Thompson，2015）将网络资本整合进了知识溢出创业理论，创业者不再限于孵化器公司中的研发人员。研发人员可以通过社会关系网络将所掌握的新知识传播出去，具有商业洞见的人可能将新知识商业化。进一步地，钱和阿克斯（Qian and Acs，2013）、奥德查和贝利斯基（Audretsh and Belitski，2013）提出了吸收能力和创造力决定了什么人会进行知识溢出型创业。阿克斯等（Acs et al.，2009，2013）实证检验了知识溢出型创业对经济增长的影响，发现创业可以更有效率地利用孵化器公司创造的新知识，提高整体层面知识溢出水平，从而显著促进经济增长。

（五）创业阻碍经济增长的两种机制

以上梳理了创业促进经济增长的内在机制，现有少数文献也讨论了创业阻碍经济增长的机制，主要有两种。

一种是在均衡创业率存在的情况下，实际创业率偏离均衡创业率会对增长造成"惩罚"。卡林（Carree，2002）和奥德查等（2002）分别证明了整体和产业层面上内生均衡创业率的存在，而且也证实当实际创业率偏离均衡创业率时会对经济增长产生阻碍作用。卡林还指出了这种阻碍作用是如何产生的。实际创业率低于均衡创业率一方面会降低竞争性，妨碍资源有效配置，从而对经济的静态效率产生不利影响，削弱国民经济的竞争力；另一方面会减少多样性，降低学习机制和自我选择机制的效果，从而妨碍经济的动态效率（创新效率）。实际创业率高于均衡创业率会造成企业平均规模低于最优经营管理规模，大量无法实现最优规模的新创企业吸收了很多原本能得到更有效率配置的资本和劳动力，降低了生产率，从而阻碍经济增长。伊万斯和雷顿（Evans and Leighton，1989）、卡林都认为，实际创业率对均衡创业率的偏离会通过劳动市场逐渐得到调整和修正。在

---

① 一个关于知识溢出创业理论的最新文献综述见阿克斯等（2013）。

均衡创业率理论中，劳动市场主要在调节实际和均衡创业率的偏差方面发挥作用，并没有直接影响经济增长。

另一种理论认为创业活动能够对劳动市场产生不利影响进而阻碍经济增长。布兰奇弗拉沃（2000）基于微观层面的创业者调查问卷指出，创业项目一旦实施会产生本地化倾向，降低空间迁移的灵活性，一定程度上僵化了劳动市场，妨碍劳动力资源的有效配置，从而阻碍经济增长。他还利用国际社会调查计划的微观和宏观数据检验了创业者和迁移意愿的关系，发现两者表现出显著的负相关性。研究证实，创业项目一旦实施确实有相当程度的本地化倾向，这时创业者的空间流动性要弱于雇用劳动者。因此创业可能通过本地化倾向降低劳动市场的灵活性，从而阻碍经济增长。值得注意的是，布兰奇弗拉沃的理论一定程度上可以作为均衡创业率理论的补充。布兰奇弗拉沃更加强调创业活动降低劳动市场的灵活性，在实际创业率偏离均衡创业率的情况下，这种机制降低了劳动市场调节实际和均衡创业率偏差的能力，使得偏离均衡创业率对经济增长的阻碍作用能够持续更长时间。

三、创业影响经济增长的外部条件

创业能够通过一些内生机理影响经济增长，然而影响效果不仅取决于各种内在机制，还受到外部条件的制约。

（一）经济环境

现有研究通常讨论的经济环境有信贷的可获得性、市场竞争程度、初始产业结构、熟练劳动力供给，这些因素都会调节创业对经济增长的影响效果。布兰奇弗拉沃（2004）证实信贷资本缺乏是阻碍创业活动的主要因素。查克拉巴特和巴斯（Chakrabarty and Bass，2013）发现，更多的微观金融支持能够增加创业活动，促进经济增长。在微观金融支持较弱的地区，创业对经济增长的影响效果也不明显。勒纳（2010）认为，更多的风险投资和信贷中介能促进资金更有效率地使用，从而增强创业对经济增长的影响效果。

即使能够获得信贷资本，创业活动对经济增长的影响效果也受到市场竞争程度和初始产业结构的制约。阿克斯和奥德查（1988）发现，在不成熟且没有很大市场势力的竞争性产业中，创业对经济增长的影响效果最大。普拉默和阿克斯（Plummer and Acs，2014）证实了本地化竞争更有利于企业创新和知识交流，从而能够增强创业影响经济增长的效果。诺赛雷特（2013）指出，由于存在锁定效应，创业对经济增长的影响很大程度上受到初始产业结构的制约。创业企业的类型和要素密集程度与原有产业结构越接近，高增长型创业对经济增长的影响越明显。

一些经济学家特别关注劳动市场上熟练劳动力的可获得性。勒纳（2010）和布拉纳杰尔姆等（2013）都认为，更多的熟练劳动力能够为创业活动提供相对廉价且高质量的劳动者，因而同样的创业活动在熟练劳动力丰富的国家和地区更能促进经济增长。

（二）制度环境

除了经济环境，国外学者也特别关注法律法规、产权保护、政治和经济自由程度、税收待遇、地理空间等创业的外部条件。除地理空间通常作为既定不可改变的因素外，其他外部条件都可以与制度联系起来。

关于制度影响增长的研究早期有诺思（North，1990）和鲍莫尔（1990），后来阿塞莫格鲁（Acemoglu，2009，2012）将制度对经济增长的影响作用推到了新的高度。他认为，新古典增长理论和内生增长理论所强调的物质资本、人力资本、技术进步都只是经济增长的相关因素，经济增长最根本的影响因素是制度和文化。他甚至还提出了一个制度的二分框架，指出政治制度是决定经济发展的唯一重要因素，包容性的政治制度能产生保护私有产权并鼓励创业的包容性经济制度，从而促进长期经济增长。萨克斯（Sachs，2012）对阿塞莫格鲁的观点提出了批评，认为经济增长的决定因素是多方面的，在不同国家有不同的特点，将制度特别是政治制度作为影响增长的唯一因素无疑是没有说服力的。

尽管存在以上争论，学界仍然普遍认为制度对于经济增长是重要的。制度可以通过两种方式调节创业对增长的影响效果。

第一，创业者进出市场的决策受到制度所产生激励的制约，从而使创业对经济增长产生不同的影响效果。鲍莫尔（1990）认为，不同的制度环境产生的激励也不同，进而影响经济个体在生产性创业活动和非生产性创业活动之间的选择。运转良好的制度能够激励更多个体从事生产性创业活动，生产更多财富并促进经济增长。反之则会有更多个体从事非生产性创业活动，阻碍经济增长。索贝尔（Sobel，2008）通过实证检验证实了在不同的制度环境下，创业对经济增长的影响效果也不同。高曼（Gohmann，2012）发展了鲍莫尔的理论，将潜在创业者①分为当前自我雇佣者和真正的潜在创业者。他认为两种创业者对于制度变化的反应是不同的。经济制度的改善能够增强潜在创业者对创业的偏好，但对当前自我雇佣者影响更大，因此运转更加良好的制度可能会使更多真正潜在创业者进入创业领域，对经济增长产生更强的正向影响。

第二，创业影响增长的内在机制与外部制度环境形成整体互补系统，共同决定对增长的影响效果。布拉纳杰尔姆等（2013）比较了1970年以后美国和瑞典经济的动态发展过程，认为成功的创业活动依赖于熟练劳动力、产业环境、风险资本、产权保护和法律法规。创业活动和外部制度环境是一个互补整体，共同影响经济增长。如果没有相应的良好制度环境，即使高影响创业活动②也很难促进经济增长。制度环境对创业影响经济增长的效果的调节能力有一定限度，如果创业活动特别缺乏，只拥有良好的制度环境将无法完全弥补缺乏创业者和创业活动造成的损失。

四、简要述评及对中国的启示

（一）简要述评

20世纪80年代以来西方学者在创业和经济增长关系问题的研究上做了大量努力，极大地丰富了人们对于创业对经济增长作用的认识，为政策制定者提供了一些科学的依据。然而，这一领域仍然存在一些问题和不足，有待于未来取得新进展。这些方面主要表现在：

（1）在创业的分类上，目前的研究已有多种划分方法，但都有相当程度的主观性，缺乏一个公认的标准。而且这些分类多是结果导向的，事后容易识别，但在创业活动开始时很难准确判断其所属类别，这就大大降

---

① 高曼认为潜在创业者是所有更加偏好自我雇佣的个体，真正的潜在创业者是从未有过创业经验的个体。
② 指知识溢出型创业活动。

低了创业理论指导实践的能力。建立一个科学、合理、统一的分类标准是未来进一步深化创业理论研究的基础和前提。

（2）在创业理论框架构建上，现有研究比较少，大量研究集中于对创业和经济增长关系的实证检验上，创业至今仍然未能融入西方主流经济理论框架。未来要更深入研究创业对经济增长的影响就必须将创业整合进主流经济学，形成一个系统的创业理论分析框架，而不是一个个零散的创业理论。

（3）在均衡创业率问题上，需要进一步检验和确认均衡创业率是否存在。如果存在，均衡创业率的影响因素有哪些？如何计算均衡创业率？偏离均衡创业率对经济增长造成的实际影响是什么？在偏离均衡创业率时经济是如何调整的？这些问题是以后创业和经济增长关系研究面临的重大挑战，但也为更加深入探索创业对增长的影响提供了新角度。

（4）在创业影响经济增长的外部条件上，现有很多研究考虑了制度的调节作用。然而，制度是一个很大的范畴，不同层面的制度对创业和增长的制约程度也不同。加强不同制度对创业和经济增长关系的调节作用研究，将创业理论与制度经济学、经济增长理论结合起来考察创业对经济增长的影响可能是未来值得探索的研究方向。

（二）对中国的启示

根据国外关于创业影响经济增长的效果、内在机制和外部条件方面的研究进展，可以为我国当前的"大众创业、万众创新"带来很多有价值的启示：

（1）不同的创业类型对经济增长有不同的影响效果，国家在鼓励全民创业的同时应该进行深入的调研，对一些未来有发展潜力、能够持续带动经济增长的创业活动给予重点引导和支持，充分发挥高科技含量的创业对经济增长的促进作用，以增强我国的自主创新和研发能力。

（2）在不同的经济发展阶段可能存在一个均衡创业率。政府和学界应该对我国是否存在均衡创业率以及偏离均衡创业率对经济增长造成的影响进行深入研究，从而能够更有针对性地制定鼓励、支持创业的政策，从某种意义上说，创业可能并非越多越好。

（3）创业活动通过多种内在机制影响经济增长，国家应当为这些机制充分发挥作用提供必要的条件。政府可以进一步放宽市场准入、健全价格形成的市场机制、适当降低战略性新兴产业创业门槛、畅通知识溢出渠道、有限度且分类别地鼓励创业、增强劳动市场灵活性。通过这些措施可以保证内在机制更有效地发挥作用。

（4）创业对经济增长的影响效果还受到一些外部条件的制约。国家应当在中小企业信贷、市场竞争机制、国民经济产业结构、熟练工人培养方式、财政税收制度、法律法规等方面不断深化改革，以期为创业影响经济增长提供一个良好的外部环境。

参考文献

1. Acemoglu, D., 2009, *Introduction to Modern Economic Growth*, Princeton, NJ: Princeton University Press.

2. Acemoglu, D. and Robinson, J. A., 2012, *Why Nations Fail: The Origins of Power, Prosperity and Poverty*, Crown Publishers.

3. Acs, Z. J. and Audretsch, D. B., 1988, Innovation in Large and Small Firms: An Empirical Analysis, *American Economic Review*, 78 (4): pp. 678 – 690.

4. Acs, Z. J., Audretsch, D. B. and Lehmann, E. E., 2013, The Knowledge Spillover Theory of Entrepreneurship, *Small Business Economics*, 41: pp. 757 – 774.

5. Acs, Z. J., Braunerhjelm, P., Audretsch, D. B. and Carlsson, B., 2009, The Knowledge Spillover Theory of Entrepreneurship, *Small Business Economics*, 32: pp. 15 – 30.

6. Acs, Z. J., Braunerhjelm, P., Audretsch, D. B. and Carlsson, B., 2012, Growth and entrepreneurship, *Small Business Economics*, 39: pp. 289 – 300.

7. Acs, Z. J. and Sanders, M. W., 2013, Knowledge Spillover Entrepreneurship in An Endogenous Growth Model, *Small Business Economics*, 41: pp. 775 – 795.

8. Acs, Z. J. and Storey, D. J., 2004, Introduction: Entrepreneurship and Economic Development, *Regional Studies*, 38 (8): pp. 871 – 877.

9. Acs, Z. J. and Varga, A., 2005, Entrepreneurship, Agglomeration and Technological Change, *Small Business Economics*, 24: pp. 323 – 334.

10. Audretsch, D. B., Carree, M. A., Stel, A. J. and Thurik, A. R., 2002, Impeded Industrial Restructuring: The Growth Penalty, *Kyklos*, 55: pp. 81 – 98.

11. Audretsh, D. B. and Belitski, M., 2013, The Missing Pillar: The Creativity Theory of Knowledge Spillover Entrepreneurship, *Small Business Economics*, 41: pp. 819 – 836.

12. Baumol, W. J., 1990, Entrepreneurship: Productive, Unproductive and Destructive, *Journal of Political Economy*, 5: pp. 893 – 921.

13. Baumol, W. J., 2002, *The Free-market Innovation Machine: Analyzing the Growth Miracle of Capitalism*, Princeton, NJ: Princeton University Press.

14. Baumol, W. J., Blackman, S. A., Wolff, E. N., 1989, *Productivity and American leadership: The long view*, MIT Press.

15. Blanch Flower, D. G., 2000, Self-Employment in OECD Countries, *Labor Economics*, 7: pp. 471–505.

16. Blanch Flower, D. G., 2004, Self-Employment: More May not Better, *NBER Working Paper*, No. 10286.

17. Boettke, P., 1993, *Why Perestroika Failed: The Politics and Economics of Socialist Transformation*, London: Routledge.

18. Boudreaux, K., 2005, The Role of Property Rights as An Institution: Implications for Development Policy, *Policy Primer* No. 2, *Mercatus Policy Series*.

19. Braunerhjelm, P., Acs, Z. J., Audretsch, D. B. and Carlsson, B., 2010, The Missing Link: Knowledge Diffusion and Entrepreneurship in Endogenous Growth, *Small Business Economics*, 34: pp. 105–125.

20. Braunerhjelm, P., Henrekson, M., 2013, Entrepreneurship, Institutions, and Economic Dynamism: Lessons from A Comparison of the United States and Sweden, *Industrial and Corporate Change*, 22: pp. 107–130.

21. Bunten, D., Weiler, S., Thompson, E. and Zahran, S., 2015, Entrepreneurship, Information and Growth, *Journal of Regional Science*, 55 (4): pp. 560–584.

22. Carree, M., 2002, Economic Development and Business Wwnership: An Analysis Using Data of 23 OECD Countries in the Period 1976–1996, *Small Business Economics*, 19: pp. 271–290.

23. Chakrabarty, S. and Bass, A. E., 2013, Encouraging Entrepreneurship: Microfinance, Knowledge Support, and the Costs of Operating in Institutional Voids, *Thunderbird International Business Review*, 55 (5): pp. 545–562.

24. Chen, C. C., 2014, Entrepreneurship, Economic Growth and Employment: A Case Study of Taiwan, *Hitotsubashi Journal of Economics*, 55: pp. 71–88.

25. Chu, S. N. and Song, L., 2015, Promoting Private Entrepreneurship for Deepening Market Reform in China: A Resource Allocation Perspective, *China & World Economy*, 23 (1): pp. 47–77.

26. Delmar, F., Wennberg, K. and Hellerstedt, K., 2011, Endogenous Growth through Knowledge Spillovers in Entrepreneurship: An Empirical Test, *Strategic Entrepreneurship Journal*, 5: pp. 199–226.

27. Durlauf, S. N. and Blume, L. E., 2008, *The New Palgrave Dictionary of Economics* (Volume II), Palgrave Macmillan.

28. Evans, D. S. and Leighton, L. S., 1989, Some Empirical Aspects of Entrepreneurship, *The American Economic Review*, 79 (3): pp. 519–535.

29. Fritsch, M. and Schroter, A., 2009, Are More Start-Ups Really Better? Quantity and Quality of New Businesses and Their Effect on Regional development, *Jena Economic Resrarch Papers*, No. 2009070.

30. Gohmann, S. F., 2012, Institutions, Latent Entrepreneurship, and Self-Employment: An International Comparison, *Entrepreneurship Theory and Practice*, 3: pp. 295 – 321.

31. Guest, R., 2004, *The Shackled Continent: Power, Corruption, and Afican Lives*, Washington, DC: Smithsonian Books.

32. Hayek, F. A., 1944, *The Road To Serfdom*, Routledge.

33. Holcombe, R. G., 1998, Entrepreneurship and Economic Growth, *The Quarterly Journal of Austrian Economics*, 1 (2): pp. 45 – 62.

34. Huggins, R. and Thompson, P., 2015, Entrepreneurship, Innovation and Regional Growth: A Network Theory, *Small Business Economics*, 45: pp. 103 – 128.

35. Jovanovic, B., 1982, Selection and Evolution of Industry, *Econometrica*, 50 (3): pp. 649 – 670.

36. Kaiser, C. P., 1990, Entrepreneurship and Resource Allocation, *Eastern Economic Journal*, 16 (1): pp. 9 – 20.

37. Kirzner, I. M., 1973, *Competition and Entrepreneurship*, University of Chicago Press.

38. Kirzner, I. M., 1979, *Perception, Opportunity and Profit: Studies in the Theory of Entrepreneurship*, Chicago: University of Chicago Press.

39. Kornai, J., 1992, *The Socialist Sysytem: The Political Economy of Communism*, Princeton, NJ: Princeton University Press.

40. Koster, S. and Rai, S. K., 2008, Entrepreneurship and Economic Development in a Developing Country: A Case Study of India, *The Journal of Entrepreneurship*, 17 (2): pp. 117 – 137.

41. Kuznets, S. S., 1971, *Economic Growth of Nations: Total Output and Production Structure*, Belknap Press of Harvard University Press.

42. Lerner, J., 2010, The Future of Public Efforts to Boost Entrepreneurship and Venture Capital, *Small Business Economics*, 35: pp. 255 – 264.

43. Lucas, R. E., 1978, On the Size Distribution of Business Firms, *The Bell Journal of Economics*, 9 (2): pp. 508 – 523.

44. Lucas, R. E., 1988, On the Mechanics of Economic Development, *Journal of Monetary Economics*, 7: pp. 3 – 42.

45. Lukas, M., Mohapatra, S. and Steiner, B., 2014, The Dynamic Effects of Entrepreneurship on Regional Economic Growth: Evidence from Canada, *Growth and Change*,

45（4）：pp. 611 - 639.

46. Morris, M. H., Neumeyer, X. and Kuratko, D. F., 2015, A Portfolio Perspective on Entrepreneurship and Economic Development, *Small Business Economics*, 45：pp. 713 - 728.

47. North, D. C., 1990, *Institutions, Institutional Change and Economic Performance*, Cambridge University Press.

48. Noseleit, F., 2013, Entrepreneurship, Structural Change and Economic Growth, *Journal of Evolutionary Economics*, 23：pp. 735 - 766.

49. Nove, A., 1993, *An Economic History of the USSR 1917 - 1991*, London：Penguin.

50. Plummer, L. A. and Acs, Z. J., 2013, Localized Competition in the Knowledge Spillover Theory of Entrepreneurship, *Journal of Business Venturing*, 29（1）：pp. 121 - 136.

51. Praag, V. M. and Stel, V. A., 2011, The More Business Owners the Merrier?, *Scales Research Reports*, No. H201010.

52. Qian, H. F. and Acs, Z. J., 2013, An Absorptive Capacity Theory of Knowledge Spillover Entrepreneurship, *Small Business Economics*, 40：pp. 185 - 197.

53. Romer, P. M., 1986, Increasing Returns and Long-Run Growth, *Journal of Political Economy*, 94：pp. 1002 - 1037.

54. Romer, P. M., 1990, Endogenous Technological Change, *Journal of Political Economy*, 98：s71 - s102.

55. Sachs, J. D., 2012, Government, Geography, and Growth：The Rrue Drivers of Economic Development, *Foreign Affairs*, 91（5）：pp. 142 - 150.

56. Sautet, F., 2013, Local and Systemic Entrepreneurship：Solving the Puzzle of Entrepreneurship and Economic Development, *Entrepreneurship Theory and Practice*, 3：pp. 387 - 402.

57. Say, J. B., 1821, *A Treatise On Political Economy*, Kessinger Pub Co.

58. Schumpeter, J. A., 1934, *The Theory of Economic Development*, Cambridge, MA：Harvard University Press.

59. Shane, S., 2009, Why Encouraging More People to Become Entrepreneurs is Bad Public Policy, *Small Business Economics*, 33：pp. 141 - 149.

60. Sobel, R. S., 2008, Testing Baumol：Institutional Quality and the Productivity of Entrepreneurship, *Journal of Business Venturing*, 23：pp. 641 - 655.

61. Stepens, H. M., Partridge, M. D. and Faggian, A., 2013, Innovation, Entrepreneurship and Economic Growth in Lagging Regions, *Journal of Regional Science*, 53（5）：pp. 778 - 812.

62. Weiler, S., 2000, Pioneers and Settlers in Lo-Do Denver：Private Risk and Pub-

lic Benefits in Urban Redevelopment, *Urban Studied*, 37 (1): pp. 167 – 179.

63. Weiler, S., Dana, H. and Chuen – mei, F., 2006, Prospecting for Economic Returns to Research: Adding Informational Value at the Market Fringe, *Journal of Regional Science*, 46 (2): pp. 289 – 311.

64. Wong, P. K., Ho, Y. P. and Autio, E., 2005, Entrepreneurship, Innovation and Economic Growth: Evidence from GEM Data, *Small Business Economics*, 24: pp. 335 – 350.

第三章 创新经济与政策研究的新进展

创新与技术进步是经济增长的原动力,对经济社会发展产生了深远的影响。近年来,各国普遍意识到创新的重要意义,积极推动创新经济发展与创新型国家建设,并出台相关政策措施。因之,创新经济与政策也成了国外学者普遍关注的学术研究热点。发展创新型经济,提高企业、产业与国家创新能力与创新效率,既需要创新企业的积极参与,调动微观主体的创新积极性,又需要合理的顶层设计,构建创新生态系统,培育适合创新创业、鼓励创新创业的宏观环境。本章对国外创新经济与政策的研究现状进行分析梳理,为我国学者开展创新经济与政策研究提供参考,也为有关地区和部门深入实施创新驱动发展战略提供借鉴。

一、创新的经济效应

(一) 创新对就业的影响

国外学者从企业层面与产业或宏观经济层面分别研究创新对就业增长的影响。在企业层面上,布劳威尔等(Brouwer et al., 1993)分析了1983~1988年荷兰制造业公司创新对就业增长的影响,指出公司研发强度对就业略增长有负面影响,但在产品生命周期的早期阶段,高产品研发投入的公司普遍经历了较高的就业增长,并且小公司的就业增长率远远高于大企业。哈里森等(Harrison et al., 2014)以法国等四个国家制造业和服务业为样本,研究了企业工艺创新与产品创新对就业增长的影响,认为工艺创新引起生产力水平的迅速提高会降低就业需求,而对原有产品的需求增长会补偿这种低就业需求。产品创新不会降低劳动力需求，对新产品的需求会强化劳动力需求的增长趋势。与此类似，企业层面创新对就业增长的研究大多都指出，创新对就业总量的影响多为正向的（Lachenmaier and Rottmann，2011）。

在产业或宏观经济层面，达克斯和彼得斯（Dachs and Peters，2014）指出，生产力的提高和流程创新是一国外资企业失业高于内资企业的重要原因，对原有产品的需求会产生"补偿效应"，其大小决定了净就业的增长量。莫蒂纽等（Moutinho et al.，2015）通过实证分析发现，政府研发投入并未促进经济与就业增长，而大学研发投入对降低失业率，尤其是青年劳动力失业率具有一定的作用，提高技术能力是降低青年失业率的重要方式。麦里库尔等（Merikull et al.，2009）等研究也认为，工艺创新降低了劳动需求。

（二）创新对经济持续增长的影响

森古普塔（Sengupta，2014）在分析创新与经济最优增长时指出，创新使经济持续增长成为可能。假设一个终身效用最大化的效用函数：

$$U = \int_0^\infty e^{-\rho t} u(c) \mathrm{d}t$$

满足约束条件：

$$\dot{K} = Y - C$$

为了推导创新与经济增长之间的影响机制，进一步假设效用函数和生产函数的具体形式如下：

$$u(c) = (1-a)^{-1}(c^{1-a} - 1)$$

其中，c 表示人均消费，线性生产函数为：

$$Y = AK$$

其中，K 表示不同资本投入的集合，包括技术知识；A 为正常数。当 $A < \rho$ 时，随着 K 边际产出的下降，资本积累很难再实现。当 $A > \rho$ 时，资本积累便成为可能，此时消费、投资和产出均以 g^* 的速度增长：

$$g^* = (1/a)(a - \rho)$$

由于：

$$c = (1-s)y$$

其中，s 代表储蓄率；y 为人均产出，则：

$$g^* = sA - n$$

其中，n 代表劳动生产率。由此可见，人均资本在没有技术进步的条件下实现长期增长，人均资本增长率依赖于一些行为参数，如储蓄率、劳动力增长率。不同于索洛模型的是，更高的储蓄率带来更高的长期人均增长率 g^*。类似地，一旦技术水平提高，那么长期资本增长率会更高。人力资本包含在 K 中，它可以消除收益递减的趋势（Greunz，2004）。

（三）创新对产业转型升级的影响

迈克尔·波特（1980）曾指出，技术创新是产业结构变动的一个重要来源，产业演变的因素包括了产品、工艺创新以及专有知识扩散等。产品创新通过扩大市场规模来促进产业成长或者使产业间的差异化加大，工艺创新则能够实现生产过程中资本密集性的增加或减少，而影响产业竞争优势的是专有知识扩散。产业升级的过程实际上是通过产业创新来生产出具有更多附加值的产品的过程（Pietrobelli and Rabellotti，2004）。推进创新是产业结构优化升级的核心。技术进步会大大提高劳动和资本的效率，导致社会分工的变化和社会资源的重新配置，不同产业间要素的流动促进了产业结构升级。创新是推动产业结构优化升级最主要的推动力。技术进步创造出新工艺、新产品，并发展成新的生产部门和行业。这些新的生产部门凭借自身的技术优势，能够迅速积聚各种资源，规模不断扩张，市场势力迅速膨胀，甚至垄断市场。与此同时，传统工业部门由于技术更新速度慢，并且生产要素流失和市场份额的迅速下降，逐步退出市场。因此，研发和创新促进产业优化升级的过程也是熊彼特提出的垂直创新所引起的"创造性毁灭"的过程，即垂直创新所引起的"激进的"新技术应用在经济系统中，导致新产业的迅速崛起并取代旧的产业部门，从而引起产业结构的调整。简·法格博格（Jan Fagerberg，2000）的研究证实了这一点，即认为 20 世纪上半叶，经济总产出的增长主要来源于劳动生产率的提高和就业的增加，20 世纪下半叶以来，总产出的增加源于新技术的发展导致的产业结构优化和升级。此外，产业结构演变除了受技术结构的影响外，还受到需求结构、供给结构和贸易结构等诸多因素的影响。米歇尔·彭妮德（Michael Peneder，2003）通过实证分析发现，经济发展和技术创新导致总收入的增长和对特定商品的需求变动，从而导致产业结构的逐步调整。一些研发创新投入强度大、创新效率高的部门劳动生产率迅速提高,获得更多的"结构红利",并能吸引更多生产要素的投入。技术创新引起的需求变动和劳动生产率变化是影响产业结构变动的主要因素。

(四) 创新对企业成长的影响

加雷非 (Gereffi, 1999) 以亚洲服装行业为例,从技术创新、产品创新和管理创新的角度,分析了创新促进企业转型与竞争力提升的途径,即依托技术拓展产业发展方向,实现企业生产的全面升级与优化;对企业生产的产品进行明确分工,降低产品生产成本,同时,企业依托技术创新不断更新产品设备,实现高端产品的技术性与创新性,满足国际产品的需求,并实现整体产业的国际竞争力;从企业内部管理入手,学习供应链管理的先进技术和各个组织结构的高效合作,提升原料与产品的供应效率以及人员的搭配工作效率,间接地降低生产成本。从创新驱动企业成长的实证分析来看,鲁夫等 (Loof et al., 2001) 运用 CDM 模型研究了瑞典服务业与制造业企业创新对企业经营绩效的影响,发现企业创新对企业规模、资本强度产生了显著的正向影响。贝纳文蒂 (Benavente, 2002) 研究了企业创新对企业生产率的影响,发现提高企业创新投入强度会促进企业市场份额的增加,但创新产出的提高并未促进企业生产率的提升。

二、创新的评价指标和方法

(一) 技术创新效率评价

在技术创新效率测度的指标选择方面,多以创新人员投入和创新资本投入为投入变量,以专利或产品销售收入为产出变量进行测算。创新效率的评价方法主要是随机前沿分析方法和数据包络分析方法。艾格纳等 (Aigner et al., 1977) 提出了随机前沿方法,法雷尔 (Farrell, 1957) 提出数据包络分析方法,此后,随机前沿分析与数据包络分析经过发展,逐渐形成新的、更为实用的效率测量工具,如空间随机前沿模型,双边随机前沿模型,网络 DEA 模型,超效率 DEA 模型,Malmquist-DEA 模型,等等,并在区域、行业与企业创新效率的评价中被广泛应用。近年来,对于创新效率衡量的研究文献主要是基于方法的更新与完善，如当随机前沿模型被广泛应用到不同的研究领域时，不可避免地要面对变量测量误差的问题，针对这一问题，王（Wang，2007）提出了包含测量误差的截断式正态分布随机前沿模型设定下的 GMM 估计式，并求得该模型参数的无偏估计值。考虑到附带参数的问题，陈等（Chen et al.，2014）运用固定效应随机前沿模型估计了企业层面创新效率问题。常用的 DEA 忽略了模型中所存在的数据测量误差、DEA 模型设定的有偏性等问题，常常会使得传统的 DEA 模型对距离函数的估计存在着较大的偏误。为了对传统 DEA 模型中存在问题进行修正，得到更为可信的结果，阿拉比等（Arabi et al.，2014）提出了松弛 DEA 模型进行距离函数估计的方法。

（二）创新能力评价

国外学者对技术创新能力的评价进行了大量的研究，从不同角度，建立了较为完善的指标体系。在方法的选择上，主要有模糊数学综合评判法、灰色多层次综合评估法以及主成分分析法等方法。从指标的选择来看，多数学者均从创新投入、创新产出以及创新环境等创新过程以及影响因素的角度来考察创新能力，如 OCED 科技指标体系包括近 90 项指标，其中多数为研究与开发指标，其他指标包括专利产出和技术国际收支等产出指标以及产业密集度等影响因素指标。在国家创新层面，弗曼等（Furman et al.，2002）基于创新来源的三种理论解释，建立了一个从公共的创新基础设施、产业创新集群环境条件，以及两者之间的联系质量三个方面评价国家创新能力的框架。在企业创新层面，伯格尔曼（Burgelman，2004）从企业技术能力结构的角度研究企业自主创新能力，波特（Porter，1990）从企业战略与竞争优势的角度考察企业创新，更加强调技术对培育企业竞争优势的重要意义。从产业层面来看，技术创新过程的性质和特点增加了直接衡量技术创新的质量和数量的难度，应当从技术创新的投入指标、测度中间产品的指标、测度某种产品或过程性能的指标、测度某种产品所需投入要素数量的指标等衡量工业创新能力。

（三）创新系统评价

创新系统是由与创新全过程相关的机构、组织和实现条件构成的网络体系，它包括技术、经济、社会三个领域，由主体、环境和连接三个部分构成，具有输出技术知识、物质产品和效益三种功能。凯曼（Kam，1996）认为，国家创新系统的业绩可用资源配置和开发过程的效果来测量。他把每个创新过程中涉及的组织称为创新执行者，包括发动者、采用者、推动作用者，并进一步把执行者分为企业组、公共 R&D 机构组、教育与培训机构组，根据这三组执行者所付出的创新努力的程度和效果来研究创新系统的绩效。戈迪尼奥（Godinho，2005）从资源基础、参与者行为、外部交流、经济结构、相互关联、创新、发散以及制度环境等八个角度对国家创新系统进行了定量描述，并对国家创新系统进行了分类。巴尔巴鲁（Barbaroux，2012）从区域协同创新的角度分析创新系统，认为协同创新能力包含异质创新资源选择和连接能力、知识管理能力和自适应治理能力，应从这些角度分析区域协同创新。

三、创新的影响因素

（一）创新的内部影响因素

在企业自身因素方面，所有权性质是影响企业创新的重要因素。一些研究认为，国有企业比民营企业更具创新性，因为政府在知识产权保护、创新资源配置和基础知识供给等方面鼓励和引导国有企业创新，在知识生产上给国有企业更多的人力和资金支持，能够有效缓解知识生产的市场失灵问题（Choi et al., 2011）。但是大量研究普遍认为国有企业创新效率低于其他类型所有制企业，原因有委托代理问题，即对国有企业管理人员的激励和约束机制不健全，使得国有企业高管从自身利益出发做出决策，忽视了企业生产效率，包括创新效率，造成国有资产浪费和资源配置无效率，因此直接的激励效应与间接硬化预算约束能够很好地提高企业经营和创新效率。国有企业大多采用事前官僚监督机制，这种机制很容易导致项目选择失误，并延迟创新，此外，软预算约束与政策性负担等因素也会引起创新效率损失。

此外，克罗雷和麦卡恩（Crowley and McCann，2015）认为，一个企业的创新努力、资本密集度、规模、地理位置及其经营环境是确定企业创新倾向的关键要素。然而这些因素对于不同类型创新的重要性不尽相同。创新努力对于创新者生产力的影响随创新类型的不同而不同。从企业家与创新者的角度来看，罗（Luo，2013）通过专利活动来估计自主创新和海归人员之间的关系，结果证明了海归对专利活动的积极影响，同时，海归也促进了周边企业的创新，海归作为领导角色的企业拥有更多的专利。

（二）创新的外部影响因素

从外部环境来看，在对外开放方面，高洛德尼琴科（Gorodnichenko，2015）实证研究结果表明，FDI 和贸易对新兴市场国家企业的产品和技术创新方面有着积极的溢出效应，来自发达国家企业的 FDI 效应更加明显。从需求端来看，客户是集成创新过程中不可或缺的元素，应当将潜在的外部知识整合到新产品研发过程中，在分析顾客需求的基础上，将客户需求融入产品研发过程，建立以客户需求为导向的研发创新体系（Schaarschmidt and Kilian, 2014）。从国家技术环境来看，弗曼等（Forman et al., 2015）认为，互联网发达国家与互联网发展相对落后国家的专利增长率差别不大，但互联网可以阻止创新地理集中的趋势。从外部补贴来看，贾菲（Jaffe，2015）探讨了新西兰企业研发补贴对创新绩效的影响，发现在 2005~2009 年期间，获得研发资助的制造业和服务业企业申请专利的概率显著增加，但没有发现对申请商标的概率的积极影响。接受研发补贴增加了公司引入新产品和服务的概率，然而，对工艺创新的影响相对较弱。研发补贴对创新的影响在中小企业和大企业之间存在差异，研究结论支持公共研发补贴对专利活动和引进新产品的积极影响的假设。

从知识网络的角度来看，卡萨努埃瓦（Casanueva，2013）指出，企业在显性与隐性的知识网络中所处的位置对企业创新绩效具有重要影响。一个相对核心的知识网络位置对企业产品创新尤为重要，可以提高企业的创新表现。赖等（Lai et al., 2014）探讨了特殊资源和集群企业创新绩效之间的关系，以知识管理为中间变量，研究结论为产业集群中特殊资源与创新绩效之间关系的存在提供了理论支持。

（三）可持续创新的影响因素

全球化条件下，企业面临着日益激烈的竞争。可持续创新是保持可持续优势的重要手段（Toivonen，2015）。那么什么是可持续创新呢？蒂斯和皮萨诺（Teece and Pisano，2002）认为，持续创新是一种快速适应经济社会环境变化，并且对企业产品、技术进行迅速创新的过程，持续创新要求企业家具有高效的协调和重新配置内外部资源的能力。夏皮罗（Shapiro，2001）将持续创新简单地概括为时时刻刻创新，使创新像呼吸一样，成为一种规律，一种自然现象。持续创新的影响因素有很多，迫于市场竞争所形成的外部竞争压力是企业可持续创新的根本动力（Hyun et al.，2015）。腾内森（Tonnessen，2005）认为，员工的广泛参与是可持续创新的必要条件。托伊沃宁（Toivonen，2015）进一步研究发现，不仅仅是员工的广泛、积极参与，持续创新还需要系统的创新模式，需要整个组织层面持续改进，以适应持续创新的需求。从创新者与企业家的角度考察，类似于熊彼特的创新理论，一些学者指出，创新是企业家精神的核心，具有企业家精神的企业能够持续创新。在其他的一些影响因素中，科尔（Cole，2001）认为，探索与学习是持续创新的核心，创新归根结底是一个学习的过程。

四、创新生态系统

（一）创新生态系统的内涵

创新生态系统研究的理论起源为生态系统理论。基于创业与创新的密切联系，国外学者通常将创新生态系统和创业生态系统结合起来研究，统称为创新创业生态系统。梅森和布朗（Mason and Brown，2014）通过对已有创业生态系统的概念进行整合，提出了创业生态系统的定义：在当地的创业环境中，一组相互关联的创业参与者、创业组织、机构和创业过程通过正式和非正式的结合从而联结、调节和控制绩效。学界已建立了一些用于研究创业生态系统的模型，其中由伊森博格（Isenberg，2011a）所提出的"适于经济发展的创业生态系统战略"较有影响力。他认为这种方式可能取代或成为集群战略、创新系统、知识经济或国家竞争政策成功发展的先决条件。创业生态系统中包含六个要素：有益于创业的文化、良好的政策和领导力、合理经费的可得性、高品质的人力资本、风险友好的产品市场，以及一系列的制度支持（Isenberg，2011a）。这些通用领域中包含了上百种元素，它们之间以极其复杂且特殊的方式相互作用。

（二）创新生态系统的构成

1. 已建立的大型企业

创新生态系统的中心通常有至少一个已建立的拥有显著管理职能的大型企业。其主要作用为：第一，它们是人才磁铁（Feldman et al.，2005）；第二，它们为雇员提供培训，使其在企业中的等级有所提升；第三，它们是新企业的来源，因为它们的一些员工离开后会创立自己的公司；第四，大型的外源公司在发展区域生态系统中起着重要作用，它们发展了生态系统的管理人才库并为当地贸易提供了商机（Adams，2011）。大公司能为当地企业的创立提供空间和资源，制定方案以鼓励企业的创立，而公司的发展也能巩固和加强它们所在的生态系统（Isenberg，2013）。总部在本地的公司对于刺激生态系统的发展最为有效。FORA模型指出了"轰动的创业"的重要性。当这种成功的创业型企业达到超常规模时，会为企业的创立者、投资者、管理者及雇员等带来巨大的财富，而这些人也会不断参与到生态系统中来，作为指导者、投资者和连续创业家，重新投资他们的经验和资产（Isenberg，2011a）。因此，创新生态系统被认为是动态的。已建立的大公司产生的溢出效应大多是正面的，即使它们面临困境，对于生态系统而言影响也是积极的，因为这些企业释放出的人才将会开办自己的公司或被一些小型企业重新雇佣（Isenberg，2011b）。

2. 丰富的资讯

在资讯丰富的环境下，个体可以更容易找到产品、服务及供给方面的空缺，从而进行填补。创新生态系统中的"联络者"负责使人、理念和资源相连接（Sweeney，1987）。FORA模型指出，"决策者"是信息共享过程中的核心参与者，他们通过共享信息资源、联系适合的人和组织等，帮助这些公司意识到自己的增长潜力（Napier and Hansen，2011）。对于评价一个创新生态系统是否成功，用当地的决策者数量进行测量要比用一个区域内有多少企业家和投资者测量更好。

3. 资金

在集聚效应的初级和萌芽阶段，投资者提供资金和支持尤为重要，其中，天使投资人扮演着至关重要的角色。更广泛的国际联系也在创新生态系统的发展中显得举足轻重（Bathelt et al., 2004）。在生态系统的初期形成阶段，这些所谓的国际通道能在集聚效应在当地产生之前，提供进入市场的通道、资源和知识。

4. 高校、文化和服务提供者

高等院校也在创新生态系统中有其重要性，但并不像普遍认为的那么显著。首先，并不是每个创新生态系统中都有主要的研究型高等院校。其次，从高等院校外延出来的公司数量一般较少，其中高增长公司的数量更少（Harrison and Leitch, 2010）。也有学者指出，群落的创建基于高等院校，高等院校最有效的角色是成为创业活动和集体的召集者（Feld, 2012）。一些有关文化也是创新生态系统的特点。例如，"获得前先付出"，"不为失败感到丢脸"等，"失败者"会被其他公司友好的接受（Feld, 2012）。服务提供者（律师、会计、猎头、顾问）的重要性同样不应被忽略。他们可以帮助新公司克服困境，完成一些外包的非核心的活动。

（三）创新生态系统的动态特性模型

创新生态系统的产生需要肥沃的土壤。知识机构（研究型高等院校，公共研究工作实验室，公司研发实验室）对于集群的萌芽起到了多重作用。第一，他们通过研究获得科学发现、技术进步并增进知识，这些都为新商业体的创立打下了基础。第二，他们是人才磁铁，能够广泛的吸引与集聚人才（Norton, 2001）。第三，这些研究基地吸引了大量的政府研究基金（Adams, 2011）。然而，创业商业体能否在这片肥沃的土地上枝繁叶茂取决于更广泛的技术及产业情况。首先，技术进步是破坏性的，它会创造"不连续性"并产生新的机遇。其次，技术轨道是技术开发利用的条件。最后，技术能为想创业的企业家创造机会。产业情况将影响衍生公司的规模，而公司的衍生通常会发生于一个产业的新兴阶段。

创新生态系统需要孵化组织来培养未来的企业家。企业家可以在其中获得技术技能、产品和市场知识，提高对组织结构、战略和系统的理解，并通过工作经验，识别和利用机遇（Harrison et al.，2004）。政府的研究工作实验室和多数高等院校均被认为是功效不良的孵化器，因为他们并不完全处于市场之中，且他们的成果也很难立即进入商业应用。衍生公司有建立在孵化组织附近的趋势，这就导致了集群的产生。其原因包括：第一，企业家需利用自身的社交网络以获取知识、人力和其他资源（Sorensen，2003）；第二，可以避免因伴侣难以继续工作而导致的家庭关系破坏；第三，地点偏好。创新生态系统的产生也存在外部因素和一些偶然的原因，包括降低风险门槛，政府的业务外包，对新型技术企业的资金支持等。

公司的衍生进程到达一定高度时会产生自我强化的效力，这个过程可以促进一个鼓励和支持创业活动的生态系统的产生。在一个集群刚刚产生时建立公司和在集群成型时建立公司有很大不同。成功的商业体将起到模范作用，并为未来的创业活动提供合理性（Jurvetson，2000）。公司衍生的另一个作用是产生群聚效应，刺激产生创业支持网，进而使创业型企业的产生和成长得以持续和繁荣。创业支持的形式包括：专家商业服务、技术服务和金融服务（Kenney and Patton，2005）。随着公司衍生进程的持续推进，技术孵化机构和合伙组织等机构逐渐产生。这些机构可以培养和鼓励新公司的建立，解决公司难以独立解决的难题，技术劳动力会被吸引到这个区域，而当地的机构则会开发专业训练课程（Wolfe and Gertler，2004）。

没有创业投资的集群可能会产生萧条或衰退，但创业投资却不是环境初始条件必需的部分。有研究指出，仅有少量的高增长企业初期是因获得了创业投资而建立的（Brown and Lee，2014）。而由成功的年轻企业的收购行为和股票市场波动所引发的"创业型回收"则表现出了对环境极强的适应性（Mason and Harrison，2006）。在这个商业循环中的企业家和其他成员会借由成为连续创业者、新企业的投资者、新企业家的导师和机构创立者的形式，重新投入他们的资本和能力（Feldman，2001）。当这种"创业型回收"由知名企业家主导的时候，效能达到最高。

（四）创新生态系统的政策支持

1. 对生态系统中的创业行为者的政策支持

鼓励区域性生态系统中的高增长企业建立的方法有：第一，在企业建立前，企业建立中和企业刚建成的时期，为企业家提供集中指导（Roper and Hart，2013）；第二，通过孵化器提供商业处所，通过建议和联络提供机会和资助，对企业的建立进行支持（Miller and Bound，2011）。建立私营部门导向的商业加速器计划以帮助培养缺少经验的公司。新型的孵化器通常依据以公平为基础的资金模式进行运营，它的特性是需要通过竞争进入该计划并且计划有时限性。这类计划的一个显著特点是它能培养创业型社群，反过来，这些社群又能使知识分享更为便利（Gertler，2003）。

2. 对生态系统中的资源提供者的政策支持

资源提供者包括银行、天使集团、风投公司和服务提供者。通过增加对风险资金的支持从而巩固得到资金的通道是一个重要的关注点（Lerner，2010）。而更重要的关注点应放在连接增长导向的中小型企业和传统资本扩张的来源上（Collins et al.，2013）。

3. 对生态系统中的创业连接器的政策支持

应用公共政策来培养创新生态系统中不同组成部分间的联系，创造实践社群或创业网络，通过政策为不同的创业行为者搭建桥梁（Walshok et al.，2002）。

4. 对生态系统中的创业环境的政策支持

文化，尤其是对于创新积极的社会规范和态度，被认为是创新生态系统的一个重要组成部分。以下三种政策方法能有效推进创新生态系统中的文化建设：第一，推广创新与创业教育（Mason，2014）；第二，以"创意阶层"驱动经济发展（Florida，2002）；第三，开发大型项目以产生创业号召力。

五、创新政策

（一）创新政策理论

在科学引文索引数据库中，关于"创新政策"被引用最多的学术文章出自戴维·蒂斯（David Teece）。他的主要观点是，促进创新的公共政策应不仅将重心放在研发上面，还应关注互补性资产（Slavo，2008）。有学者对其观点进行了评述和延伸，他们认为：首先，国家和区域应关心他们现有的互补性资产和制度的范围，以确保基于环境背景和其他一些因素部分国内发明公司能够从创新中获利，从而增加国家的就业和产出。其次，一些彻底的新发明创造需要互补性资产，包括公共和半公共产品。最后，在怎样的程度上对知识产权进行保护能够平衡其对创业动力的激励并对技术扩散产生积极影响（Chesbrough et al.，2006）。然而，也有学者认为，政府对研发的资金投入是一种合理政策。因为被合理分配的基础研究投入能获取较高的社会回报，而对公共机构进行研发投入能最有效地使某项研究得以实施进而通用（Nelson，2007）。

  托伊鲍尔（Teubal，1997）提出了"水平技术政策"的概念。水平政策处于传统的垂直和功能性政策之间，这类政策能够明确市场中缺失的或难以生成的活动。他指出，水平政策概念可以应用于不同的技术政策周期，包括初期、成长期和成熟期。托伊鲍尔（2002）认为，由于水平技术政策对于支持研发和创新的立场是中立的，因此其不仅可以应用于技术部门，还能支持多种更有效的市场选择机制。托伊鲍尔（2002）提出了10条技术政策"显著规范/政策原则或主题"，分为以下四类：第一，创新和技术政策目标；第二，政策制定的性质；第三，学习、需求和动态；第四，政策设定的特点。

  从演化的角度来看，创新政策的维度有很多，其中最显而易见的两个是：不确定性和时间性。贝尔（Bell，2006）指出，公司推进技术与创新能力建设所需要花费的时间受创新政策引导的影响。另一方面，技术周期在不断缩短而政策很难及时调整，这也成为了领导者和跟随者共同面临的挑战并使情报收集对政策制定而言变得十分必要。

  有学者认为，创新政策在科学、技术政策之后，进一步引入了更广泛的政策问题。创新政策主要包含两种不同的版本：一个是自由主义，强调不干预政策且重点应放在框架条件而非某些特殊部门或技术上；另一个是系统性，强调创新系统的概念（Charles，2005）。由于创新政策的研究很多都产生于创新系统视角的框架中，而人们也意识到创新和技术变革是一种系统性的活动。"创新系统法"的提出使在更广泛的经济政策中分析科技与创新成为可能。有学者把关注点放在了创新系统自我组织的简化上。国家的首要任务是使创新系统的生成尽量简化，而创新政策应不仅能够促进个体的创新，更要设置一种框架，使创新系统能在一系列的经济活动中更好地实现自我组织（Metcalfe，2007）。对与国家创新系统相关的创新政策研究主要集中在以下三个方面：第一，在明确的国家创新系统框架中的创新政策分析；第二，与国家创新系统偶然或表面相关的创新政策分析；第三，在基础科技系统框架中的创新政策分析。很多学者在分析创新政策时进行了跨国的创新系统比较研究。

有学者认为，创新政策所针对的问题已脱离了市场失灵的范畴，它包含了一些新的失效类型：性能失效、制度失效、网络失效和框架失效（Arnold，2004）。莫里斯·托伊鲍尔（Moriss Teubal，1998）提出了另一种常被提到的失效类型，即系统失效的定义：未能及时刺激对经济有战略价值的国家创新系统中的新的组成部分的产生。有学者进一步指出了系统失效的不同类型：基础设施失效、转移失效、路径依赖失效、硬制度失效、软制度失效、强网络失效和弱网络失效（Woolthuisa et al.，2005）。针对系统失效，本纳德（Peneder，2008）提出了政策思维导图，不仅图解了多种可行的政策工具，还将它们按照不同的市场失灵的原因，公共干预的基本原理，以及创新政策的目标连接起来。信息技术和制度设计中的创新可以改善很多问题。与此同时，适当的贸易、行业组织、科学和公共基础设施政策也能增强系统本身（Hennessy et al.，2003）。

本特艾克和苏珊娜（Bengt-Åke and Susana，2005）对科学、技术和创新政策间的关系进行了梳理（见表3-1），并指出创新系统的元素包含高等院校、研究机构、技术机构和研发实验室。然而，创新政策的关注点从科学技术政策所关注的高等院校和技术部门转移到了经济中所有对创新过程有影响的部分。苏珊娜和查尔斯（Susana and Charles，2013）又对创新政策工具进行了进一步的归类，分为规制类、经济转轨类和软工具类。明确创新政策工具的类型对于政策工具的选择有着不可忽视的意义。

表3-1　　　　　　　科学、技术和创新政策间的关系

	科学政策	技术政策	创新政策
关注点	科学知识的成果	行业技术知识的进步和商业化	经济的整体创新绩效
工具	——在竞赛中授予公共研究基金 ——（准）公共研究机构 ——对公司进行税收激励 ——高等教育 ——知识产权	——公共采购 ——对战略部门进行公共援助 ——桥接机构 ——劳动力培训及技术提升 ——标准化 ——技术预测 ——标杆管理工业部门	——提升个体技能和学习能力 ——提升组织绩效和学习 ——提升信息可得性：信息社会 ——环境管制 ——生命伦理监管 ——公司法 ——竞赛条例 ——消费者保护 ——提升区域发展的社会资本：集群和工业区 ——智能标杆管理 ——智能、反射性和民主预测

创新政策尤其关注创新系统的制度和组织维度，包括能力构建和组织绩效。创新政策需要打开创新程序中的"黑盒子"，把它理解为社会的复杂过程（Bengt-Åke and Susana，2005）。不断演化的系统性原理导致了创新政策复杂性的加大。基于不同的原理，使用不同的政策工具，并与不同领域的政策保持一致，多种创新政策在一个国家或区域内共存的情况非常普遍。创新政策工具的设计必须基于创新系统的视角，所以它们必须被合并为一些组合从而处理那些复杂的创新过程中的问题。这些组合常被称为"政策组合"。工具组合设计的这种问题导向的性质导致了创新政策工具的系统化（Susana and Charles，2013）。虽然很多学者对"政策组合"进行了讨论，然而对于什么样的政策组合最能满足要求还没有产生规范的论断，这个术语的概念也还未彻底明晰，但这方面的研究将有助于延伸创新政策工具的组合是毋庸置疑的（Flanagan et al.，2011）。

（二）创新政策评估

针对国家创新政策的评估可以被划入三个子分类：研发组织、合作及

计划的评估；扩散政策的评估；系统的（研发）评估。大部分关于国家创新政策的评估集中在对发展中国家研发系统的评估上。学者们还对和研发系统有关的问题进行了研究，如研发合作、产业经济学中的公共研发和私人研发的互补等。从演化的视角出发，由于扩散是形成技术发展的路径，因而创新和创新的扩散是不可分割的。在创新原理中对于技术扩散的推崇也影响着创新政策。在20世纪80年代晚期和90年代初期，发达国家关于调整创新扩散速度的刺激政策还很少（Stoneman and Diederen，1994），到了90年代晚期，几乎所有国家都引入了技术扩散政策作为国家宏观技术政策的重要组成部分，并认为其对于国家创新系统是必不可少的（Park，1999）。

当今世界的创新被认为是一种系统化的活动，对单个项目或研发系统的评估若脱离了创新系统这个大背景将会跟不上政策制定者的需求。阿诺德（Arnold，2004）认为，研究"创新和知识是如何产出的"这一问题应向一个系统性的视角转化。还有学者认为，创新程序的日益复杂化增加了将研发系统的评估放入更宽泛的系统（即并非一定是创新系统）背景之中的必要性。这也引发了关于标杆管理和国家间政策比较的新方法论的发展（Bodas and Tuzelmann，2008）。

能够对创新活动产生影响的并不仅仅是明确的创新政策，事实上，很多没有明确指向创新的政策对创新的影响甚至要大于明确的创新政策。戴维·哈特（David Hart，2001）在研究美国和欧洲的创新问题时指出，传统的科技政策工具之外的监管政策应作为一个必要的国家创新政策的补充元素而得到重视。创新政策经历了第一代的专注创新的供给侧和第二代的关注系统和集群，进入了新的时代，即创新的潜能可能根植于其他部门或政策领域。这种创新的潜能可以通过协调和整合各部门的创新政策使之能够得到跨部门的优化来获得，而这种优化可以是水平的、垂直的，也可以是暂时的。从创新的角度来看，竞争政策应被视为一种能够促进经济发展的路径；从演化的角度来看，它是一种可以被称为选择效应的动态效应（Mario L. Possas and Heloisa L. Borges，2005）。很多实证研究也证实了创新和竞争间的正向相关关系（Gianella and Tompson，2007）。然而，另一些学者认为，竞争和创新间的关系实际上非常复杂，他们之间的相关性取决于公司技术水平和技术前沿间的差距大小（Carlin et al.，2004）。

创新政策日趋复杂多样，有学者基于以下两个维度间的相互作用提出了政策系统的概念。第一个维度是在一个给定的政策空间内，政策原理、领域和工具的组合所形成的创新政策的整体；第二个维度是源于创新政策的管理层次的组合。他们进一步提出了一种评估组合的草案，旨在使个体政策的评估能够被整合进一个适合其所在的系统环境的评估组合之中，并使政策学习更加容易（Eduren et al., 2013）。

参考文献

1. Adam B. Jaffe, Trinh Le, 2015, The Impact of R&D Subsidy on Innovation: a Study of New Zealand Firms, *NBER Working Paper* No. 21479.

2. Adams, S., 2011, Growing where You Are Planted: Exogenous Firms and the Seeding of Silicon Valley, *Research Policy*, 40 (3): pp. 368 – 379.

3. Arnold, E., 2004. Evaluation Research and Innovation Policy: A System World Needs Systems Evaluations, *Research Evaluation*, 13 (1): pp. 3 – 17.

4. Bathelt, H., Malmberg, Maskell, P., 2004, Clusters and Knowledge, Local Buzz, Global Pipelines and the Process of Knowledge Creation, *Progress in Human Geography*, 28 (1): pp. 31 – 56.

5. Behrouz Arabi, Susila Munisamy, Ali Emrouznejad, 2014, Power Industry Restructuring and Eco-efficiency Changes: A New Slacks-based Model in Malmquist-Luenberger Index Measurement, *Energy Policy*, 68 (2): pp. 132 – 145.

6. Bengt-Åke Lundvall, Susana Borrás, 2005, Science, Technology, and Innovation Policy, in Jan Fagerberg and David C. Mowery ed., *The Oxford Handbook of Innovation*, Oxford press.

7. Bell, M., 2006, Time and Technological Learning in Industrialising Countries: How Long Does It Take? How Fast is It Moving (If at All)?, *International Journal of Technology Management*, 36 (1 – 3): pp. 281 – 301.

8. Bernhard Dachs, Bettina Peters, 2014, Innovation, Employment Growth, and Foreign Ownership of Firms: A European Perspective, *Research Policy*, 43 (1): pp. 214 – 232.

9. Bodas Freitas I. M., von Tunzelmann N., 2008, Mapping Public Support for Innovation: A Comparison of Policy Alignment in the UK and France, *Research Policy*, 37 (9): pp. 1446 – 1464.

10. Burgelman, R., 2004, *Startegic Management of Technology and Innovation*, NewYork: MeGarw-Hill.

11. Charles Edquist, 2005, Systems of Innovation Perspectives and Challenges, *The Oxford Handbook of Innovation*, 7: pp. 182 – 203.

12. Chris Forman, 2015, Avi Goldfarb, Shane Greenstein, Information Technology and the Distribution of Inventive Activity, *NBER Working Paper*, No. 20036.

13. Cristobal Casanueva, Ignacio Castro, Jose L. Galan, 2013, Informational networks and innovation in mature industrial clusters, *Journal of Business Research*, 66 (5): pp. 603 – 613.

14. Cole, R. E. , 2001, From Continuous Improvement to ContinuousInnovation, *Quality Management Journal*, 8 (4): pp. 7 – 21.

15. C. Gianella, W. Tompson, 2007, Stimulating Innovation in Russia: The Role of Institutions and Policies, *OECD Economics Department Working Papers*, No. 539.

16. Chad P. Bown and Meredith A. Crowley, 2014, Emerging Economies, Trade Policy, and Macroeconomic Shocks, *Journal of Development Economics*, 111: pp. 261 – 273.

17. Collins, L. , Swart, R. , Zhang, B. , 2013, *The Rise of Future Finance: the UK's Alternative Finance Benchmarking Report*, MESTA: London.

18. David A. Hennessy, Jutta Roosen and Helen H. Jensen, 2003, Systemic Failure in the Provision of Safe Food, *Food Policy*, 28: pp. 77 – 96.

19. David Hart, 2001, Editorial, Innovations in European and US Innovation Policy, *Research Policy*, 30: pp. 869 – 872.

20. Erik Brouwer, Alfred Kleinknecht, Jeroen O. N. Reijnen, 1993, Employment Growth and Innovation at the Firm Level, *Journal of Evolutionary Economics*, 3 (2): pp. 153 – 159.

21. Erik Arnold, 2004, Evaluating Research and Innovation Policy: A Systems World Needs Systems Evaluations, *Research Evaluation*, 13 (1): pp. 3 – 17.

22. Edurne Magro, James R. Wilson, 2013, Complex Innovation Policy System: Towards an Evaluation Mix, *Research Policy*, 42: pp. 1647 – 1656.

23. Flanagan, K. , Uyarra, E. and Laranja, M. , 2011, Reconceptualising the 'Policy Mix' for Innovation, *Research Policy*, 40: pp. 702 – 713.

24. Florida, R. , 2002, *The Rise of the Creative Class: And How It's Transforming Work, Leisure, Community and Everyday Life*, New York: Perseus Book Group.

25. Feldman, M. P. , 2001, The Entrepreneurial Event Revised: Firm Formation in a Regional Context, *Industrial and Corporate Change*, 10: pp. 861 – 891.

26. Feld, B. , 2012, *Startup Communities: Building an Entrepreneurial Ecosystem in Your City*, Hoboken: NJ, Wiley.

27. Feldman, M. A. , Fracis, J. , Bercovitz, J. , 2005, Creating a Cluster While Building a Firm: Entrepreneurs and the Formation of Industrial Clusters, *Regional Studies*, 39: pp. 129 – 141.

28. Frank Crowley, Philip McCann, 2015, Innovation and Productivity in Irish Firms, *Spatial Economic Analysis*, 10 (2): pp. 181 – 204.

29. Gertler, M. , 2003, Tacit Knowlege and the Economic Geography of Context, or

the Indefinable Tacitness of Being (There), *Journal of Economic Geography*, 3: pp. 75 – 99.

30. Greunz, L., 2004, Industrial Structure and Innovation–Evidence from European Regions, *Journal of Evolutionary Economics*, 5: pp. 936 – 937.

31. Hyun Joong Im, Young Joon Park and Janghoon Shon, 2015, Product Market Competition and the Value of Innovation: Evidence from US Patent Data, *Economics Letters*, 137: pp. 78 – 82.

32. Houssem Rachdi, Hichem Saidi, 2015, Democracy and Economic Growth: Evidence in MENA Countries, *Procedia–Social and Behavioral Sciences*, 191 (2): pp. 616 – 621.

33. Harrison, R., Leitch, C., 2010, Voodoo Institution or Entrepreneurial University? Spin–Off Companies, the Entrepreneurial System and Regional Development in the UK, *Regional studies*, 44: pp. 1241 – 1262.

34. Henry Chesbrough, Julian Birkinshaw Morris Teubal, 2006, Introduction to the Research Policy 20th Anniversary Special Issue of the Publication of "Profiting from Innovation" by David J Teece, *Research Policy*, 35: pp. 1091 – 1099.

35. Hung–Jen Wang, Nan–Kuang Chen, 2007, The Procyclical Leverage Effect of Collateral Value on Bank Loans: Evidence from the Transaction Data of Taiwan, *Economic Inquiry*, 2: pp. 395 – 406.

36. Isenberg, D., 2011a, *The Entrepreneurship Ecosystem Strategy as a New Paradigm for Economy Policy: Principles for Cultivating Entrepreneurship*, Babson Entrepreneurship Ecosystem Project, Babson College, Babson park: MA.

37. Isenberg, D., 2011b, When Big Companies Fall, Entrepreneurship Rises, *Harvard Business Review*, http://blogs.hbr.org/2013/03/when-big-companies-fall-entrep/.

38. Isenberg, D., 2013, *Worthless, Impossible and Stupid: How Contrarian Entrepreneurs Create and Capture Extraordinary Value*, Harvard Business Review Press, Cambridge, MA.

39. J. Stanley Metcalfe, 2007, *Policy for Innovation*, in Elgar Companion to Neo–Schumpeterian Economics, Edited by Horst Hanusch and Andreas Pyka, EE, Cheltenham, pp. 943 – 967.

40. Jan Fagerberg, 2000, Technological Progress, Structural Change and Productivity Growth: A Comparative Study, *Structural Change and Economic Dynamics*, 11 (4): pp. 393 – 441.

41. Kenney, M., Patton, D., 2005, Entrepreneurial Geographics: Support Networks in Three High–Technology Industries, *Economic Geography*, 81: pp. 201 – 228.

42. Lerner, J., 2010, The Future of Public Efforts to Boost Entrepreneurship and Venture Capital, *Small Business Economics*, 35: pp. 255 – 264.

43. Leonard K. Cheng and Elias Dinopoulos, 1996, A Multisectoral General Equilibri-

um Model of Schumpeterian Growth and Fluctuations, *Journal of Economic Dynamics and Control*, 20: pp. 905 – 923.

44. Luo Siping, 2013, IntellectualReturnees as Drivers of Indigenous Innovation: Evidence from the Chinese Photovoltaic Industry. *NBER Working Paper* No. 19518.

45. Mason, C., Brown, R., 2014, *Entrepreneurial Ecosystem and Growth Oriented Entrepreneurship*, OECD, Hague.

46. Mason, C. M., Hrrison, R. T., 2006, After the Exit: Acquisitions, Entrepreneurial Recycling, *Regional Studies*, 40: pp. 55 – 73.

47. M. A. Jamali, H. Voghouei, NGM Nor, 2015, Information Technology and Survival of SMEs: An Emprical Study on Malaysian Manufacturing Sector, *Information Technology and Management*, 16 (2): pp. 79 – 95.

48. Michael Peneder, 2003, Industrial Structure and Aggregate Growth, *Structural Change and Economic Dynamics*, 14: pp. 427 – 448.

49. Miller, P., Bound, K., 2011, *The Start–up Factory: The Rise of Accelerator Programmes to Support New Technology Ventures*, NESTA, Discussion Paper.

50. Merikas Andreas, Tsionas Mike and Merka Anna, 2012, Concentrated Ownership and Firms Corporate Performance Revisited: The Case of Shipping, *Transportation Research Logistics and Transportation*, 48 (4): pp. 843 – 852.

51. Matteo Cacciatore, Giuseppe Fiori and Fabio Ghironi, 2015, The Domestic and International Effects of Euro Area Market Reforms, *Research in Economics*, 69 (4): pp. 555 – 581.

52. Mario Schaarschmidt and Thomas Kilian, 2014, Impediments to Customer Integration into the Innovation Process: A Case Study in the Telecommunications Industry, *European Management Journal*, 32 (2): pp. 350 – 361.

53. Morris Teubal, 1997, A Catalytic and Evolutionary Approach to Horizontal Technology Policies (HTPs), *Research Policy*, 25: pp. 1161 – 1188.

54. Morris Teubal, 2002, What is the Systems Perspective to Innovation and Technology Policy (ITP) and How Can We Apply It to Developing and Newly Industrialized Economies?, *Journal of Evolutionary Economics*, 12: pp. 233 – 257.

55. Micheal Peneder, 2008, The Problem of Private Under–Investment in Innovation: A Policy Mind Map, *Technovation*, 28: pp. 518 – 530.

56. Mario L. Possas and Heloisa L. Borges, 2005, *Competition Policy and Industrial Development*, Institute of Economics, Federal University of Rio de Janeiro (UFRJ), IPD industrial Policy Task Force.

57. Napier, G. and Hansen C., 2011, *Ecosystems for Young Scaleable Firms*, FORA Group.

58. Philippe Aghion and Peter Howitt, 1992, A Model of Growth through Creative De-

struction. *Econometrica*, 60: pp. 323 - 352.

59. Pietrobelli, C. and Rabellotii, R. , 2004, Upgrading in Cluster and Value Chains in Latin America: The Role of Policies, Washington, D. C. , *Inter-American Development Bank Working Paper*.

60. Rosalinde Klein Woolthuisa, Maureen Lankhuizen and Victor Gilsing, 2005, A System Failure Framework for Innovation Policy Design, *Technovation*, 25: pp. 609 - 619.

61. Richard Nelson, 2007, Economic Development from the Perspective of Evolutionary Economic Theory, *GLOBELICS Working Paper Series*.

62. Rupert Harrison, Jordi Jaumandreu, Jacques Mairesse and Bettina Peters, 2014, Does Innovation Stimulate Employment? A Firm-Level Analysis Using Comparable Micro-Data from four European Countries, *International Journal of Industrial Organization*, 35: pp. 29 - 43.

63. Raufhon Salahodjaev, 2015, Democracy and Economic Growth: The Role of Intelligence in Cross-Country Regressions, *Intelligence*, 50: pp. 228 - 234.

64. Roper, S. and Hart, M. , 2013, Supporting Sustained Growth Among SMEs-Policy Models and Guidelines, University of Warwick, *Enterprise Research Center*, *White Paper*.

65. Stefan Lachenmaier, Horst Rottmann, 2011, Effects of Innovation on Employment: A Dynamic Panel Analysis, *International Journal of Industrial Organization*, 29 (2): pp. 210 - 220.

66. Soosay, C. and Hyland, P. , 2005, Effect of Firm Contingencies on Continuous Innovation, *International Journal of Innovation and Technology Management*, 2 (2): pp. 153 - 169.

67. Sengupta, J. , 2014, *Theory of Innovation a New Paradigm of Growth*, Springer Press.

68. Shapiro, S. M. , 2001, *Innovation: A Blueprint for Surviving and Thriving in an Age of Change*, McGraw-HillTrade.

69. Shengfei Han and Wei Wang, 2014, WTO Accession, Impediments to FDI, and the Market Opening of Basic Telecom Services in China, *China Economic Review*, 29: pp. 68 - 81.

70. Sorsenson, O. , 2003, Social Networks and Industrial Geography, *Journal of Evolutionary Economics*, 13: pp. 513 - 527.

71. Susana Borras and Charles Edquist, 2013, The Choice of Innovation Policy Instruments, *Technological Forecasting&Social Change*, 80: pp. 1513 - 1522.

72. Teemu Toivonen, 2015, Continuous Innovation-Combining Toyota Kata and TRIZ for Sustained Innovation, *Procedia Engineering*, 131: pp. 963 - 974.

73. Tonnessen, T. , 2005, Continuous Iinnovation through Company Wide Employee Participation, *The TQM Magazine*, 17 (2): pp. 195 - 207.

74. Van Sonsbeek, J. M., 2010, Micro Simulations on the Effects of Ageing-Related Policy Measures, *Economic Modelling*, 27: pp. 968 – 979.

75. Wladimir Raymond, Jacques Mairesse, Pierre Mohnen and Franz Palm, 2013, Dynamic Models of R&D, Innovation and Productivity: Panel Data Evidence for Dutch and French Manufacturing, *NBER Working Paper* No. 19074.

76. Wei Huang and Tao Zhu, 2015, Foreign Institutional Investors and Corporate Governance in Emerging Markets: Evidence of a Split-Share Structure Reform in China, *Journal of Corporate Finance*, 32: pp. 312 – 326.

77. Wolfe, D. A. and Gertler, M. S., 2004, Clusters from the Inside and Out: Local Dynamics and Global Linkages, *Urban Studies*, 41 (5/6): pp. 1071 – 1093.

78. Wolshok, M. L. and Furtek, E. L., Carolyn W. B., Windham P. H., 2002, Building Regional Innovation Capacity: The San Diego Experience, *Industry and Higher Education*, 16 (1): pp. 27 – 42.

79. Wendy Carlin, Mark Schaffer and Paul A. Seabright, 2004, Minimum of Rivalry: Evidence from Transition Economies on the Importance of Competition for Innovation and Growth, *Contributions to Economic Analysis and Policy*, 3 (1): pp. 1 – 43.

80. Yi-Yi Chen, Peter Schmidt and Hung-Jen Wang, 2014, Consistent Estimation Of The Fixed Effects Stochastic Frontier Model, *Journal of Econometrics*, 2: pp. 65 – 76.

81. Yuriy Gorodnichenko, Jan Svejnar and Katherine Terrell, 2015, Does Foreign Entry Spur Innovation?, *NBER Working Paper* No. 21514.

82. Yung-Lung Lai, Maw-Shin Hsu, Feng-Jyh Lin, Yi-Min Chen and Yi-Hsin Lin, 2014, The Effects of Industry Cluster Knowledge Management on Innovation Performance, *Journal of Business Research*, 67 (5): pp. 734 – 739.

83. Yong-Tae Park, 1999, Technology Diffusion Policy: A Review and Classification of Policy Practices, *Technology in Society*, 21: pp. 275 – 286.

84. Zhang, Y. G, 2009, Structural Decomposition Analysis of Sources of Decarbonizing Economic Development in China: 1992 – 2006, *Ecological Economics*, 68 (8 – 9): pp. 2399 – 2405.

第四章 技能偏向性技术进步形成机制与发展态势研究的新进展

一、引言

国家间收入差距的演化问题是经济学的一个永恒主题，尤其是发达国家和发展中国家间经济增长的收敛性或发散性问题，其所涉及的要素投入、技术、创新、贸易以及它们间的动态演进关系引起经济学家的持续关注。经典增长理论框架强调技术进步及高技能劳动投入对一国经济持续增长的意义，内生增长理论认为生产率增长取决于人力资本投资、知识外溢以及创新，它强调人力资本投资和创新投入对创新的决定意义。发达国家技术获得方式主要是依靠设立专业研发机构进行 R&D 式原始创新活动，而发展中国家主要是依靠工人重复劳动工序进而达到一定技能熟练度的"干中学"方式。美国、加拿大、欧盟和日本这些巨头通过实施研发驱动式创新，依靠巨大的研发投资获得大量创新产出。这些国家成为世界技术的前沿国家，更因为他们持续创新使得世界经济更富创新性，带来南北国家技术差距扩大。少数发展中国家比如中国和印度，积极应用这种方法，继续大量投资于创新投入，比如研发和高等教育，试图依赖研发驱动的创新和国际合作关系来实现他们价值链的攀升（Crescenzi, et al., 2012）。开放经济下，贸易、FDI、外包等加剧了全球创新的动态演进，使得发达国家和发展中国家创新增长呈现不同的收敛性与发散性态势。以艾司莫格鲁（Acemoglu, 2002a）为代表的技能偏向性技术进步思想拓展诱致创新理论，为开放经济下国家间收入差距演化问题提供了新的理论解释，即劳动力市场组织和国际贸易都不能解释收入不平等扩大，收入不平等的本质原因在于技术进步的技能偏向性以及这种技术进步的加速，而劳动市场组织和国际贸易都会影响技能偏向性技术进步。

技能偏向性技术进步研究的一个更为现实意义是针对发展中国家而言。在经典增长理论推动下，为了推动本国创新和收入增长，很多发展中国家经历了高等教育注册率的急剧上升，意图通过大力发展高等教育和提高人力资本投资，拓展高技能劳动数量规模获得技术创新的人力资本基础，但却产生了不同的经济和社会结果。在缺乏技能偏向性技术进步情况下，高等教育劳动供给的增加反而为发展中国家带来诸如工资下降、部门转变和高技能失业等宏观问题。从这个层面看，技能偏向性技术进步理论为理解不同国家高等教育回报以及高技能劳动投入产出绩效差异提供了新视角。

基于理论研究和实践发展两个方面的意义，本章认为有必要系统整理技能偏向性技术进步理论的主要思想，特别是国外这方面研究的前沿和动态理论，以更好地认识发达国家和发展中国家创新和收入增长的差距。

二、技能偏向性技术进步的基本特征

20世纪60年代至90年代美国国内收入不平等呈现扩大化趋势，这引起艾司莫格鲁等经济学家的关注，他们开始深入到劳动要素内部探究劳动禀赋结构与技术增长的关系，提出技能偏向性技术进步理论。艾司莫格鲁（1998，2002）按照劳动异质性将劳动力要素细分为技能劳动和非技能劳动，相应的技术进步分为技能偏向性和非技能偏向性（技能替代性）。技能偏向性技术进步是倾向增加高技能劳动需求的技术应用过程，这种技术应用带来了技能劳动相对边际生产率提高，并产生诱致创新的作用。

（一）中性技术进步与偏向性技术进步

自经济学家将技术进步解释为国家间生产率和单位收入差异的根源开始，技术进步的偏向性也成为一个重要研究方向。希克斯（Hicks，1932）提出技术进步的中性特征，并根据要素的边际产量变化将技术进步分为资本节约型、劳动节约型和中性三类。他指出，技术进步具体偏向劳动还是资本取决于生产要素的相对价格，这被称为诱致偏向性技术进步。假设要

第四章 技能偏向性技术进步形成机制与发展态势研究的新进展

素相对价格保持不变,技术进步将是中性的(无偏的)。沿着这个方向,经济学家将投入生产要素仅区分为劳动和资本,重点研究中性技术进步对经济增长的作用,具体包含希克斯中性、哈罗德中性以及索罗中性。希克斯中性假设生产函数可写成:$Y=A(t)F(K,L)$,表明技术进步使得资本和劳动两种要素的效率获得同步提高。哈罗德中性假设生产函数的形式为:$Y=F[K,A(t)L]$,即技术进步仅使劳动要素的生产率提高,也称之为"劳动放大性"的技术进步。索洛意义上的中性技术进步生产函数可表示为:$Y=F[A(t)K,L]$,即技术进步仅表现为提高资本的生产率,称之为"资本放大性"技术进步。

20世纪90年代,收入差距扩大以及技能溢价增长的现象使得以阿西莫格鲁(Acemoglu)为代表的经济学家开始重视劳动者禀赋结构对收入分配的影响,提出内生技能偏向性技术变化理论。中性技术进步理论认为,技术进步可在保持资本—劳动比率及资本和劳动相对边际生产率不变的情况下提高产出生产率、劳动产出率或者资本产出率,进而促进经济增长,这个过程中并不发生劳动对资本或资本对劳动的替代。偏向性技术进步理论认为,技术进步并不是中性的,而是有偏的,这种偏向性在于技术进步会改变要素的相对边际生产率,当技术进步使得劳动相对资本的边际生产率提高,劳动投入将会增加,从而产生劳动对资本的替代,反之若技术进步提高资本的相对边际生产率,资本投入将会增加,从而产生资本对劳动的替代,资本—劳动比例由此也发生变化。可见,中性技术进步理论强调保持要素相对比例不变,技术进步对要素生产率的影响,而偏向性技术进步理论强调要素相对比例变化情况下,技术进步对要素相对边际生产率的影响。技术进步的偏向性依赖于要素间的替代或者互补关系,当要素是总替代关系时(替代弹性大于1),技术进步倾向增加相对更丰富的要素,当要素是总互补关系时,技术进步倾向增加相对更稀缺的要素。这是因为当要素间是替代关系时,更丰富要素的偏向性技术进步将提高丰富要素的相对边际生产率,因而将增加更丰富要素的投入,呈现技能偏向性特点(Acemoglu,2002b)。此种情况下,要素放大性技术进步也是要素偏向性技术进步,技术进步在带来要素产出生产率变化时,也带来要素相对边际生产率变化,因而更丰富要素的相对投入比例增加。当要素间是总互补关系时,更丰富要素的放大型技术进步将提高相对稀缺要素的边际生产率,从而增加相对稀缺要素的投入。此种情况下,要素放大性技术进步反而是要素替代性技术进步,即降低丰富要素的相对边际生产率,从而要素替代比例发生变化。

(二) 技能偏向性技术进步的基本特征

1. 技能劳动溢价上升

技能偏向性技术进步是发达国家经济增长的典型特征，20 世纪以来发达国家技术进步是以技能偏向性为特点的，这在西方经济学家中已达成共识。

(1) 美国表现为技能偏向性技术进步的判断依据。

艾司莫格鲁以典型发达国家美国为研究对象，研究美国技能偏向性技术进步的基本特征。他对美国近 60 年来表现为技能偏向性技术进步的判断来源于两个基本事实：

第一，美国高技能劳动者①工资溢价呈现上升趋势，特别是 20 世纪 70 年代以来，技能劳动供给显著增加，而技能劳动溢价不仅没有下降反而呈现上升趋势。60、70 年代技能溢价在经历技能劳动供给大幅增加带来的暂时性下降后，70 年代末至 90 年代又再次呈现迅速上升趋势。艾司莫格鲁（2002a）指出，20 世纪计算机的快速发展使得资本密集型产业对技能工人需求增加，这直接带来技能回报增加，数据显示美国大学溢价（高校毕业生相对高中毕业生的工资）在 1979～1995 年增加了 25%。

第二，美国国内收入不平等扩大，这源于技能偏向性技术进步及其加速带来的技能工资溢价上升。美国总体不平等和剩余不平等都呈扩大趋势，其中剩余不平等增加是带来总体不平等增加的原因。而剩余不平等（可观察到的同等工人间的不平等，即组内不平等）正是技能偏向性技术进步可以解释的，其原因在于按照工资报酬回归方程，$\ln\omega_{it} = X'_{it}\beta_t + \upsilon_{it}$，这个方程中除教育、工作经历等之外不可观察因素均包括在残差项中，是归于技术、制度等因素解释。

通过对上述美国两个基本事实的展示，艾司莫格鲁（2002a）引入技能溢价理论，并利用供求理论解释技能偏向型技术进步对技能劳动溢价的影响。其基本理论认为，技能劳动与非技能劳动间为总替代关系，即替代弹性大于 1 时，技术进步的技能偏向性使得技能溢价与技能劳动相对比例

---

① 艾司莫格鲁（2002）将具有高中以上学历的劳动者定义为高技能劳动，高中及以下为低技能劳动者。他认为这种界定对于美国发达经济是合适的。

第四章 技能偏向性技术进步形成机制与发展态势研究的新进展

的短期负相关关系变为长期正相关关系,即技能劳动相对比例增加,技能溢价也增加。当内生技术时,技能溢价与技能劳动相对供给的正相关关系就更加明显,技能相对需求曲线从向下倾斜变为向上倾斜,显示二者间的正相关关系(Acemoglu,2003)。

(2)发达国家和发展中国家间收入不平等扩大。

在研究美国国内收入不平等基础上,艾司莫格鲁将视角扩展到发达国家和发展中国家间收入差距的扩大上,认为这种国家间收入差距扩大也源于技能偏向性技术进步,特别是发达国家和发展中国家间贸易诱致技能偏向性技术进步发展。技能溢价是由技术、技能相对供给以及贸易共同决定的,国际贸易增加会诱使技能偏向性技术进步,结果贸易开放引起美国和发展中国家不平等的上升。在诱致技能偏向性技术变化下,即使不存在(美国)技能密集产品相对价格上升,这种不平等也会发生,这归结于贸易带来的技能偏向性技术应用的市场规模扩大。国际贸易通过促使技能偏向技术变化而成为工资不平等的主要原因(Acemoglu,2003)。国际贸易情况下,发达国家技能偏向性技术进步会扩散到发展中国家,但由于发展中国家技能—技术不匹配导致全要素生产率显著低于发达国家,从而造成发达国家和发展中国家单位收入差距扩大(Acemoglu,2002b)。发达国家具有高技能劳动互补技术,发展中国家具有低技能劳动互补技术的市场,两国间的外包将强化发达国家的技能偏向性技术进步,而诱致发展中国家非技能偏向性技术进步,因而外包将倾向增加西方高技能劳动和东方低技能劳动报酬,进而扩大东西方收入差距(Acemoglu et al.,2014)。

2. 技能与资本互补性

技能偏向性技术进步将增加对技能劳动需求,其原因在于技能劳动与资本的互补性较之非技能劳动更强,设备资本使用偏向增加对高技能劳动需求而不是低技能劳动的需求。格里利谢斯(Griliches,1969)和韦尔奇(Welch,1970)指出,资本—技能互补性使得新技术推动企业增加对技能工人的需求,因为在现代化产业中只有更高技能的工人才能操作这些机器。之前较多文献论证了技术与技能的互补性,艾司莫格鲁(2002a)认为,资本—技能互补性和技术—技能互补性的区别并不重要,这是因为在内生增长模型中,技术进步和创新即意味着新机器引入,新资本即是嵌入最好技术的机器,新资本和新技术共同提高了对技能的需求。资本与技能劳动互补性使得20世纪70年代以来,对技能劳动的偏向需求呈加速趋势。这源于两个因素：第一，信息技术扩展和计算机应用普及，使得劳动市场对技能劳动需求增加。几乎所有产业开始雇佣更高教育程度的工人，增加了对高教育程度工人的需求。第二，技能需求加速是70年代早期资本品相对价格较快下降的结果。由于设备资本与技能劳动较之非技能劳动具有更强的互补性，这使得战后机器相对价格下降提高了对机器资本品的数量需求进而提高对技能劳动的需求。大多数经验研究得到资本价格与技能需求之间的负相关性，即资本价格相对下降和技能需求增加存在相关性，这支持了资本与技能的互补性（Acemoglu，2002）。所有这些加速理论的主要观点就是，新技术和技能工人的互补性高于非技能工人，较快的技术进步带来技能偏向技术进步加速，这是因为技能工人处理新技术引入的能力较之非技能工人更强，因而技术进步越快对技能工人需求增加越快。当技术革命是技能偏向性的，具有较低学习成本的工人即技能劳动将使用新的更高效率的机器。在技能偏向性技术革命推动下，资本与技能劳动的互补性增强，这引发资本从低技能劳动向高技能劳动的再配置，技能工人将被赋予更多资本。经验研究进一步证实产业资本密集度的变化和劳动力的技能构成显著相关（Caselli，1999）。

简言之，技能偏向性技术进步特征，包括技能溢价上升、技能需求增加、资本—技能互补性，为判定国家或部门是否是技能偏向性技术进步提供了理论支持，大多数经验研究也是基于这些方面的数据特征来考察技术进步的偏向性。

三、技能偏向性技术进步的形成机理

（一）技能偏向性技术进步的技术基础：计算机和信息技术革命

围绕技术进步的经济增长理论发展是实践中一次次的产业革命和技术革命推动的结果。艾司莫格鲁（2002a）指出，19世纪的技能替代性技术进步和20世纪技能偏向性技术进步的差别即在于技术革命作用。19世纪的技术发展以资本替代技能劳动为主要特点，技术发展以更快速度替代高技能劳动而非低技能劳动。大量工匠商店被工厂进而是标准化生产流水线替代，而流水线生产和工厂以低技能劳动密集型为主要特点。技术发展引

第四章 技能偏向性技术进步形成机制与发展态势研究的新进展

入的机械化将大量工匠（技能）性的生产工艺和技能环节不断简单化，并替代以大机器式和流水线形式，技能型工匠被这种新技术替代。20世纪技术进步是以技能偏向性技术发展为特点的，技能与资本互补性特征明显。技术发展带来的计算机技术发展和普及使得生产对技能工人需求不断增加，资本和技能内在互补性增强，计算机、计算机辅助的产品技术和自动化都和技能工人互补，替代劳动密集任务。

大量数量和案例研究显示，计算机技术应用和接受大学教育的劳动投入增加之间存在显著相关性，这种稳健相关性被解释为技能偏向性技术进步存在的证据（Autor et al.，2003）。近三十年信息技术和计算机的普及，推动1979~1989年间美国制造业产业的技能升级，计算机技术和研发增加之间存在很强的相关性。70年代美国计算机技术的扩展解释了30%~50%技能劳动的相对需求增长（Berman et al.，1994）。计算机的功能任务决定了计算机化如何改变职业技能需求。计算机通过遵照显性规则替代执行认知和手工任务的工人，以及能辅助执行非常规问题解决和复杂沟通任务的工人。计算机化带来常规手工、常规认知任务的劳动投入下降，以及非常规认知任务劳动投入上升。任务转变意味着教育需求的变化，这解释了1970~1998年偏向接受大学教育的劳动相对需求增加的60%，而同一职业中的任务变化解释这种影响的几乎一半。技术发展及计算机价格急剧下降，劳动密集型常规任务的产业和职业将更多投资于计算机资本。这些产业和职业将降低计算机替代常规任务的劳动投入，而增加与计算机互补的非常规任务的劳动投入（Autor et al.，2003）。

20世纪90年代以来信息革命和网络经济进一步升温，其对各国技术发展、收入增长又产生一系列新影响。卡茨和马戈（Katz and Margo，2013）研究了资本—技能互补性的历史演进以及技能劳动相对需求的时间变化，提出美国职业分布呈现空心化，即中间技能劳动就业份额下降，而高技能（白领）及低技能劳动就业份额上升。

（二）内生技能偏向性技术进步与劳动市场

和内生技术进步一样，技能偏向性技术进步也是内生的，它内生于劳动力市场和高技能劳动的相对供给。在市场经济下，利润动机是解释技术变化和技术选择的根源，企业按照利润最大化原则来决策其技术选择战略。技术变化通过确认技术发展和使用而呈现出其偏向性，技术变化的偏向性是利润动机的反应，19世纪技能替代是因为低技能工人供给的增加使得这样的技术更有利可图，20世纪以技能偏向为特征的技术变化是因为技能工人供给增加促使技能互补技术的发展（Acemoglu，2002a）。决定不同类型创新的相对利润有两种力量：一是价格效应，即生产更昂贵产品的技术将增长更快，这种效应鼓励创新偏向稀缺要素；二是市场规模效应，即技术需求诱致更多的企业进行创新，使得技术变化偏向于较丰富的要素（Acemoglu，2002b）。技能供给增加又带来技能偏向技术变化，进而技能供给加速带来对技能需求的加速。在开放经济条件下，贸易和外包带来的市场规模效应足够大，促进了技能偏向性技术进步（Acemoglu，2014）。

相关研究支持了技能偏向性技术进步的这种内生性。内生增长模型显示高技能劳动供给增加带来低技能工人工资的暂时停滞和高低技能工人间收入的差距扩大，并加速技能偏向技术进步（Kiley，1997）。印度和美国棉花数据的实证检验进一步支持这一观点，即要素投入的相对供给对技能偏向性技术的诱致作用（Hanlon，2015）。技能偏向性的技术进步就是在技能比例增加的同时，技能工人的需求也在增加。技能比例与技能工人相对失业率以及技能劳动外流（人才外流）之间的负相关关系验证了技能偏向性技术变化的存在（Fadinger and Mayr，2012）。

劳动市场组织会影响技能劳动供给进而产生技能偏向性技术进步。当失业福利和解雇成本足够低时，偏向性技术进步会带来技能工人就业增加，否则技能比例上升会降低技能工人的相对就业（Fadinger and Mayr，2012）。技能偏向性技术变化带来欧洲大陆失业增加，特别是低技能劳动失业增加，而对收入不平等的影响较少，但带来美国和英国的工资不平等上升。这种差别源于欧洲大陆劳动市场组织，包括工会联盟的作用、失业保险体系和就业保护等（Matthias Weiss and Alfred Garloff，2006）。技术发展受到劳动市场组织影响，并且对工资结构有很大的效应。艾司莫格鲁强调劳动市场组织通过影响欧洲国家对技术变化的选择，影响欧洲国家收入的结构特征，即工资压缩和技术选择之间的交互作用可以解释欧洲国家的不平等和失业。由于欧洲国家劳动市场组织压缩工资结构，使得欧洲企业较之美国有更大激励引入使用低技能工人先进技术。因而欧洲高低技能收入不平等呈现稳定状态，而美国低技能工人得不到工资压缩的保护，技术发展将降低低技能劳动收益，而增加高技能劳动收入，造成收入不平等扩大（Acemoglu，2002a）。1990年德国统一的特殊历史时期检验进一步支

第四章 技能偏向性技术进步形成机制与发展态势研究的新进展

持劳动市场自由程度对国家间收入差别的影响。1990年大量受过高等教育的工人进入劳动市场,但并未发现技能劳动需求推动的技能偏向性技术变化效应。国家间的收入差别是由劳动市场的自由程度和税收改革决定的(Bogliacino and Lucchese, 2011)。

(三) 国际贸易诱致技能偏向性技术进步发展

开放经济下,国家间贸易活动的日益频繁对世界各国的技术发展同样产生重要影响,特别是本土要素诸如技术基础、劳动禀赋以及组织制度等因素通过贸易形式与国外这些要素的交互作用对一国技术进步偏向性产生重要影响。最近的研究建立在技能偏向性技术进步理论基础之上,特别强调开放经济下进出口贸易、外包及FDI等对国家技术变化、创新及生产率的影响。

1. 贸易会强化发达国家技能偏向性技术进步

这种强化通过两种机制发挥作用:一是竞争效应带来的防御性技能偏向性技术进步。二是市场规模效应使得发达国家技术应用更偏向丰富的技能劳动。北北和南北贸易环境下,当全球化促使技术蛙跳或模仿威胁上升,企业将对这些威胁做出反应,即通过将创新方向偏向到技能密集劳动技术中来保持自身的技术优势,这称之为防御性的技能偏向 (Thoenig and Verdier, 2003)。在内生技术变化世界中,贸易增加会影响技术发展和应用的类型,进而影响技术变化的偏向。全球化会带来技能偏向性技术变化,这有利于技能丰富的国家 (Gancia and Zilibotti, 2009)。建立在彼此劳动禀赋差异的比较优势贸易强化了发达国家技能偏向性技术进步,贸易为技能偏向性技术应用带来更大市场规模和利润收益,促使发达国家技术进步更偏向增加技能劳动。发达国家在利润动机驱动下通过扩展外包机会,将市场规模扩展到与低技能劳动互补技术的东方市场,带来外包成本的下降,诱致技术变化偏向使用更丰富的要素禀赋,从而激励发达国家倾向于技能偏向性技术变化。而外包带来与低技能劳动互补技术的东方市场规模扩展,鼓励发展中国家倾向于非技能劳动偏向性技术变化 (Acemoglu et al., 2014)。由于外包,南方非技能劳动日益减少将带来北方技能偏向性技术变化。这是因为存在外包情况下,南方工人被雇佣生产北方中间产品,并受到严格的知识产权约束,南方非技能劳动日益减少将降低劳动密集型发明的价值,改善激励技能密集产品的创新(Chu et al.,2014)。

2. 贸易强化发达国家和发展中国家要素禀赋差异形成的不同技术选择

国家间技术差别中存在明显的技能偏见,高收入国家使用技能工人较之于低收入国家更有效率,因而技能工人丰富的富裕国家将倾向选择适合技能工人的技术,而贫穷国家将倾向选择适合低技能工人的技术,其主要原因在于资本—技术互补性以及教育质量的差异(Caselli and Coleman,2006)。发达国家与发展中国家间贸易强化了世界技术的二元结构,发达国家处于世界技术前沿,拥有的是适应于技能劳动偏向技术,而发展中国家拥有的是适应于非技能劳动禀赋的技术。创新和模仿是发达国家和发展中国家不同的技术增长方式,发达国家依托更丰富的高技能劳动、专利保护等互补性要素进行大量研发活动,形成了创新型的技术增长模式。发展中国家通过工人"干中学"方式提高熟练程度进而提高劳动生产率,形成模仿型的技术方式。模仿初期将带来经济的快速增长,但随着模仿成本不断上升,将降低模仿者经济增长率,从而形成两国经济增长率条件收敛,导致发达国家和发展中国家全要素生产率差距扩大(Barro and Martin,1997)。创新意味着引入新产品,新产品的生产需要技能工人,而当创新被标准化后,这些新产品将适用于使用低技能劳动来生产(Acemoglu et al.,2012)。发达国家将新产品标准化后,通过外包形式由发展中国家生产,形成全球价值链下国家间的技术分工。多国生产带来一些国家专业化于创新,一些国家专业化于生产。每个企业通过权衡邻近性或者比较优势来选择服务于邻近位置或更高生产率位置,有更高创新生产率的国家将倾向专业化创新,国内市场效应将带来生产集中于有更大市场潜力的国家。前者为创新上的比较优势,后者与消费者和工人的邻近性有关(Arkolakis et al.,2013)。

3. 贸易会带来技能偏向性技术进步在全球扩散

这种扩散效应会与本土劳动禀赋、组织制度等因素交互作用而对发展中国家技术进步产生不同影响。不同技能丰富或不同技能偏向技术的国家间贸易一体化将对贸易双方的技能升级、就业及收入不平等产生异质性影响。基于北方国家技能偏向性技术进步的南北贸易,贸易一体化将带来北方国家技能升级和南方国家技能降级、北方低技能密集任务和南方高技能密集任务的就业份额增加（Costinot and Vogel，2010）。偏好技能劳动技术变化的全球特征解释了技能偏向性技术变化在发展中国家的扩展：技术主要是由具有技能密集技术和技能偏向技术的发达国家研发部门生产，是设计成可由技能劳动使用的技术，包含技能偏向技术的机器设备进口到发展中国家也需要高技能劳动操作，因而将提高对技能劳动的需求（Berman and Machin，1998）。但发展中国家也可能因为劳动禀赋、制度壁垒及资源错配等因素产生技能—技术不匹配带来全要素生产率下降，或者技能偏向性技术为适应本土环境而适应性调整为偏向非技能劳动。新技术是由富裕国家研发的，北方这些技术对穷国的要素禀赋是不适用的。这种技术和要素禀赋间不匹配是生产率差异的来源。而且最近技术发展的本质可能强化这种机制的重要性。比如，发展中国家技能工人缺乏，而技能劳动是操作计算机密集技术的主导者，这减少了信息技术革命对他们生产率的正面作用，因而扩大国家财富的差距（Gancia and Zilibotti，2009）。即使所有国家均能平等地获得新技术，发展中国家与发达国家技能劳动供给的巨大差别导致发展中国家技术需求与工人技能的不匹配，这带来全要素生产率和单位工人收入的很大差别。跨国产业间生产率类型数据显示，技能密集最低部门的 TFP 差距反而大于技能密集最高的部门，意味着技术—技能不匹配的存在。国家间技能供给差别使得发展中国家单位收入仅为美国的 28%，如果技术不是偏向于富裕国家的需求，单位工人收入差别将更小（Acemoglu and Zilibotti，2001）。

四、开放经济下技能偏向性技术进步发展态势

（一）发达国家技能偏向性技术变化的发展态势

技能偏向性技术进步在发达国家间具有收敛性，特别是基于技能差异的南北贸易更强化了发达国家技能偏向性技术进步的普及性。20 世纪 60 年代以来，美国和欧洲国家技术变化倾向增加对高技能劳动需求，这带来发达国家技能溢价上升，发达国家内部收入不平等扩大。美国和 6 个 OECD 国家的工资技能结构和就业变化的跨国研究显示，研发密度与技能升级（高技能劳动显著增加）之间存在显著相关性，这意味着技能偏向

性技术进步对提高技能工人需求有清晰效应,技能—技术互补性是这些国家技术进步的重要特征(Machin and Reenen,1998)。发达国家在20世纪80年代出现对低技能劳动需求骤减,开放经济下普遍的技能偏向技术变化(SBTC)解释了这种下降。通过释放低技能劳动,SBTC倾向增加低技能密集产品的世界供给来降低低技能劳动的相对工资。稳健证据显示,SBTC同时提高了发达国家的技能需求,产业技能工人比例上升,但是相对工资可能上升也可能稳定(Berman et al.,1998)。大量证据显示,发达国家技术更先进企业和部门的技能升级是以更高的技能工人相对工资和更高就业形式为特征的。7个OECD国家中具有更快技能需求增加的产业是研发密集、创新密集和计算机密集产业。许多发达国家经历了更快的技能升级,技术扩散到国际边界改变了不同国家相似产业的就业技能结构。技能劳动互补的新技术转移到发展中国家可能改变他们的就业技能结构(Berman and Machin,2000a)。美国制造业中技能偏向技术变化具有一个乘数效应,由于投入产出关联性,部门间技术—技能互补性使得生产链对技能需求形成一个乘数,强化了部门间的技能需求互补性,结果使得技能升级越多,外包越多。这种互补性有利于产品创新(Voigtländer,2013)。技能偏向性技术进步在发达国家呈不断扩散和普及趋势,这种技术进步普及性和收敛性在于,贸易特别是与发展中国家的贸易与本国技术、劳动的交互关系促进发达国家技能偏向性技术进步发展。

1. 发达国家间禀赋和制度的相近性有利于技能偏向性技术扩展

发达国家技能劳动的丰富程度及先进计算机技术应用和发展促使这些国家的技术变化偏向增加高技能劳动需求。内生技术进步理论认为,劳动力结构即高低技能劳动投入比例,决定了国家的技术选择进而是技术变迁方向,技能丰富国家将使用技能偏向技术(Acemoglu,2002)。发达国家技能—技术的匹配程度更高,这有利于全要素生产率的提升。经济地理方法认为,企业和技能工人的集中将增加知识创新和扩散,即区域溢出效应或学习效应。发达国家间的地理邻近性及技能劳动集中带来创新的集聚经济,这种地理邻近性使得技术扩散和溢出效应在发达国家间更明显。地区创新体制文献强调地区因素,包括大学和公共代理,网络(公共—私人关系)和地区制度,这些因素的空间联合使得地理因素对形成企业和产业创新能力产生重要影响。发达国家在地区因素和地区制度诸如劳动禀赋和市场、教育、政治、企业等制度的相似性和相近性有利于技能偏向性技

第四章 技能偏向性技术进步形成机制与发展态势研究的新进展

术进步在这些国家扩展和普及。

2. 发达国家间贸易带来的竞争效应促进技能偏向性技术发展

发达国家间贸易带来的竞争效应推动技术创新和生产率增长动态发展，进而是技术变化日益的技能偏向。进入国外市场将鼓励企业同时增加出口和对提升生产率的投资，因而贸易会促进技术进步。加拿大工厂对美国关税的减除激励了出口，这提高了加拿大企业劳动生产率，促使他们进行更多产品创新以获得更先进的制造业应用技术（Lileeva and Trefler, 2010）。新贸易理论（Krugman, 1979; 1981）提出，贸易收益产生于两个基本来源：比较优势的差别和世界范围的递增回报。在不同实践情况下，贸易限制有时加速世界增长有时降低世界增长。相似地区比如欧洲和北美之间的贸易，贸易限制的类型主要是完全市场下对贸易产品的宽泛限制，这种贸易限制会降低世界增长。发达国家和发展中国家的贸易限制是不完全知识产权下对知识密集产品的选择性保护，这种贸易限制下制造业从北方转移到南方的配置效应超过发展中国家模仿北方发明产品的模仿效应，这为北方进行更多研发释放更多资源，从而促进世界增长提供了条件（Batiz and Romer, 1991）。

3. 发达国家技术进步更多受益于与发展中国家的贸易

发达国家更多受益于发展中国家的贸易，这种收益包括市场规模效应带来的技术应用扩展以及更大的技术创新激励。发达国家从与发展中国家的贸易中，不仅受益于更低价格的产品，而且受益于这种进口竞争带来的技术增长。20世纪90年代，中国在世界贸易中特别是与发达国家的贸易比例不断增加。大量实证文献显示，和中国这些新兴国家开展贸易，是发达国家技术增长的重要因素。更多经验研究显示，发达国家从与发展中国家贸易中能获得更大的收益，来自这种进口竞争带来的技术效率提升超过了对低技能密集部门劳动市场的冲击。经验经济学家一致认为，贸易会诱致发达国家技能偏向性技术变化，来自中国的经验数据支持了这一观点，来自中国进口的竞争与发达国家新技术应用以及创新增长显著相关。对中国贸易开放会显著提高发达国家低技术企业退出概率并降低其就业增长。中国贸易的冲击引起企业内和企业间的平均IT密度上升（Bloom et al., 2008）。1996~2007年间12个欧洲国家对中国进口壁垒的消除，带来了企业内创新绝对量的增加。中国进口竞争带来的企业内技术变化增长和企间就业再配置（劳动配置到更快技术进步企业）解释了欧洲 2000~2007 年 15% 的技术升级，如果包括外包到中国的部分，这个贡献更大，达到 2~4 倍。相反，发展中国家比如中国对发达国家的进口对低收入国家创新没有显著影响（Bloom et al., 2015）。中国贸易一体化和技术变化对全球 75 个国家福利影响的研究发现，包括发达国家在内的大多数国家其福利收益的相当大部分来自于中国部门的非均衡增长，即当中国生产率增长偏向于其比较劣势部门时，其他国家的福利收益增加（Giovanni et al., 2013）。

（二）发展中国家技能偏向性技术进步的发展态势

1. 技能偏向性技术在发展中国家的扩展具有发散性和异质性的实证检验

技能偏向性技术进步是否在发展中国家存在，大量的经验研究并未在此方面达成一致。一些经验研究显示，美国及欧洲发达国家存在这种技术进步，但很少有证据显示发展中国家技能偏向性技术进步的存在。全球制造业产业调查报告称，20 世纪 80 年代中等收入国家（GDP/资本在 2000~10000 美元之间）技能工人的需求增加。这种上升大多因为产业内的技能升级而不是从低技能到高技能产业的就业再配置，不能被资本—技能的互补性所解释，因而显示出技能偏向性技术变化（Berman and Machin, 2000b）。80 年代，中等收入国家制造部门的技能需求增加，显示技能偏向技术的转移。技能偏向技术转移主要增加了中等收入国家技能工人的需求，在低收入国家不存在这种机制运行的证据（Berman and Machin, 2000a）。中低收入国家技能改善性技术进口与不同程度技能劳动就业差别之间存在相关性。已经经历和发生技能偏向性技术变化的发达国家向中低收入国家的技术转移是中等收入国家就业差别的决定因素。资本技能互补性代表相对性的技能偏向来源，即资本深化促使技能劳动相对转变，但不会降低非技能劳动的绝对就业。而技能改善性技术进口对发展中国家技能和非技能就业的分离有决定作用（Conte and Vivarelli, 2011）。

关于发展中国家技能需求上升的经验研究支持这些国家技能偏向性技术进步的存在。土耳其（Turkey）常常作为发展经济体的研究范例。1980~2001 年，土耳其经历较快的技术进步，并日益与世界市场一体化。经验研究确认，土耳其面临技能偏向性技术变化和技能改善性技术进口现

第四章 技能偏向性技术进步形成机制与发展态势研究的新进展

象，这都带来技能和非技能工人间就业差距扩大，"出口中学习"也有一种相对的技能偏向效应，即出口中学习提高对技能工人的需求（Srour et al.，2013）。突尼斯（Tunisian）用国外购置机器设备代表的引进技术、本国资本投资和本国高技能劳动投入是正相关的，显示突尼斯是技能偏好性技术变化（Mrabet and Charfeddine，2013）。20世纪80年代智利技能溢价增加是技能工人相对需求显著增加的结果，资本物品进口或FDI存量和技能升级间也存在相关关系。开放经济激励企业使用技能偏向性的新技术，智利技能升级和美国技能升级是相关的（Gallego，2006）。尽管一些经验研究也支持贸易和技术进口对发展中国家技能需求增加及技能偏向性技术进步的影响，但就中国而言，很少证据显示存在这种技能偏向性技术进步。巴西进口投入的使用、出口和FDI与本国高技能工人的更高需求相关，但对中国不是这样，中国低技能密集产品的专业化补偿了技能偏向性技术的进入（Fajnzylber and Fernandes，2009）。

企业水平的证据显示，不同形式的技术扩散对发展中国家技能工人需求的作用不同。世界银行对亚洲和拉丁美洲的投资环境调查数据分析显示，巴西、中国和马来西亚的外商直接投资和技术许可带来了对技能劳动需求的增加，这种形式的技术扩散是工业化国家技能偏向性技术扩散的渠道。相反，出口与中国和马来西亚技能工人的需求负相关，这是因为国际销售强化了发展中国家在其低技能劳动密集产品中比较优势的专业化。进口带来巴西和马来西亚对技能工人更大的需求，但在中国带来非技能工人更大的需求。这是因为中国工厂的产品生产更密集使用低技能劳动，这种专业化抵销了国际销售带来的外国技术的更大收益（Fajnzylber and Fernandes，2004）。一些研究从发展中国家技能溢价和收入不平等角度来探究技能偏向性技术进步发生机制。贸易开放通过在中等收入国家的技术应用影响工资结构，贸易通过技术应用和技能偏向可能是决定中等收入国家工资不平等的主要因素（Rattsø and Stokke，2013）。

2. 技能偏向性技术在发展中国家发展具有发散性和异质性的原因

第一，技能偏向性技术进步会通过贸易从发达国家向发展中国家转移和扩展。发展中国家积极融入全球化经济中，通过进出口、外商投资或外国技术许可提高本国技术水平。镶嵌于资本的先进技术购买、引进，意味着技能偏向性技术进步向发展中国家的转移。这些技术由发达国家研发，适应于高技能劳动，因而这种技术引入也会增加发展中国家技能劳动的需求，提高技能溢价，改善发展中国家的劳动市场绩效。发展中国家研发活动一般非常有限，贸易自由化成为这些国家技术升级的基本方式。发展中国家通过贸易和FDI方式，依赖技术进口提升技能。发展中国家进口主要是资本物品，它嵌入了更高水平的技能偏向性技术。自由化的发展中国家似乎跟随一种技能密集型偏向的趋势，这和发达国家观察到的技能偏向性技术变化是相似的（Srour et al. ，2014）。贸易带来发展中国家技术提高所产生的就业效应是一个存在较大争议的问题。一般地，技术提高会带来暂时的劳动失业增加，它可由市场机制自动弥补，称之为补偿机制。补偿机制的有效性在发展中国家是备受质疑的。发展中国家进口增长对国内企业的替代效应以及基础设施缺乏、技能劳动缺乏、低投资和供给约束，均可能带来生产率增长超过产出增长，从而仅带来有限的职业创造，造成劳动者供给过度（Srour et al. ，2014）。最近几十年，很多发展中国家经历了高等教育注册率的急剧上升，但产生了不同的经济和社会结果。当不存在技能偏向性技术变化时，技能劳动者将获得较低工资和较高失业率，低技能劳动者将获得较高工资和较低失业率。技能劳动的利用效率程度取决于技术变化的技能偏向（Marouani and Nilsson，2014）。

第二，全球产业分工体系下发展中国家的地位不利于技能偏向性技术进步发展。赫克歇尔—俄林（Heckscher-Ohlin）定理和斯托尔珀—萨缪尔森定理（Stolper-Samuelson）认为，贸易和FDI是技能和非技能劳动需求呈现分离状态的主要推动力。发展中国家专业化生产和出口低技能密集产品，因而增加对低技能劳动的需求，并暂时性提高非技能劳动实际收入。但长期全球价值链下不对等分工制约发展中国家技术创新和全要素生产率提升。全球价值链深化将进一步强化发展中国家在低端环节和低技能密集任务中的位置，使得初始分工下低技能劳动的比较优势演变成长期技术创新的后发劣势。中国处在全球产业链最宽范围位置，但这种与外包相联系的大部分工作以雇佣低技能劳动为主（Bronfenbrenner and Luce，2004）。随着全球化升级，以供给者为中心的全球供给体系下参与国产业共同演化特征驱使全球供给基础的固化，具有先进复杂技术的供给者倾向把更高报酬工作集中于少数环节上，从而获得更高附加值报酬（Sturgeon and Lester，2003），而将技术密集度低的环节固化在发展中国家。国家间生产过程的分割化下，全球或局部技术变化会影响不同国家参与到相同供给链的形式，犯错率的差别和质量控制联合决定了垂直专业化的类型。穷国因其更低技能工人、差的基础设施、差的契约执行，都提高了生产成

第四章　技能偏向性技术进步形成机制与发展态势研究的新进展

本,其技术的犯错率较高。技术发达国家通过技术创新提高生产的复杂程度,并通过标准化降低穷国技术犯错率。这影响垂直专业化的类型和世界收入分配。复杂化的增加提高不平等,标准化使穷国受益,而造成技术发达国家的福利损失(Costinot et al.,2013)。

第三,发展中国家组织制度和政府政策限制技能偏向性技术进步。发展中国家不完善的市场制度以及政府干预扭曲了市场机制对技术进步偏向性的作用。新技术是由发达国家根据本国要素禀赋和环境设计研发出来,其扩散到发展中国家会由于技术不适应、技术应用的政策性壁垒,以及政策扭曲导致的错配而导致发达国家和发展中国家的全要素生产率差距扩大。技术应用的政治壁垒和不适宜的竞争政策都会带来持续生产率差异。非对称政策比如特定部门的产业政策形成部门间不同的市场力量,扭曲了技术发展和应用的方向,正如资源错配文献显示的那样,资源错配可能是穷国持久低生产率主要的罪魁祸首(Gancia and Zilibotti,2009)。发达国家具体制度和政策因素在传导全球力量和支持人力资本和当地企业升级的影响重大,但这种强势政府对市场机制的挤出效应常常以长期增长停滞换取短期增长利益。发展中国家产业补贴政策扭曲企业家精神,阻止新的更富效率的企业家进入,因而压制总产出和生产率。这种初衷良好的政策造成企业家精神扭曲的长期效应解释了发展中国家经历暂时增长奇迹后的增长失败(Buera et al.,2013)。自下而上的中国发展模式和国家对研发的重视创造了少数几个创新中心,使得中国创新呈现集聚极化现象,但一个反事实是中国很多地方并不具备创新的社会和企业家条件。这种创新制度因而受到质疑(Crescenzi et al.,2012)。政府替代市场机制主导劳动市场,扭曲了技能劳动质量和配置效率。中国公共大学制度下高技能劳动的培养较少受到市场竞争机制的影响,因而劳动技能质量较低,而以奖励家庭背景和社会关系的雇工体系导致技能劳动错配,降低生产率(Jovanovic,2014)。

五、结论性评述

要素投入、技术、创新、贸易以及它们之间的动态演进是经济增长理论的核心,技能偏向性技术进步基于这些增长因素的交互关系和动态变化为国家间经济增长的收敛性和发散性提供了更好的解释。

国内收入不平等和国家间收入不平等的根源在于技能偏向性技术进步。技能偏向性技术进步是技术应用倾向增加技能劳动的过程，因而会带来技能溢价的上升，进而是收入不平等增加。资本—技能互补性是技能偏向性技术进步的本质特点。20 世纪中叶以来计算机和信息技术革命使得易于使用和掌握这些技术的技能劳动需求增加，高等教育的迅猛发展为劳动力市场提供了大量技能劳动者，扩大了技能偏向技术应用的市场规模效应。

开放经济下，发达国家和发展中国家日益频繁的贸易活动进一步诱致技能偏向性技术进步发展，这在于它扩展了技能偏向性技术应用的国际市场规模效应。开放经济下，发达国家和发展中国家基于各自的劳动禀赋、市场制度、政治制度以及劳动力制度等特点，形成技能偏向性技术进步的不同发展态势。发达国家间技能偏向性技术进步的发展态势具有扩展性和普及性特点，而发展中国家技能偏向性技术进步发展具有发散性和异质性特点。

对中国而言，发展技能偏向性技术进步需要强调市场机制在资源配置的基础作用，发挥市场机制对信息技术发展、技能劳动高效配置以及全球产业链攀升的作用。对政府而言，需要积极构建自由流动的劳动力市场制度，努力纠正政府行政干预和政治壁垒造成的扭曲。

参考文献

1. Alla Lileeva and Daniel Trefler, 2010, Improved Access to Foreign Markets Raises Plant–Level Productivity for Some Plants, *The Quarterly Journal of Economics*, Aug.: pp. 1051 – 1100.

2. Andrea Conte and Marco Vivarelli, 2011, Globalization and Employment: Imported Skill Biased Technological, Change in Developing Countries, *The Developing Economies*, 49: pp. 36 – 65.

3. Angus C. Chu, Guido Cozzi and Yuichi Furukawa, 2014, Effects of Economic Development in China on Skill-Biased Technical Change in the US, *Review of Economic Dynamics*, 18 (2): pp. 227 – 242.

4. Arnaud Costinot and Jonathan Vogel, 2010, Matching and Inequality in the World Economy, *Journal of Political Economy*, 118 (4): pp. 747 – 786.

5. Arnaud Costinot, Jonathan Vogel and Su Wang, 2013, An Elementary Theory of Global Supply Chains, *Review of Economic Studies*, 80: pp. 109 – 144.

6. Barro, R. J. and X. Sala-i-Martin, 1997, Technological Diffusion, Convergence,

and Growth, *Journal of Economic Growth*, (2): pp. 1 – 27.

7. Björn Nilsson and Mohamed Ali Marouani, 2014, The Labor Market Effects of Skill biased Technological Change in Malaysia, *IRD working paper*.

8. Bronfenbrenner, K. and S. Luce, 2004, *The Changing Nature of Corporate Global Restructuring: The Impact of Production Shifts on Jobs in the US, China, and the Global*, Washington, DC: US – China Economic and Security Review Commission. http: //digital-commons. ilr. cornell. edu/cbpubs/15.

9. Boyan Jovanovic, 2014, Misallocation and Growth, *The American Economic Review* 104 (4): pp. 1149 – 1171.

10. Costas Arkolakis, Natalia Ramondo and Andrés Rodriguez-Clare & Stephen Yeaple, 2013, Innovation and Production in the Global Economy, *NBER Working Paper* No. 18792.

11. Daron Acemoglu, 1998, Why Do New Technologies Complement Skills? Directed Technical Change and Wage Inequality, *The Quarterly Journal of Economics*, 113 (4): pp. 1055 – 1089.

12. Daron Acemoglu, 2002, Technical Change, Inequality, and the Labor Market, *Journal of Economic Literature*, 40 (1): pp. 7 – 72.

13. Daron Acemoglu, 2002, Directed Technical Change, *Review of Economic Studies*, 69: pp. 781 – 809.

14. Daron Acemoglu, 2003, Patterns of Skill Premia, *The Review of Economic Studies*, 70 (2): pp. 199 – 230.

15. Daron Acemoglu, 2007, Equilibrium Bias of Technology, *Econometrica*, 75 (5): pp. 1371 – 1409.

16. Daron Acemoglu, Gino Gancia and Fabrizio Zilibotti, 2014, Off-Shoring and Directed Technical Change, *NBER working paper* No. 18595.

17. Daron Acemoglu, Gino Gancia and Fabrizio Zilibotti, 2012, Competing Engines of growth: Innovation and standardization, Journal of Economic Theory 147: pp. 570 – 601.

18. D. Acemoglu, Zilibotti, 2001, Productivity Differences, *The Quarterly Journal of Economics*, 116 (2): pp. 563 – 606.

19. David H. Autor, Frank Levy and Richard J. Murnane, 2003, The Skill-Content of Recent Technological Change: An Empirical Investigation, *The Quarterly Journal of Economics*, 118: pp. 1279 – 1333.

20. Eli Berman, John Bound and Stephen Machin, 1998, Implications of Skill Biased Technological Change: International Evidence, *Quarterly Journal of Economics*, (113): pp. 1245 – 1279.

21. Eli Berman, John Bound and Zvi Griliches, 1994, Changes in the Demand for

Skilled Labor within U. S. Manufacturing Industries: Evidence from the Annual Survey of Manufacturers, *Quarterly Journal of Economics*, May: pp. 367 – 397.

22. Eli Berman and Stephen Machin, 2000a, Skill–Based Technology Transfer around the World, *Oxford Review of Economic Policy*, 16（3）: pp. 12 – 22.

23. Eli Berman and Stephen Machin, 2000b, Skill–Biased Technology Transfer: Evidence of Factor Biased Technological Change in Developing Countries, *NBER Working paper*, http: //dspace. africaportal. org/jspui/bitstream/123456789/6789/1/Skill% 20Biased% 20Technology% 20Transfer% 20Evidence% 20Factor% 20Biased% 20Technological% 20Change% 20In% 20Developing% 20Countries. pdf? 1.

24. Fajnzylber, P. and Fernandes, A., 2009, International Economic Activities and Skilled Demand: Evidence from Brazil and China, *Applied Economics*, 41: pp. 563 – 577.

25. Francesco Bogliacino and Matteo Lucchese, 2011, Endogenous Skill Biased Technical Change Testing for Demand Pull Effect, *GINI Discusion Paper* 26, December.

26. Francesco Caselli, 1999, Technological Revolutions, *The American Economic Review*, 3: pp. 78 – 102.

27. Francesco Caselli and Wilbur John Coleman, 2006, The World Technology Frontier, *The American Economic Review*, 96: pp. 499 – 522.

28. Francisco Gallego, 2006, Skill Premium in Chile: Studying the Skill Bias Technical Change Hypothesis in the South, *Central Bank of Chile Working Papers*.

29. Francisco J. Buera, Benjamin Moll and Yongseok Shin, 2013, Well–Intended Policies, *Review of Economic Dynamics*, 16: pp. 216 – 230.

30. Gino Gancial and Fabrizio Zilibotti, 2009, Technological Change and the Wealth of Nations, *The Annual Review of Economics*, April 20: pp. 93 – 120.

31. Harald Fadinger and Karin Mayr, 2012, *Skill–Biased Technological Change, Unemployment and Brain Drain*, http: //www. afd. fr/webdav/shared/PORTAILS/RECHERCHE/evenements/Migrations–developpement–2012/bdrain_120323. pdf.

32. Ilina Srour, Erol Taymaz and Marco Vivarelli, 2013, Skill–Biased Technological Change and Skill–Enhancing Trade in Turkey: Evidence from Longitudinal Microdata, *Discussion Paper* No. 7320.

33. Ilina Srour, Erol Taymaz and Marco Vivarelli, 2014, Globalization, Technology and Skills: Evidence from Turkish Longitudinal Microdata, *ERC Working Papers in Economics* 14/05.

34. Jørn Rattsø and Hildegunn E. Stokke, 2013, Trade, Skill Biased Technical Change and Wage Inequality in South Africa, *Review of International Economics*, 21（3）: pp. 419 – 431.

35. Julian Di Giovanni, Andrei A. Levchenko and Jing Zhang, 2013, The Global Wel-

fare Impact of China: Trade Integration and Technological Change, *American Economic Journal: Macroeconomic*, Forthcoming.

36. Lawrence F. Katz and Robert A. Margo, 2013, Technical Change and the Relative Demand for Skilled Labor: The United States in Historical Perspective, *NBER working paper*W18752.

37. Luis A. Rivera-Batiz and Paul M. Romer, 1991, International Trade with Endogenous Technological Change, *European Economic Review*, 35: pp. 971 – 1004.

38. Mathias Thoenig and Thierry Verdier, 2003, A Theory of Defensive Skill-Biased Innovation and International Trade, *American Economic Review*, 93: pp. 709 – 728.

39. Matthias Weiss and Alfred Garloff, 2006, Skill Biased Technological Change and Endogenous Benefits: The Dynamics of Unemployment and Wage, *ZEW Working paper dp*0579.

40. Michael T. Kiley, 1997, *The Supply of Skilled Labor and Skill-Biased Technological Progress*, http://www.federalreserve.gov/pubs/feds/1997/199745/199745pap.pdf.

41. Nicholas Bloom, Mirko Draca and John Van Reenen, 2015, Trade Induced Technical Change? The Impact of Chinese Imports on Innovation, IT and Productivity, *NBER Working Paper* No. 107171.

42. Nico Voigtländer, 2013, Skill Bias Magnified: Intersectoral Linkages and White-Collar Labor Demand in U. S. Manufacturing, *Review of Economics and Statistics*, Forthcoming.

43. Pablo Fajnzylber and Ana M. Fernandes, 2004, *International Technology Diffusion and the Demand for Skilled Labor: Evidence from East Asia and Latin America*, http://repec.org/esLATM04/up.25054.1082078255.pdf.

44. Riccardo Crescenzi, Andres Rodr guez-Pose and Michael Storper, 2012, The Territorial Dynamics of Innovation in China and India, *Journal of Economic Geography*, 12: pp. 1055 – 1085.

45. Stephen Machin and John Van Reenen, 1998, Technology and Changes in Skill Structure: Evidence From Seven OECD Countries, *The Quarterly Journal of Economics*, 113 (4): pp. 1215 – 1244.

46. Timothy J. Sturgeon and Richard K. Lester, 2003, The New Globe Supply-Base: New Challenges for Local Suppliers in East Asia, *MIT Working Paper*2003 (10).

47. W. Walker Hanlon, 2015, Necessity is the Mother of Invention: Input Supplies and Directed Technical Change, *Econometrica*, 83 (1): pp. 67 – 100.

48. Zouhair Mrabet and Lanouar Charfeddine, 2013, Trade Liberallzation, Technology Import and Employment: Evidence of Skill Upgrading in the Tunisian Context, *Région et Développement*, 37: pp. 11 – 36.

第五章 创意产业研究的新进展

近年来,在经济全球化、后危机时代城市经济转型发展、信息与通讯技术(ICT)不断发展的背景下,创意产业(Creative Industry)和由创意产业所组成的创意经济(Creative Economy)越来越多地受到决策者和学者们的关注。

一、创意产业及创意经济的内涵和分类

(一)创意产业的内涵及其分类

1. 创意产业的概念

创意产业相对来说是一个较新的概念,不同国家在实际政策制定和学术分析上通常采用适用于本国的定义与范畴,因此称谓不尽相同,有创意产业、文化产业、文化创意产业、版权产业、文化娱乐产业、内容产业等等。虽然称谓不同,但在主要含义上大致相同。在国际上,通常使用创意产业(Creative Industry)对相关产业进行描述。

通常认为,创意产业概念的正式提出,起于英国布莱尔新工党政府上台后,在信息与通信技术的发展背景下的书面解释:通过对知识产权的开发和运用,具有创造财富和就业潜力的行业。包括广告、建筑、艺术和古玩市场、电子游戏、工艺品、设计、时尚设计、电影电视、音乐、表演艺术、出版业、软件业、传媒业(DCMS,2001)。从那以后,创意产业概念取代了文化产业的概念,并影响了艺术、媒体、软件产业的政策。《创意英国发展报告》将信息与通信技术和创意产业的发展相联系,并将创

意和媒体产业与数字技术融合,将创意产业的外延扩大到体育、旅游、休闲产业等方面。

2. 创意产业的性质

对于创意产业属性和特征的研究大致分为两方面,一方面是生产和提供创意商品的创意企业内部视角,另一方面是创意企业外延的创意产业基础与经济发展的关系(Ieva and Mariangela,2014)。

一般认为,与传统产业不同,创意产业的市场条件面临更多的需求不确定性和波动性,具有高风险特征(Townley,2010)。为了应对风险,企业必须持续不断地进行创新(Cooke and Lazzeretti,2008)。从产业结构上来说,市场内很少有大型公司,大多数为中小型企业,甚至小微企业组成,尽管小微企业在规模经济上的竞争力不足,但它们也可以通过在利基市场上的特色化生产享有非常可观的市场份额(Hartley et al.,2013;Birch,2008)。创意产业虽然嵌入在地区生产体系,但具有全球化联系的属性,而且创意经济具有很大程度上的出口潜力(Scott,1997;Pratt & Hutton,2012)。

有的学者认为创意产业的性质也不能一概而论。耶娃和马瑞安吉拉(Ieva and Mariangela,2014)指出,不仅仅是创意产业发展的城市环境条件不同,在不同发达程度的城市中,组成创意产业的企业特点也是不同的。因此,对创意产业性质的研究以及对当前创意产业政策的研究都应该包含了地区差异的分析。他们采用定量分析的方法,采用拉脱维亚统计局统计数据和网上问卷调查,对首都里加的创意产业企业进行分析。研究发现:首先,创意产业是劳动力和知识密集型产;其次,他们创造并利用知识产权;最后,创意产业要充分综合利用创新能力和非创新能力两者。但同时发现,创意产业公司并非都是提供文化艺术创意产品及服务的生产商,一些创意产业并非依赖于新科技的发展,创意工作的动力并不是创意者兴趣为主的内在动机,有时并非会产生高水平的新颖性,同时也不能足够证明创意产业面临需求不确定性带来的高风险。从产业视角来看,里加的创意产业经受了金融危机更多的负面影响,并没有在就业和价值增值方面高于其他行业。至于出口潜力,大多数企业在地区和国家层面上进行发展操作,中小企业相较于大型创意类企业的国际化更加困难,与此同时,更低程度的国际化面临更低的市场需求波动风险。

莫瓦（Mirva，2015）通过研究文化产业的边界、特征和行业动态，对文化产业重新概念化，并在分析和评述的基础上，提出未来研究文化产业的框架。他认为，文化产业具备两个显著特征：持续过剩的创意劳动者和对产品是否成功的极端不确定性。这两个特征在不同角度导致了文化产品的持续生产过剩，研究也提出了未来的研究框架，主张未来研究应注重标准选择，并研究大众偏好、产品销售、多样性和质量之间的关系，以解决产品成功不确定性的问题。

3. 创意产业与文化产业的关系

近年来，学者对于创意产业的概念、范畴等均有不同的表述，大多数的经验研究一般都扩大了创意产业的范围（Su-Hyun and Robert，2014；Ieva，2014，Andy and Thomas，2013）。耶娃（Ieva，2014）通过历史分析的方法对创意产业进行了分析。创意产业的正式使用是在1994年从数字时代的文化产业开始①，但追溯其始源，可以到工业革命及城市化时代。理解创意产业从文化产业中发展而来的过程是十分重要的。因为文化产业的发展历史是以19世纪工业革命为基础，到20世纪30年代大众艺术的普及而出现的。文化产业是指包含了创意、生产、商品化的创意内容，本质上是无形的和人文性质的产业。而创意产业概念需要在数字化的背景下认识，包括了文化方面的内容，以及基于文化的创意产业内容。贾斯汀（Justin，2015）通过历史分析、比较分析和批判分析等研究方法，对"文化中介"的概念进行了回顾与评判，也对文化产业与创意产业进行了比较，并通过其"经济想象"的核心理念重构了这两个行业的范畴。他认为，尽管这两个行业的想象都离不开文化和经济，但它们应围绕不同的核心来组织：文化产业想象应该关注如何把人文价值体现在经济发展中（经济文化化），而创意产业想象应该充分利用文化创意作为创新驱动经济增长的资源点（文化经济化）。更进一步地，贾斯汀指出，尽管文化产业和创意产业的关注侧重点有所不同，但二者仍在某些方面有所联结，突出体现在"人类对于传统文化的承诺需要通过新的经济秩序来达成"及"新形势下文化与经济二

---

① 创意产业的概念最早出现在澳大利亚政府1994年发布的文化政策"创意之国"中，这是针对文化的经济政策，首先扩大了文化产业的概念，包括电影、广播、图书和其他范畴。参见 Creative Nation: Commonwealth Cultural Policy, October 1994, Department of Communications and the Arts (now Office for the Arts), 1994。

者相对力量转化"这两方面。

4. 创意产业的分类

文森特等（Vincent et al., 2014）认为，最初对创意产业分类的政策动机是为了在传统制造业衰退的情况下，促进经济增长，增加就业和提高社会凝聚力。在不同分类标准中，数字技术起着非常重要的作用。在英国1988年的首次分类中，软件行业在创意产业中占据大部分的经济贡献。这个定义不仅认为创造力是来源于个人的创意、想象力、灵感等的发展，同时也认为创意产业包含了企业家精神、创新力、经济增长以及社会稳定等重要经济要素。

批评这种基于产业政策分类的学者认为，将传统艺术和文化，以及新的数字经济部门都归在创意产业下，这是一种折衷和带有任意性的分类（Cunningham, 2002）。因此，对于创意产业的分类标准也有不同的声音。例如，索罗斯比（Throsby, 2001）的"同心圆分类模型"区分了核心创意艺术，如文学、音乐、表演艺术，核心文化产业，如电影、博物馆、摄影，更广泛的文化产业，如出版、电视、电子游戏，以及相关产业，如广告、建筑、设计等。这个分类体系将偏向文化艺术为核心的行业与更偏向于经济价值的行业进行了区分。赫斯蒙德霍（Hesmondhalgh, 2002）认为，只有那些创造文化产品和文化内容的，并且具有工业生产属性的产业才能被视为"核心文化产业"，这包括了广告、广播、电影、网络、音乐、出版以及电子游戏行业。世界知识产权组织（WIPO）的分类，将重点放在了版权在价值创造和价值使用上，基于这个逻辑，将影视、音乐、出版分为"核心版权产业"，设计、建筑和时尚行业被认为是"部分版权产业"，这是由于在这些产业的商业模式中版权尚属于外围因素。霍金斯（Howkins, 2002）的分类标准最为广泛，他认为创意经济还包括了玩具和游戏制作，以及科学技术的研发。

（二）创意经济的内涵

创意经济一词源于创意产业的概念，创意产业的前身是文化产业。创意经济的概念首先被霍金斯（2001）提出，并随着全球经济的发展，成为一种新的经济形式。联合国贸易暨发展会议在报告中（UNCTAD, 2010）指出，创意经济正在改变劳动力市场，它促进了就业能力、就业资格的提高，促进了社会融合以及性别平衡，带动提高了教育、文化和艺术水平。创意经济突破了旧有边界（Jeffcutt，2004），将创意理念转化为有形的产品及服务，显示出新的价值创造模式（Tarani，2011），通过企业自身定义的商业文化，来达到繁荣发展的目的。创意经济能产生新的创意理念，对社会成员的生活水平在数量上和质量上带来积极影响（Pol，2009），可以被视为以创新力、文化和知识为基础的经济和社会发展模式（Moraes，2011）。

创意经济的概念提出并流行以来，对创意经济和创意产业概念的含义在决策者和公众中常常会产生混乱，大多对于概念的讨论没涉及创意产业的一个准确的、演化的、历史的角度（Su-Hyun and Robert，2014）。创意经济的延伸扩展了创意产业的概念，包括社会经济学的过程、劳动组织和创新手段。从20世纪90年代起，创新意识成为一项重要的资产形式后，变成经济政策的一部分。随之而来产生了一系列新的概念：创意部门、版权产业、内容产业、体验式经济、创意商业部门、文化和通信产业、媒体产业和知识经济等。这些概念在国际上并没有准确的标准，在使用过程中取决于特定的解释（Ieva，2014）。为此，学者们从不同角度对创意经济概念和内涵进行了深入研究。

宋（Sung，2015）认为，创意经济可以被定义为，通过利用创新能力、知识、先进的科学技术运转的经济类型，可以创造新的市场和就业。创意经济正超越了固有的赶超和模仿经济模式，被越来越多的发展中国家所重视和采纳。创意经济正在成为发展中国家在激烈的国际竞争中保持稳定发展的新的动力。面临国际经济环境的恶化，国际竞争加剧，创意经济成为越来越多国家促进经济发展的新政策点（Flew，2012）。

安迪等（Andy et al.，2013）认为，创意经济的概念涵盖范围较创意产业要宽泛得多，创意产业总的来说是指能够创造智力财富的商业部门，创意经济则还包罗了非营利性的、非正式的、公共资助的活动，同时，也包括了整个生产系统和价值链。这与联合国教科文组织的定义一致（UNESCO，2009）。

二、创意产业对经济社会发展的影响

(一) 创意产业成为新增长点

创意产业在增加就业、创造财富等方面对经济的发展带来了巨大作用。耶娃 (Ieva, 2015) 通过对文化产业的研究指出,文化产业越来越成为国际层面上的一种文化交流,文化产业不仅仅带来了城市新的文化意义,更带来了经济的新的增长点,对于文化产业的投资是非常有意义的,不仅给国家带来更多的游客,更吸引了其他国家的投资,并提升了投资意识,文化产业越来越成为经济的新的增长点,同时也成为一种新的应对全球气候变化和人口结构变化的新路径 (Tae, 2015)。

由于创意产业从兴起以来具有两个基本特点:一是在价值增值、创造就业方面高于平均经济增长率的发展 (Foord, 2009);二是创意产业可以通过创造知识产权和知识外溢对整个经济的创新性带来促进作用 (Evans, 2009)。尤其是危机以来,创意产业成为新的经济增长点,被很多国家视为经济新发展和改革的重要工具手段 (Ieva and Mariangela, 2014; Scott, 2005; Tae, 2015; Ummu et al., 2012; Tae, 2015)。为此,创意产业的发展越来越多地进入决策者视野,在区域层面、国家层面甚至国际层面都制订了许多战略政策及发展计划。

(二) 影响经济活力

文化越来越多地通过文化要素影响着产业发展。艾琳娜和安卡 (Elena and Anca, 2013) 通过研究文化元素与文化创意产业的关系、创新性与企业家的关系,认为文化要素影响着经济发展,而积极创新的企业家精神也会造成国家间经济成果的不平衡。因此,文化影响经济的活力,而经济活力又促进了创新性的企业家精神,而企业家精神对于国家繁荣有着至关重要的作用。

(三) 增强文化多样性

创意产业在后工业时代已经成为经济中重要的组成部分，不仅是由于创意产业的平均增长率高于其他部门平均增长率，还由于它的驱动文化认同作用在培育文化多样性中越来越重要。乌姆等（Ummu et al., 2012）通过创意产业对印度尼西亚万隆的昂格隆竹乐团[①]文化遗产的保护案例分析认为，创意产业在对文化遗产保护方面是可以结合并具有积极作用。通过文化创意产业对文化遗产进行保护，有五个关键因素：艺术培训和艺术教育、通过与政府合作提升国际认可度、与教育机构合作、拓宽营销策略，以及使当地社区融入生产过程。这五个方面可以预测其他基于文化产品的创意产业发展的成功，也可以利用这五个要素建立类似的商业行为。

三、创意产业的影响因素

(一) 人力资本

马丁和德纳（Martin and Dana, 2015）使用情景分析的方法，研究了个人能力对创意产业发展的作用，大多数文献主要关注技术发展对战略组织层面的作用，对公司内员工和专业人员个人能力的研究往往忽略。马丁从多层次人力资源理论对创意产业中公司员工和管理人员进行研究，认为个人能力是公司应对不断变化的外部市场环境不断创造能力的重要因素。对于公司来说，只关注调整公司技术和市场层面来适应未来创意产业的发展变化是不够的，不能忽略战略人力资源的发展和培育。因为在研究企业中个人能力方面对于未来公司战略方向是至关重要的，必须结合创意产业实际环境对人力资本进行研究。具有创新的人力资本之所以能够产生创新能力，是因为他们的思维并不寻常，并不顺从常规模式，这种能力未必会被市场需求所驱动，只能通过跨学科的和摆脱经济方面的压力而产生。因

---

① 昂格隆，印度尼西亚语叫 Angklung，是一种竹筒乐器。Saung Angklung Udjo（SAU）是印度尼西亚的一站式文化工坊。

此,对于创意人才的教育理念,需要的并不是短期的市场趋势驱动,而是一种可持续发展的战略远见。

马丁奈特和克雷格（Martinaityte and Kregzdaite,2015）采用实证分析的研究方法分析对于立陶宛文化创意产业影响最大的影响因子,并讨论了该因子对于整个经济的重要性。结果显示,对于文化创意产业具有较高影响的分别是,个人对于文化开支以及创造力指数,而这些指数本身就具有很强的相关性。在立陶宛和爱沙尼亚,两者的相关增长是一个长效机制,因为两要素与教育系统息息相关。而具有中度相关性的因子是政府对于文化的支出、专利的数目以及在科研方面的就业率。较低影响因子是文化创意产业的就业率,对于文化创意产业产品的出口,政府对于科研方面的支出以及居民的教育水平。对于经济增长没有任何影响的因子是对于文化活动的参与度。

（二）信息与通讯技术

随着数字技术、信息技术在生产、生活中的广泛应用,创意产业受到新技术的影响越来越大,也受到了广泛的讨论。

1. 技术进步和网络对创意产业的积极影响

宋（Sung,2015）回顾了信息技术的应用与发展历史,以及信息技术应用与企业战略和企业业绩的关系。他通过实证分析研究上述关系在韩国制造业与创意产业中的不同,并辨识了信息技术在这两个产业中最能使企业获得成功的属性。通过问卷调查425家制造业企业和396家文化创意类企业发现,应用信息技术将给企业带来不同的竞争优势,信息技术的效率性和整合性是对企业绩效两个最强的正关联属性。创意产业的企业应该对应用信息技术带来的效率性和排他威胁性重点关注,而制造产业应该将关注重点放在效率性和整合性。

皮埃尔等（Pierre et al.,2015）通过对创意产业中研发投资的研究,并以电影产业为例进行深度分析,认为广泛数字技术的现代化打开了一个战略发展的新方向,并在价值链上提供了更多不同的增值位置,进而促进经济的发展。

克雷格（Craig,2013）指出,在文化消费端,新技术的产生尤其是移动互联技术的普及应用,扩大了文化产品的传播地理空间和市场规模。

对于需要现场消费的文化产品，例如歌剧、戏剧等产品，需要在大都市进行以确保有足够的观众达到经济可行性，这些现场文化艺术消费在今天也通过网络直播获得更大的市场。同时，消费文化产品也降低了文化的依赖性。随着技术的发展，文化消费变得更加文化异质性，跨文化消费越来越普及。因此，技术在创意产业的发展过程中扮演者重要的角色。

信息时代中，社交网络及网络用户社群对创意产业的发展起到了推动作用，渗透在产品研发和销售的各个环节。雷耶斯等（Reyes et al.，2015）研究了社交网络在文化产业公司中的作用与地位，他们采用德尔菲分析法，来总结不同专家的观点。结果发现，社交网络的功利作用大于表达作用，文化公司在使用社交网络的积极主动动机多于被动反应的动机。研究证实了社交网络在盈利性和从文化产品及服务的提供方传递到消费者过程的影响力和巨大作用。社交网络在产业中的使用，本质上是为了提高服务、产品及品牌，收集消费者的信息可以促进企业提供更好的服务。对于社交网络的使用，文化公司应该充分重视内部及外部的社交网络社区，而不仅仅是将这些作为信息交换的目的。从使用社交网络的动机来看，企业应该具有前瞻性和目的性，如果在使用社交网络的战略上很被动和薄弱，那么效果与不使用无异。参与社交网络的使用应该有明确的目的性和清晰的战略。消费者的影响同样不能忽视，在 Web 2.0 及 3.0 时代，消费者通过社交网络可以更进一步成为专业消费者、产品研发的参与者。

盖伊和文森特（Guy and Vincent, 2014）也持有同样的观点，认为数字创意产业中的用户社群在产品和服务的研发过程中扮演着重要的角色，用户社群可以提供创意思路，开发新的使用环境。盖伊等通过案例分析的方法研究用户社群在协同创新中的作用指出，在公司和用户群的数字化和虚拟化过程中，两者的相互作用将重新定义公司边界。其中主要有三点：一是开放式的和被重新定义的公司功能边界；二是产品和服务的开放和减少产权边界；三是重新定义社群组织和创意产品特性。因此，公司需要在合作创新的模式下，精心设计与用户社群的相互作用机制来鼓励用户的创新行为和提高用户的创新能力。合作创新需要公司开放公司的功能边界、产品和服务边界，重新定义公司的归属感和认同感。公司不仅需要在主力用户群上加以区分，还需要管理和维护公司与用户群的关系，来从中获取经济利益。

2. 信息技术给创意产业带来的挑战

进入 21 世纪以来，信息互联技术不断发展，许多文化产品在形态上都以数字化产品出现，这给传统文化创意产业带来了挑战。数字技术被认为是创意产业中驱动增长和创新的传动器，同时也对传统文化产业，如音乐、电影出版等产业带来一定冲击，传统商业模式正经历着挑战。创意产业公司需要依赖新的生产工具，适应新的消费模式（Dolata，2009）。

海伦（Helen，2012）认为，从传统的物理存储到现代的电子化存储，从传统的店面销售到现代的线上下载销售，从传统的区域内销售到现代的全球线上销售网络，网络数字化技术对于媒体产业带来的变化是十分直观的。但对于供给商，在音乐产业中，由于拷贝和传输更加便捷，数字音乐分享传播的更广泛，同时也带来了销售的明显下滑。基于这种现象，学者存在不同的看法，有的认为这种改变更贴近了长尾理论，有的认为这种改变强化了巨头的市场地位。海伦建立理论模型，通过数字化对于具有内生特质的差异化产品的研究发现，在供给端，各类要素可以形成巨头和长尾并存的结果，这种现象可以被基本产品的固定成本降低或者市场规模的下降所解释。

同样的，桑杰等（Sanjay et al.，2010）从美国的音乐产业进入 21 世纪以来的销售下降来分析 P2P 网络中共享手段对于媒体产业的影响。对于文件共享在媒体产业的作用，不同学者和团体的意见分歧较大。桑杰认为，随着网络的发展，文化产品很多可以被搜索、复制，并以数字媒体文件的形式进行无偿交换，并存在零成本"搭便车"问题，媒体产业创作者并不能得到相应的经济报酬，因此存在市场失灵和生产效率低下问题。一方面，P2P 文件共享技术可以让互联网使用者在全世界范围内复制传输高品质媒体文件，并不需为此付费。另一方面，新的技术发展使得使用者可以在任何地方通过不同设备获取媒体产品并创造性地使用这些资源。当前媒体产业面临 P2P 冲击的首要反应方式仍然是保护现有的商业模式，通过进一步加强知识产权保护。但也有学者认为，当前传统媒体产业的下滑并不能将大部分的责任归咎于 P2P 文件共享的技术发展，通过法律的手段保护产权是一种"逆生产力"的方式，将会阻碍新的商业模式发展。因此，媒体产业需要开发新的商业模式，来获取随着技术进步而尚未开发的新的潜在收入，更好地迎合消费者口味的变化。通过实证模型研究发现，传统媒体产业中的企业股价会随着重大的知识产权立法和诉讼事件上涨，因此得出法律策略仍是现行传统媒体产业应对 P2P 冲击的一种良好手段。桑杰提出几种新的商业策略来供媒体产业对抗非法共享，其中包括通过教育改变社交媒体中的社会规范，简化版权许可的获得流程，建立新的可货币化的版权许可商业模式等。

对于创意企业转变商业模式的讨论，一直围绕着信息技术的发展而展开。莱昂哈德和埃尔克（Leonhard and Elke，2014）认为，受到数字技术的影响，文化创意产业中不同的因素相互冲突，如何充分创新还是更加严格的执行传统版权商业模式，在产业管理上仍然是一个相对模糊的地带。他们通过对德国流行音乐产业十年来在产业层面上的监管进行研究，解释为什么产业转型过程中伴随着管理的不确定因素增多。在监管机构和公众中存在竞争的商业模式，而行业组织在参与行业重要事件上具有有效传递行业主张的重要作用，但行业中企业大多不能很好地运用行业组织的作用来引入新的商业模式。行业组织在针对版权进行利益诉求并积极探寻新的商业模式的做法，这并不是从对于经济利益角度出发的，而是一种活跃的、辩论式的思想碰撞。从这一点上来看，创意产业并没有因为数字技术的迅速发展而衰退，而在积极的适应现代音乐文化产业的发展。

文森特等（2014）也指出，数字技术从产业体系的组成、商业模式和创新过程本身三个方面对创意产业都有巨大影响。现阶段，保护和维持旧有的商业模式仍是大部分企业的首选，但这失去了新的机遇。那些积极使用新的数字技术和面向网络的产业部门将会得到新的创新能力并能从与用户的网络互动中获得新的业务增长。在创新过程中，数字化创新生产在整个创意产业逐渐占据主导，传统创新模式不仅创新滞后，而且受困于旧有的商业模式和产业体系。

四、创意产业的集聚效应

城市是创意产业的主要集聚区，创意产业在城市的集聚通常有自发集聚和政策集聚两种模式。克雷格（2013）指出，城市对于文化产品的创造至关重要，如影视、电视、音乐、歌剧、舞蹈、艺术、时尚，等等。城市通过集聚创意人才，为发展和传播新的文化产品，孕育创意灵感提供沃土。在现代技术发展的环境下，通过集聚效应，城市内各种支持功能可以被创意产业轻松获得。

（一）集聚对创意产业的重要性

卡蓝吉特（Karenjit，2013）通过伦敦广告产业的 70 名工人的研究，揭示了从业人员地理集聚的重要作用。这种集聚效用即使在数字化技术不断发展的今天也十分重要。个人或企业在城市中一定地域的集聚，对于创意、想法和面对面的交流，是不可或缺的。广告产业是一个集聚效用非常强的产业，这种集聚效应能带来对城市美学敏感度的不断建立，同时具有专业的服务及特定基础设施的支持。各类聚会、夜生活、媒体和广告的从业人员等等要素在一定地理空间内存在，可以培养一种有利于创意产品的社会环境。而发掘新的创意灵感，通常发生在非正式的交流过程中，地区的商业功能也通常在一定的社会环境下起作用，例如咖啡店、酒吧等。

戴维德等（Davide et al.，2014）通过意大利文化地区案例研究，从学术角度和决策者角度，对文化规划和政策干预进行分析得出了两个重要结论：一是创新知识的产生具有两种不同路径：从上至下（威尼托案例）；从上至下和从下至上的混合（伦巴第案例）。文化产业集聚区内的联系和信息网络，不仅是由于特定的产业目标所引导的，更是自发存在的。二是具体的政策行动计划和实施也同样受益于区域内利益相关方的知识资源，这又与集聚区域的自下而上发展模式相一致。

（二）创意产业集聚效应现状

简和罗杰（Jane and Roger，2014）通过调查问卷、访谈等方法，对中国上海的 7 个创意产业集聚区管理人员和企业进行调研分析。结果显示，尽管创意产业集聚区包含了集聚效应，但这些集聚效应对于中小企业或从业个人的支持作用不足，持续的文化产业政策对于产业增长也没有起到应有作用。创意产业在现实中并非理论所描述的，集聚功能得到发挥。文化创意产业集聚区内，存在一定程度的跨公司联系，但这种联系并不显著和稳定。集聚区政府管理者偏爱于具有更大经济实力的大公司，而并非中小创意企业。这就导致了创意产业集聚区中的职业多样性很小。集聚区对于那些具有创意思维和文化敏感性的艺术家吸引力不足，对于文化创意灵感孕育的环境上服务不足。中国的文化产业政策对于文化多样性和文化民主的发展仍然乏力,在一定程度上抑制了创新能力的产生与发展。通常,在形式上的产业集群比较容易建立,但真正能够孕育创新与创意能力的产业环境的建立并非易事。功能的集聚和文化环境的建立对于创意产业来说是两个最重要的指标。然而在中国的创意产业集聚区中两者表现都不佳。创意产业集聚区更像是一种商业集群,提供了一种办公场所。因此,创意产业集群在提供文化环境和功能方面具有局限性。作者认为经济改革仍然没有摆脱文化对于政治的约束。

对于创意产业的集聚,多数研究放在创意产业的城市集聚区,大卫等(David et al.,2012)另辟蹊径,对农村地区的创意产业集聚村进行了研究。大卫选取卡洛伊(Krowji)小镇[1],通过为期18个月的田野调查方法,对卡洛伊创意产业集聚地的关系网络和内在联系进行研究,对如何形成并维持创意产业集群做了深入分析。这项研究补充了传统创意产业集群针对城市地区的研究,主要针对农村地区创意产业的集群。作者认为通过对小镇中丰富的创意者和创意机构相联系的网络的分析,可以改变之前政策者对于创意产业过于简单的理解。

卢西亚纳等(Luciana et al.,2008)分析了意大利和西班牙创意行业的当地生产系统及地理分布,选取当地劳动力市场作为分析当地生产系统的研究单位,通过比较分析和实证研究得出,创意产业存在集聚现象的结论。尽管结果表明,集聚现象在两国各自的模式略有差异,但在两国最大的城市系统中均发现存在创意产业的集聚。因此,国家和地方政府应支持创意产业集聚并在政策层面促进创意产业发展,创意产业集聚的地方政府可以支持最重要的相关产业发展以促进欠发达地区的跟进发展,文化创意企业应根据集聚地点及外部经济环境来确定合适的发展模式。

(三) 创意产业集聚的理论解释

伯格和罗伯特(Berg and Robert,2014)尝试论证演化经济地理学[2]是否能精确分析并解释创意产业的空间动态性。他们认为,相对来说共同演化论对创意产业集聚空间的形成具有重要的解释力。在分析产业专门化和

---

[1] 卡洛伊是英国康沃尔郡的一个1400平方米的创意产业集聚村,包括美术、宝石匠、陶瓷、纺织、网站设计音乐工作室等创意类产业,多以工作室形态聚集。
[2] 演化经济地理学主要源自演化经济学,加入了达尔文主义和复杂性理论,强调路径依赖、多样性、选择性的作用。

多样化在地区经济稳定发展的关系时,他们认为,一方面,多样性是创意产业区域知识外溢的一种资源,这是基于区域内产业的相关多元化(同一地区生产部门在技术上高度相关)。另一方面,不相关多样化可以认为是一种可以抵御区域外部冲击的一种组合形式,可以降低创意产业区域内的失业率。

与伯格等的研究结论类似,卢西亚纳等(2015)认为,创意产业内包含了很多异质的行业,在研究创意产业的过程中没有足够对于行业多样性、知识外溢效用和跨行业的协作进行充分的研究。卢西亚纳对一个区域内相关多样性的程度如何影响区域内创意产业的创新力和发展进行了研究,他们通过对1991~2011年意大利省一级地区创意企业的数据进行实证分析指出,创意产业的就业率提高依赖于区域内行业的多样性,尤其是相关行业的多样性。通过提升企业间的互动过程,可以促进行业内的交互作用和孕育创新能力。相对于企业间知识和业务不相关的共生产业系统来说,具有相关行业多样性的区域发展更加稳定。现阶段,创意产业大多以中小企业为主,产业碎片化比较显著,这些企业不能够负担整个创新流程链,如果区域内企业共享相同的知识资源,那么合作可以整合整个创新流程。

也有学者认为,主流地理经济学理论在解释创意产业的集聚并不能全部适用。保罗(Paul,2014)认为,该理论不能适用于英国的电子游戏产业发展,因为它没有显现出明显的城市功能集聚效应或是在横向公司间的交互中组织生产。保罗通过对这一知识密集型产业中研发项目工作模式的研究,对这一产业进行解释。研究发现,电子游戏产业的集聚和分布主要有三点相关联的因素:社会性的——在项目研发过程中涵盖更多的人;功能性的——在研发团队中涵盖更多的专家和专业性较强的分项目;空间性的——地理分布跨越更广的空间。这几个新的因素,包括人力因素,说明了在产业社会性空间性扩张的过程中,不仅包含了地理空间上关联知识的集聚,还包含了在实践中的组织重构。

五、促进创意产业发展的政策建议

(一)优化创意产业融资环境

裴和刘(Bae and Yoo,2015)基于创意产业网络外部性,以及由于创新融资市场信息不对称带来的道德风险问题认为，企业和银行各自预期的交互作用在高的网络外部性和低的网络外部性条件下分别均衡。在两处均衡时加入公共政策的效用使得整个系统达到新的均衡。理论模型和经验分析显示，在较低网络外部性条件下，促进创意产业创新的政策实际上减弱了创新能力和银行信心的均衡，在较高网络外部性下，情况相反。创意产业中的企业，尤其是刚刚起步或发展之初的企业，面临没有足够的能力证明和抵押品来获得贷款，同时由于规模小不能进入股票市场融资，这些阻碍了企业获得金融资源。对于银行来说，银行担心贷款匹配到了低创新能力的公司，或者不将贷款用于实际研发工作的公司道德风险（隐藏行为）。政策的作用应当是提高银行贷款信心，同时降低企业的隐藏行为。由于两种均衡的存在，政府为了促进创新能力提升和促进创新融资的政策有时会起到相反的作用，政府应该多依据创意产业创新发展的不同阶段，以及公司与银行的预期交互作用制定政策。同时，政府应该更加关注长期政策，例如提供适当的基础设施建设来促进信息共享和加强信息鉴定，以此来减少信息不对称的程度。这样才能促使创意产业发展不同阶段时银行与企业间的不同预期保持一致。

（二）强化创意产业与城市发展联系的认识

文化复兴策略是城市经济发展的一项重要工具。欧洲的核心文化公共投资不仅仅是为了提高旅游业的发展，也是为了孕育新的创意产业增长带动城市经济发展。罗伯塔和奥利弗（Roberta and Oliver，2014）通过两年时间对纽卡斯尔地区和英格兰东北部地区实地调查，研究揭示了文化创意工作者和当地核心文化发展政策的薄弱联系。他们建议当地决策者应充分认识到创意产业和城市文化复兴的联系。在城市文化复兴的发展过程中，政府与当地文化创意产业企业还存在着结构间隙，虽然一些潜在合作和共赢的支持政策存在于文化复兴的政策背景中，但很少实际发生。在英国，对于艺术文化的投资促进了当地文艺的发展，但当经济衰退时，艺术产业接受投资锐减，从而转型至企业化发展，使得公共艺术和文化越来越接近于创意产业的发展模式，这不利于创意产业和文化复兴策略二者的共赢。

安迪和托马斯（Andy and Thomas，2013）基于金融危机后城市发展动力的视角，揭示了城市发展与创意经济相互依赖的联系框架。他们认为，创意经济对城市发展起着重要的作用，文化产业部门在诸如伦敦、洛杉矶、多伦多、柏林和墨尔本城市经济发展中占有重要地位。但即使在最成功的案例中，文化产业也没有发挥在城市经济面临结构性问题过程中应有的支撑作用。与此对比，在亚洲主要城市中，诸如北京、东京、首尔、河内，文化创意产业在不断扩张，亚洲城市正经历着财政和整个经济的活跃时期，它们的主流服务产业依然坚挺，因此相对于西方国家的城市经济结构，文化创意产业的地位并不那么突出，但随着亚洲主要国家产业结构调整的加速，在政府强有力的经济政策和执行力下，新的文化经济将在城市地区经济发展过正中承担越来越大的责任。

（三）超越经济层面发展创意城市

贾斯汀与凯特（Justin and Kate，2014）针对普拉特和哈顿（Pratt and Hutton，2013）创意城市的观点，重提了"优质城市"概念，重点阐明了文化创意产业应超越追逐经济利益的态度。他们认为"创意城市"的概念来源于"优质城市"的概念，然而现在创意城市的发展已经逐渐局限于经济层面的讨论，当前有必要以"优质城市"为愿景，找到一条超越经济层面的新途径来进一步探讨。

（四）制定有针对性的知识产权保护制度

彭和姚（Peng and Yao，2014）采用实证分析的研究方法，对知识产权保护在文化产业发展不同阶段的强度进行分析认为，知识产权系统具有双刃剑属性。一方面，知识产权保护将促进和鼓励创新工作，这会给版权所有者和创造者更多机会来进行更新和继续研发进而产生积极的社会影响。另一方面，知识产权保护本质上是一种垄断，在追逐利益最大化的过程中，版权所有者很可能试图扩大垄断利润，因而降低社会效益和公共利益。他们使用51个国家在2008年的知识产权进出口数据、GDP、知识产权保护水平构建模型进行回归，将文化创意产业的价值增值过程分成创新设想阶段、试验和生产阶段、推广和销售阶段、使用和体验阶段四个阶段。由于知识产权保护是不分阶段的，因此建议基于文化创意产业的价值链制定定向的知识产权保护方法和路径，通过分析知识产权所处的价值增值的不同的阶段，在第一与第四阶段采用宽松的知识产权保护强度，在第二与第三阶段加强保护。

（五）制定不同层级的文化创意产业发展政策

罗慕洛和伊丽莎白（Rómulo and Elisabet，2014）指出，文化创意产业的国际层面发展政策和地区层面的发展政策是不同的。将国际政策直接"翻译"到地区政策，需要结合地区的具体情况。他们以挪威为例，分析了两者在实际应用上的不同，地区与政策执行相关的内生复杂性决定了制定和实施文化创意产业发展政策需要因地制宜。政策者需要注重地区的特有的传统因素和历史人文因素，例如区域内文化创意产业发展的路径依赖效应等。

一个国家发展创意产业的政策与国家内城市的创意产业政策组成了中心外围关系[①]，随着文化经济概念的发展，创意城市概念也随着创意国家概念而产生，创意城市的政策注重于区域发展，创意国家和创意城市概念的框架是类似的，只是地域范畴不同。在发展中，创意国家的概念逐渐淡出，创意城市的概念逐渐流行起来。对文化产业的管理，在体系建设、市场建设、非营利组织建设和政治领域的建设等方面，各城市要采用差异化战略（Lluís，2011）。

（六）完善适应创意产业发展的教育系统

在针对创意产业与教育体系关系的研究中，桑尼（Sonny，2014）运用多种研究方法，以万隆为例研究发现，学校不仅仅是提供教育的地方，学校与利益相关方的合作在教育发展过程中越来越重要，与外界组织和个人的合作将会增加学生的经验，并促进教学能力和学习能力发展。当前教育系统过度依赖于最终的成绩评价，这种评价体系过多关注考察学生对事实性知识和技能的记忆，对实验性思维、原始性思维和创新能力考察过少。过程评价体系对鼓励创新能力十分有价值，如果能够较好地实施，将会对教育产生巨大贡献。创意产业更需要的是学习型人才，这种人才能够在课堂外的不同环境中自我学习，进而为创意产业带来知识资源。

曼纽尔（Manuel，2014）认为，在工业社会逐步向知识密集型的服

---

① 文化政策的中心外围理论参见 Bonet, L., and Négrier, E., 2010, Cultural Policy in Spain: Processes and Dialectics, *Cultural Trends*, 19 (1-2): pp. 41-51.

务社会转变的过程中，发展和采用新的商业思路变得越来越重要。在这样的环境下，文化要素需要与产业发展相融合。他研究艺术类高等教育如何应对创意产业发展的需求认为，在创意产业中，艺术家需要将自己的作品转变为适销产品，而当前艺术类学生缺少一定的经济心态，高校艺术教育需要同时培养适应在创意产业就业的一种能力。

莉莉（Lily，2011）研究发现，新加坡创意产业的政策应采用自由放任的发展策略和强大的计划引导相结合，即所谓的新加坡模式。对于艺术领域的自由从业者，政府应该制定更加细致的计划，在经济发展措施和数据收集方面（例如在数据库、人力资源调查等方面）都涵盖创意产业自由从业者。为了在未来提供更多的创意产业从业者，新加坡应该首先在教育和培训计划方面作出改革。文化创意产业只有在核心资源——创意从业者的提升中才会繁荣，政府必须建立起一套培养教育系统，建立具有识别创意产业从业者的体系，以及调节创意产业从业者社会安全感的体系。

（七）创意产业的中小城市和企业应对机制

在信息背景下，文化产品变得越来越虚拟化，克雷格（2013）认为，创意产业发展中，物理性质上的城市地位被一点点腐蚀掉。文化产品，如音乐、电影电视可以通过网络被直接消费，这个趋势会继续扩大并涵盖更多的文化产品消费。因此，在这个趋势加速发展的过程中，大城市在创造形成文化产品的过程中，市场基数将被不断放大，中小城市在创意产业中的地位将不断降低。中小城市只有通过创造特定的文化利基市场，发展特色文化产业，才能发展自己的文化创意产业。

劳伦和约翰（Lauren and John，2015）研究了创意中小企业在经济发展下行环境下的应对机制，指出有三个要素不能忽视。第一，生产具有适应能力产品的能力。也就是说，空间上、财务上和业务发展上的适应能力。这种适应能力基于强度大的企业家精神和企业声誉。第二，空间和位置至关重要性。这不仅是由于成本和规模效应，也关乎声誉和集群效应。空间创造了无形资产和无价的竞争优势，对公司来说，尤其是当创意企业坐落于旧工业改造区周围时，会提升企业的灵活性和适应性。第三，具有适应能力和网络化的劳动力。这在应对机制中起到核心作用。

参考文献

1. Ana Cristina Fachinelli, Francisco Javier Carrillo and Anelise D'Arisbo, 2014, Capital System, Creative Economy and Knowledge City Transformation: Insights from Bento Gonçalves, Brazil, *Expert Systems with Applications*, 41: pp. 5614 – 5624.

2. Andy C. Pratt and Thomas A. Hutton, 2013, Reconceptualising the Relationship between the Creative Economy and the City: Learning from the Financial Crisis, *Cities*, 33: pp. 86 – 95.

3. Bell, D. and Jayne, M., 2004, *City of Quarters: Urban Villages in the Contemporary City*, Aldershot, Hants, England; Burlington, VT: Ashgate.

4. Birch, S., 2008, *The Political Promotion of the Experience Economy and Creative Industries: Cases from UK, New Zealand, Singapore, Norway, Sweden and Denmark*, Copenhagen: Samfundslitteratur.

5. Bonet, L. and Négrier, E., 2010, Cultural Policy in Spain: Processes and Dialectics, *Cultural Trends*, 19 (1 – 2): pp. 41 – 51.

6. C. Samuel Craig, 2013, Creating Cultural Products: Cities, Context and Technology, *City, Culture and Society*, 4: pp. 195 – 202.

7. Comunian, R., 2011, Rethinking the Creative City the Role of Complexity, Networks and Interactions in the Urban Creative Economy, *Urban Studies*, 48: pp. 1157 – 1179.

8. Cooke, P. and Lazzeretti, L., 2008, *Creative Cities, Cultural Clusters and Local Economic Development*, Cheltenham, UK: Edward Elgar Publishing.

9. D. Hesmondhalgh, 2002, *The Cultural Industries*, Sage, London.

10. D. Throsby, 2011, *Economics and Culture*, Cambridge University Press, Melbourne.

11. David C. Harvey, Harriet Hawkins and Nicola J. Thomas, 2012, Thinking Creative Clusters beyond the City: People, Places and Networks, *Geoforum*, 43: pp. 529 – 539.

12. Davide Ponzini, Silvia Gugu and Alessandra Oppio, 2014, Is the Concept of the Cultural District Appropriate for Both Analysis and Policymaking? Two Cases in Northern Italy, *City, Culture and Society*, 5: pp. 75 – 85.

13. DCMS, 2001, *The Creative Industries Mapping Document*, Department for Culture Media and Sport, London.

14. Drake, G., 2003, This Place Gives Me space: Place and Creativity in the Creative Industries, *Geoforum*, 34: pp. 511 – 524.

15. Elena MARINOVA and Anca BORZA, 2013, The Creative Industries and New Trends in the Economic World, http://www.management.ase.ro/reveconomia/2013 – 2/10.pdf.

16. Evans, G., 2001, *Cultural Planning: An Urban Renaissance?*, London, New

York: Routledge.

17. Evans, G., 2009, Creative Cities, Creative Spaces and Urban Policy, *Urban Studies*, 46 (5 – 6): pp. 1003 – 1040.

18. Flew, T., 2012, *The Creative Industries. Culture and Policy*, Sage Pub, London.

19. Guy Parmentier and Vincent Mangematin, 2014, Orchestrating Innovation with User Communities in the Creative Industries, *Technological Forecasting & Social Change*, 83: pp. 40 – 53.

20. Helen Weeds, 2012, Superstars and the Long Tail: The Impact of Technology on Market Structure in Media Industries, *Information Economics and Policy*, 24: pp. 60 – 68.

21. Howkins, J., 2001, *The Creative Economy: How People Make Money From Ideas*, Penguin, London.

22. Ieva Moore, 2014, Cultural and Creative Industries Concept-A Historical Perspective, *Procedia-Social and Behavioral Sciences*, 110: pp. 738 – 746.

23. Ieva Rozentale and Mariangela Lavanga, 2014, The "Universal" Characteristics of Creative Industries Revisited: The Case of Riga, City, *Culture and Society*, 5: pp. 55 – 64.

24. Ieva Vitkauskaite, 2015, Cultural Industries in Public Policy, *Journal of International Studies*, 8 (1): pp. 208 – 222.

25. Jane Zheng and Roger Chan, 2014, The Impact of 'Creative Industry Clusters' on Cultural and Creative Industry Development in Shanghai, *City, Culture and Society*, 5: pp. 9 – 22.

26. Justin O'Connor and Kate Shaw, 2014, What Next for the Creative City? *City, Culture and Society*, 5 (3): pp. 165 – 170.

27. Justin O'CONNOR, 2015, Intermediaries and Imaginaries in the Cultural and Creative Industries, *Regional Studies*, 49 (3): pp. 374 – 387.

28. Karenjit Clare, 2013, The Essential Role of Place within the Creative Industries: Boundaries, Networks and Play, *Cities*, 34: pp. 52 – 57.

29. Lauren Andres and John Round, 2015, The Creative Economy in a Context of Transition: A Review of the Mechanisms of Micro-Resilience, *Cities*, 45: pp. 1 – 6.

30. Leonhard Dobusch and Elke Schüßler, 2014, Copyright Reform and Business Model Innovation: Regulatory Propaganda at German Music Industry Conferences, *Technological Forecasting & Social Change*, 83: pp. 24 – 39.

31. Lily Kong, 2011, From Precarious Labor to Precarious Economy? Planning for Precarity in Singapore's Creative Economy, *City, Culture and Society*, 2, pp. 55 – 64.

32. Lluís Bonet, François Colbert and André Courchesne, 2011, From Creative Nations to Creative Cities: An Example of Center – Periphery Dynamic in Cultural Policies,

City, Culture and Society, 2, pp. 3 – 8.

33. Luciana Lazzeretti, Niccolò Innocenti and Francesco Capone, 2015, Does Related variety matter for Creative Industries? Papers in Evolutionary Economic Geography (PEEG), #2015. 10.

34. Luciana Lazzeretti, Rafael BOIX & Francesco CAPONE, 2008, Do Creative Industries Cluster? Mapping Creative Local Production Systems in Italy and Spain, *Industry and Innovation*, 15 (5): pp. 549 – 567.

35. Manuel Dreesmann, Herbert Grüner and Anke Schmidt, 2014, Creative Industries: A New Sphere of Activities for the University of the Arts? Aspirations, Challenges and Restraints of Creative Industries in the Context of Management Education, *Procedia–Social and Behavioral Sciences*, 110: pp. 587 – 594.

36. Martin Kamprath and Dana Mietzner, 2015, The Impact of Sectoral Changes on Individual Competences: A Reflective Scenario – Based Approach in the Creative Industries, *Technological Forecasting & Social Change*, 95: pp. 252 – 275.

37. Martin, R., 2012, Regional Economic Resilience, Hysteresis and Recessionary Shocks. *Journal of Economic Geography*, 12: pp. 1 – 32.

38. Martinaityte E., Kregzdaite, 2015, The Factors of Creative Industries Development in Nowadays Stage, *Economics and Socioligy*, 8 (1): pp. 55 – 70.

39. Mirva Peltoniemi, 2015, Cultural Industries: Product–Market Characteristics, Management Challenges and Industry Dynamics, *International Journal of Management Reviews*, 17 (1): pp. 41 – 68.

40. Mommaas, H., 2004, Cultural Clusters and the Post–Industrial City: Towards the Remapping of Urban Cultural Policy, *Urban Studies*, 41 (3): pp. 507 – 532.

41. Paul Vallance, 2014, Creative Knowing, Organisational Learning, and Socio–Spatial Expansion in UK Videogame Development Studios, *Geoforum*, 51: pp. 15 – 26.

42. Pol, E. and Ville, S., 2009, Social Innovation: Buzz Word or Enduring Term? *The Journal of Socio–Economics*, 38 (1): pp. 878 – 885.

43. Pratt, A. C. and Hutton, T. A., 2012, Reconceptualising the Relationship between the Creative Economy and the City: Learning from the Financial Crisis, *Cities*, 33: pp. 86 – 95.

44. Reyes Gonzalez, Juan Llopis and Jose Gasco, 2015, Social Networks in Cultural Industries, *Journal of Business Research*, 68: pp. 823 – 828.

45. Roberta Comunian and Oliver Mould, 2014, The Weakest Link: Creative Industries, Flagship Cultural Projects and Regeneration, *City, Culture and Society*, 5: pp. 65 – 74.

46. Rómulo Pinheiro and Elisabet Hauge, 2014, Global Scripts and Local Translations The Case of Cultural and Creative Industries (CCIs) in Norway, *City, Culture and Society*,

5: pp. 87 – 95.

47. Roodhouse, S., 2006, *Cultural Quarters: Principles and Practice*, Bristol: Intellect.

48. S. D. Cunningham, 2002, From Cultural to Creative Industries: Theory, Industry, and Policy Implications, *Media International Australia Incorporating Culture and Policy: Quarterly Journal of Media Research and Resource*, 102: pp. 54 – 65.

49. Sang Hoo Bae and Kyeongwon Yoo, 2015, Economic Modeling of Innovation in the Creative Industries and Its Implications, *Technological Forecasting & Social Change*, 96: pp. 101 – 110.

50. Sangkil Moon and Reo Song, 2015, The Roles of Cultural Elements in International Retailing of CulturalProducts: An Application to the Motion Picture Industry, *Journal of Retailing*, 91 (1): pp. 154 – 170.

51. Sanjay Goel, Paul Miesing and Uday Chandra, 2010, The Impact of Illegal Peer-to-Peer File Sharing on the Media Industry, *California Management Review*, 52 (3): pp. 6 – 33.

52. Scott, A. J., 1997, The Cultural Economy of Cities, *International Journal of Urban and Regional Research*, 21 (2): pp. 323 – 339.

53. Shu-Lien Chang, 2012, Intangible Value Accumulation in Cultural and Creative Industries, *International Journal of Research in Commerce & Management*, 3 (6): pp. 1 – 7.

54. Sonny Rustiadi, 2014, *Creating Better Education System, Building Stronger Human Capital: A Creative Industries Perspective*, The 6th Indonesia International Conference on Innovation, Entrepreneurship and Small Business, 12 – 14 August 2014.

55. Stern, M. J. and Seifert, S., 2010, Cultural Clusters: The Implications of Cultural Assets Agglomeration for Neighborhood Revitalization, *Journal of Planning Education and Research*, 29 (3): pp. 262 – 279.

56. Su-Hyun Berg and Robert Hassink, 2014, Creative Industries from an Evolutionary Perspective: A Critical Literature Review, *Geography Compass*, 8/9: pp. 653 – 664.

57. Tae Kyung Sung, 2015, Application of Information Technology in Creative Economy: Manufacturing vs. Creative Industries, *Technological Forecasting & Social Change*, 96: pp. 111 – 120.

58. Tae Kyung Sung, 2015, The Creative Economy in Global Competition, *Technological Forecasting & Social Change*, 96: pp. 89 – 91.

59. Townley, B. and Beech, N., 2010, *Managing Creativity: Exploring the Paradox*, Cambridge University Press.

60. U. Dolata, 2009, Technological Innovations and Sectoral Change: Transformative Capacity, Adaptability, Patterns of Change: An Analytical Framework, *Research Policy*, 38 (6): pp. 1066 – 1076.

61. Ummu Hani, Irna Azzadina, Corinthias Pamatang Morgana Sianipar, Estav Huda Setyagung and Tomohisa Ishii, 2012, Preserving Cultural Heritage through Creative Industry: A Lesson from Saung Angklung Udjo, *Procedia Economics and Finance*, 4: pp. 193 – 200.

62. UNCTAD, 2008, *The Creative Economy Report*, *The Challenge of Assessing the Creative Economy*: *Towards Informed Policy-Making*, Geneva/New York: UNCTAD/UNDP.

63. UNESCO Institute for Statistics, 2009, *Framework for Cultural Statistics*, Paris: UNESCO.

64. Vincent Mangematin, Jonathan Sapsed and Elke Schüßler, 2014, Disassembly and Reassembly: An Introduction to the Special Issue on Digital Technology and Creative Industries, Technological Forecasting & Social Change, 83: pp. 1 – 9.

65. Vytautas Snieska and Akvile Normantiene, 2011, The Role of Creative Industries in International Trade: Lithuanian Case, Economics and Management, 16: pp. 338 – 344.

第六章 金融自由化问题研究的新进展

麦金农和肖提出金融自由化理论后，金融自由化问题始终是国外学者研究的重点，不仅继续关注金融自由化对经济增长的影响，而且进一步扩展到金融自由化对货币需求、货币供给、商业银行和金融稳定等方面的影响。

一、金融自由化的经济增长效应

关于金融自由化是否促进了经济增长，一方面，许多学者认为金融自由化可以通过将储蓄转化为投资，从而促进经济增长，另一方面，金融自由化也被认为是导致经济和金融危机的潜在因素而受到批评。许多学者对此进行了实证研究，但从当前研究的总体情况来看未有定论。主要观点有：

（一）金融自由化促进经济发展但不显著

布曼、赫米斯和林森科（Bumann, Hermes and Lensink, 2013）基于60篇实证研究文献的441个T统计量，使用元分析（Meta-analysis）方法，对探索金融自由化与经济增长之间关系的实证研究进行分析发现，尽管金融自由化平均而言对经济增长有正向影响，但是这种影响并不显著。奥乌苏和汉博（Owusu and Odhiambo, 2014）证明了金融自由化的政策在长期和短期内对尼日利亚的经济增长都具有显著的正向影响。该研究采用自回归分布滞后模型（ARDL），将GDP（除去石油、天然气和金融服务部门的贡献）作为测量增长的指标，证明了经济增长和金融自由化之间的长期关系，并通过主成分分析计算出了代表这种关系的指数。研究建议在尼日利亚推行金融自由化政策以刺激经济增长，但考虑到金融市场容易出现市场失灵，研究也告诫不要采取放任的方式来进行金融改革。

（二）金融自由化抑制经济增长

约茨德米尔（Ozdemir，2014）研究了金融自由化对生产率增长的影响。该研究基于1995~2007年间欧盟国家的季度纵向面板数据，通过静态和动态面板模型证明了长期经济增长和金融自由化指标之间的联系。实证结果显示，金融自由化与经济增长具有显著的负相关关系，表明后欧盟国家的经济增长并不是由金融市场的自由化导致的。布曼、赫米斯和林森科（Bumann，Hermes and Lensink，2013）也指出，应用20世纪70年代以后数据的研究中有更多的金融自由化系数为负，这表明20世纪70年代后的金融自由化政策与经济增长之间具有更强的负相关关系。

阮、范和巴尔（Nguyen，Pham and Bhar，2014）研究了金融自由化进程影响下外商直接投资与经济增长的关系，该研究聚焦于外商投资最为活跃、金融市场化进程最为紧迫的新兴市场。对1980~2004年间24个新兴国家市场的数据分析表明：外商直接投资与经济增长没有直接的联系，而是通过与金融自由化的交互关系产生影响。金融自由化与经济增长具有负相关关系，这表明新兴市场的机构并不能够应付短期资本流动的不稳定性，金融自由化导致的短期资本流动减弱了外商直接投资对经济增长的积极效果。该研究结果意味着，新兴市场的政府应当致力于提高本国机构的效率，并制定有利于将外商投资带来的收益最大化的策略和规章。

（三）金融自由化对经济增长的影响存在时间效应差异

惠和威扎瑞特（Hye and Wizarat，2013）采用1971~2007年的年度数据，研究了巴基斯坦金融自由化指数（FLI）和经济增长之间的关系。该研究采用自回归分布滞后（ARDL）技术获得短期和长期的系数。实证结果表明，在短期内FLI与经济增长具有正相关关系，从长期看FLI与经济增长的关系并不显著。

二、金融自由化对经济增长的影响机制

(一) 通过推动创新促进经济发展

昂（Ang，2014）基于发展速度快、体量规模大的发展中国家——印度的经验，研究了金融部门政策在激发知识创新方面的角色。对印度1963~2005年的时间序列数据进行分析发现，除了利率管制有利于激发创新外，其他类型的金融抑制政策——现金储备、流动性方面的高要求，以及直接的信贷管控等，都对创新有抑制作用。研究结果在一定程度上支持了金融部门改革能够通过促进创新来推动经济发展的观点。

(二) 通过影响移民推动经济发展

很多研究都是单独探讨金融自由化的影响或者移民的原因和后果，米特拉、邦和乌纳瓦（Mitra，Bang and Wunnava，2014）基于1985~2000年间数据，首次研究了金融自由化对高技能劳动力移民的影响。该研究通过探索性因子分析，区分出了金融自由化因子的两个维度——市场健全程度和不受政府直接管控的自由程度，以及机构质量水平因子的三个维度——政权的类型和连续性、经济体中的选举竞争情况，以及没有体现在选举中的其他政治实践。研究发现，金融自由化的各个维度对移民选择产生了不同影响，一国金融部门健全程度的改进（债券市场的发展、银行监管的完善、利率和资本管控的解除）对技术移民选择具有显著的正向明显，一国金融部门不受政府管控的自由程度对移民程度的增加则不具有统计意义上的显著影响。该研究还进一步发现，金融自由化对移民的影响依各个国家机构质量水平的不同而各异，并且机构质量水平的不同维度对移民选择具有不同影响。政权的可信性对于技术移民的选择没有直接影响，但是却增大了金融部门健全程度对移民选择的正向影响，而机构因子的其他维度都不具有这种增强作用。诸多研究成果已经证实，技术移民有利于人力资本的形成和技术转移，能够提高技术投资的预期收益并便利国外直接投资。金融自由化可以通过推动移民选择方面的进步，从而对发展

中国家的经济发展前景产生积极影响。

（三）通过企业的信贷约束影响经济增长

奥图尔（O'Toole，2014）使用涵盖48个发展中转型国家企业层面的数据，研究了金融自由化对投资可获得性的影响。该研究提出的测量金融自由化的指数涵盖多个政策维度：包括定向贷款、信贷控制、存款准备金要求、银行的国家管控、国际金融流动的开放性、银行市场准入、审慎监管及证券市场发展。研究结果表明，金融自由化可以大大减少企业的信贷约束，这对成立时间较短的企业以及本国中小型私有企业来说尤其明显。但对撒哈拉以南的非洲地区的研究表明，金融自由化实际上增加了企业的金融约束，这可以用来解释尽管致力于推进金融改革，但这片地区预期的经济增长却没有实现的原因。

（四）通过契约执行力度影响经济增长

思杰利（Saygili，2013）研究了在契约强制执行受限的情况下，国际资本流动的开放是否改进了生产率。研究建立了一个契约执行强度不同的两国模型，并分析了金融市场一体化给两个国家带来的不同后果。研究发现，具有较强契约执行力度的国家在金融市场一体化后生产率得到了改进，而强制执行力度较弱的国家的生产率则发生了恶化。实证分析表明，资本账户自由化对经济增长的影响取决于契约强制执行程度。

（五）通过外资银行进入影响经济增长

在新兴国家，信贷市场自由化的动力往往来自于外资金融机构进入所导致的金融深化。但是，这种信贷市场的自由化可能会以牺牲国内交易为代价，只是对出口导向的交易和国际化商业行为有益。法拉利和米内蒂（Ferraris and Minetti，2013）建立了两部门经济模型，模型中外资银行在从国际交易抵押资产中获取价值方面比本土机构更有效率。研究表明，在某些情况下，虽然外资银行的进入使得企业获取信贷资金变得更为容易并且提高了资产价格和产出，但在一些情况下却减少了信贷市场的深度并压低了非贸易类资产的价格和产出。因外资银行进入而催生的金融自由化导致了信贷资金从非贸易部门到贸易部门的再分配,这会对经济产生抑制作用。

三、金融自由化与货币需求和供给

(一) 金融自由化与货币需求

稳定的货币需求函数是制定和执行货币政策的前提条件,因此许多文献研究了金融自由化对货币需求的影响途径。对不发达经济体而言,金融发展导致货币需求的稳定或者不稳定未有定论。

汗和惠 (Khan and Hye, 2013) 研究了巴基斯坦金融自由化对货币需求的影响。该研究使用了 JJ 协整检验和自回归分布滞后模型 (ARDL) 的分析方法,估计了广义货币 M2 和金融自由化综合指数之间的长期均衡关系,并同时考虑了 GDP、实际存款利率和汇率三个决定货币需求的变量。该研究采用递归残差、CUSUM 和 CUSUMSQ 检验验证了参数稳定性,从而评估了模型的稳定性。实证结果表明,对于广义货币 M2 而言存在一个长期的货币需求函数,金融自由化、国内生产总值和实际存款利率对长期和短期货币需求均产生正向影响。

然而,帕德尔和佩雷拉 (Paudel and Perera, 2013) 探讨斯里兰卡 1963~2008 年期间金融自由化对货币需求的影响则表明,金融自由化并没有像麦金农—肖假说所声明的那样,与货币需求具有强烈的正相关关系,甚至于无论长期还是短期内二者的关系都是负向的。尽管如此,他们的研究仍发现,1977 年发起的汇率与利率改革对扩大广义和狭义货币需求都做出了很大贡献。

(二) 金融自由化与货币供给

奥兹古尔和额特科 (Ozgur and Erturk, 2013) 研究了金融市场化期间的内生货币情况。研究表明,1995 年后银行总信用与美国广义货币供给并没有显著的相关关系,导致这个结果的主要原因是以共同货币市场基金形式存在的非银行储蓄的兴起以及资产证券化。金融自由化之前,银行总信用与广义货币供给是简单明晰的：新的银行储蓄因贷款的发放而产生，因贷款的偿还而消失；在银行的资产负债表上，总储蓄构成了总负债并且基本与广义货币供给量相当。但是，金融自由化推进之后，并不是所有银行贷款创造的储蓄都会以银行储蓄形式回笼，因为储蓄可以转化为非储蓄债务，而在资产方的贷款却没有相应减少，更进一步的，银行贷款也会通过资产证券化从资产负债表上消失。

四、金融自由化与商业银行

（一）金融自由化对银行经营风险的影响

关于金融自由化对商业银行风险的影响，学界存在争论。一种观点认为，金融自由化未导致银行危机。比如，哈姆迪和杰拉斯（Hamdi and Jlassi，2014）考虑到资本流动波动对经济稳定和增长构成威胁，重点考察了资本流动的角色。他们基于面板 logit 估计，使用两种常见的金融自由化指标（事实上的和法律上的），考察了 1984～2007 年期间 58 个发展中国家的面板数据。与之前许多学者的研究成果不同，他们的研究表明，金融自由化的这两种指标都没有导致银行的危机。

然而，另一种观点则认为，金融自由化增加了银行风险。比如，哈姆迪、哈基米和捷拉西（Hamdi，Hakimi and Djelassi，2013）研究了金融自由化进程中突尼斯银行的经营状况，研究采用 1980～2009 年间 9 家银行的年度数据进行 SUR 分析，结果表明，金融自由化对突尼斯银行的利润产生了负面影响并增加了信贷风险。但是，实证结果也揭示金融自由化显著增强了银行的流动性，这主要是因为储蓄利率的自由化所致。库比拉斯和冈萨雷斯（Cubillas and Gonzalez，2014）通过 83 个国家 4333 家银行的国际样本，研究了金融自由化对银行冒险倾向的影响机制。研究区分了发达国家和发展中国家，结果表明金融自由化增加了发达国家和发展中国家银行的冒险倾向，但是影响机制不同。对于发达国家，金融自由化加剧了银行之间的竞争从而增加了银行的冒险动力，对于发展中国家则是通过增加冒险的机会加剧了银行风险。无论在发展中国家还是发达国家，资本约束均减少了金融自由化对金融稳定的负面影响。

（二）金融自由化对系统性银行危机的影响

梅哲比和拉河堤（Majerbi and Rachdi，2014）从更为全面的金融自由化措施及其与银行监管措施、制度水平交互影响的角度，研究了金融自由化和系统性银行危机之间的关系。该研究使用多元 logit 模型并允许决定系统性银行危机的因素在不同的国家组之间发生变化，基于 53 个国家的样本估算了银行系统性危机发生的可能性。研究结果表明，金融自由化只是在初始阶段一定程度上增加了系统性银行危机的可能性，伴随着金融改革的进一步推进及其带来的金融自由化程度的提高，其具有减少系统性银行危机的趋势。研究还发现，更为严格的银行监管、更好的法律和秩序、稳定的政府、腐败的减少以及官僚效率一般会降低系统性银行危机发生的概率。但是，监管带来的有利影响的大小和显著性在很大程度上取决于金融自由化水平，并随着不同国家的收入和发展水平发生改变。

（三）金融自由化对银行效率的影响

尼尔斯和阿里尔（Niels and Aljar，2015）研究了金融改革对银行效率的影响。该研究区分了两种不同类型的金融改革——金融自由化和银行监管，分别研究了它们和银行效率的关系，并进一步探寻了金融自由化对银行效率的影响是否以银行系统的监管水平为条件。该研究使用 1996～2005 年间覆盖 61 个国家的 87312 个银行年度数据样本，在银行层面上运用随机前沿分析（stochastic frontier analysis）模型计算银行效率。研究结果表明，金融自由化与银行效率具有正向关系，但是这种关系是以银行的监管质量为条件的。如果一个国家的金融自由化是在没有强有力银行监管的背景下展开，自由化的政策往往带来银行效率的降低而不是提高。

（四）金融自由化对资产配置的影响

古普塔、科赫哈和潘思（Gupta，Kochhar and Panth，2015）用 1991～2007 年间印度银行的数据，采用差分估计分析了金融自由化后银行的所有权以及财政赤字的规模如何影响私人部门的信贷配置。研究发现，与私有银行比较，金融市场化后公共银行继续将它们资产的更大比例配置为政府债券，或者持有更多的现金，尤其在财政赤字高的时候会配置更多的资源购买政府债券。

国际金融市场在过去的几十年内的特点是总流动资本的显著增加，非传统金融机构的活跃以及银行的全球化。这导致许多国家都显著形成了自己的国际投资组合，而这些投资组合的规模和结构对于不同的国家是各异的。阿劳约、穆克哈洛娃和斯特夫利·欧卡罗尔（Araujo，Mykhaylova and Staveley-O'Carroll，2015）通过分析155个国家的面板数据，为金融自由化与国际金融资本分配的相关关系提供了新的证据。研究发现，银行部门的自由化是国际资本储备规模和结构的重要决定因素：一国银行体系受监管越少，则持有国际投资组合的头寸越大，这是放松监管导致更低的交易成本和更多类型的金融机构所致；金融自由化程度较高的国家倾向于在国际金融投资组合中持有更大比例的股权类资产，因为金融自由化产生了更多提供套期保值和风险分担机制的金融机构，可以使得本地代理从风险较高的国际股权资产中获得收益；净负债与金融自由化是负相关关系，受到较为严格监管银行体系的国家倾向于持有长期负债，金融自由化程度较高的国家的银行因为资产证券化等原因，能够更有效率地提供债务安全工具，并被缺乏安全保值资产的发展中经济体所购买。

五、金融自由化与金融稳定

（一）金融自由化对金融稳定的影响

1. 金融自由化对汇率波动的影响

卡波拉尔、埃莫和劳尔特（Caporale，Amor and Rault，2014）对新兴国家实际汇率波动的影响因素开展了实证研究，尤其重点关注了国际金融一体化的影响。该研究采用广义矩估计，对1979~2004年间39个发展中国家的动态面板数据进行了分析。研究结果表明，不同类型的冲击（外部冲击、真实冲击和货币冲击）都会导致新兴国家的汇率波动，而国际金融一体化是导致波动的主要驱动力。因此，新兴国家金融自由化和国际国际一体化应该采用渐进推进的策略。

2. 金融自由化对波动和风险传递的影响

本雷哲布和鲍拉拉（Ben Rejeb and Boughrara，2015）研究了正常时期和金融危机时期的新兴市场和发达国家之间的波动关系。该研究运用向量自回归方法，证明波动溢出效应在金融市场是有效的，地理上的接近对波动的传递起到了重要作用，并且金融自由化显著放大了波动和风险的国际传播。

3. 金融自由化与股票市场波动

本·雷哲布和鲍拉拉（Ben Rejeb and Boughrara，2014）比较了在正常时期和金融危机期间金融自由化对新兴股票市场波动的影响。该研究考虑了三种不同类型的经济危机，包括银行、货币以及银行与货币共存的危机，使用处理效应模型（Treatment Effects Model）对1986年1月至2008年12月期间13个新兴经济体的数据进行分析。结果表明，金融自由化并没有给新兴股票市场带来更大的波动，并且伴随金融自由化对金融危机可能性的减弱作用，股票市场的波动逐渐减小。

（二）金融自由化对金融稳定影响机制

1. 通过金融自由化改革动力影响金融稳定

华发（Wafa，2013）研究了金融自由化改革动力对金融稳定的影响。基于金融自由化对汇率的压力在超过一定阈值后会发生改变的假设，该研究使用阈值模型来测量金融自由化的动力。对1980～2008年中东和北非地区9个国家的数据的实证分析表明，金融一体化对投机压力是否具有非线性影响以金融自由化的动力为条件。在金融自由化推进的过程中，对自由化保持最佳动力的国家会面临汇率压力。而没有保持最佳动力的国家，在金融自由化的开始阶段便会面临因投机压力而变得更加脆弱。这表明自由化改革的动力将是一个国家金融稳定的重要决定因素。

2. 通过外资参与影响金融稳定

与以往大部分学者的研究采用国家层面的数据不同，李和谢（Lee and Hsieh，2014）创新采用银行层面的动态面板数据，利用广义矩估计（GMM）对外资参与和金融稳定的关系进行了研究，并探寻了在银行改革的不同情形下这种关系是否发生改变。研究得出结论：外资参与和金融稳定呈倒 U 形曲线关系，信贷市场自由化减弱了外资参与对金融稳定的不利影响。利率自由化和银行监管的放开有利于金融稳定。

参考文献

1. Aidi Wafa, 2013, Liberalization Process and Financial Instability: A Mediterranean Perspective, *Journal of Economic Integration*, 28 (1): pp. 59 – 84.

2. Aniruddha Mitra, James T. Bang and Phanindra V. Wunnava, 2014, Financial Liberalization and the Selection of Emigrants: A Cross-National Analysis, *Empirical Economics*, 47 (1): pp. 199 – 226.

3. Aymen Ben Rejeb and Adel Boughrara, 2014, The Relationship between Financial Liberalization and Stock Market Volatility: The Mediating Role of Financial Crises, *Journal of Economic Policy Reform*, 17 (1): pp. 46 – 70.

4. Aymen Ben Rejeb and Adel Boughrara, 2015, Financial Integration in Emerging Market Economies: Effects on Volatility Transmission and Contagion, *Borsa Istanbul Review*, 15 (3): pp. 161 – 179.

5. Basma Majerbi and Houssem Rachdi, 2014, Systemic Banking Crises, Financial Liberalization and Governance, *Multinational Finance Journal*, 18 (3 – 4): pp. 281 – 323.

6. Chien-Chiang Lee and Meng-Fen Hsieh, 2014, Bank Reforms, Foreign Ownership, and Financial Stability, *Journal of International Money and Finance*, 40: pp. 204 – 224.

7. Conor O'Toole, 2014, Does Financial Liberalisation Improve Access to Investment Finance in Developing Countries?, *Journal of Globalization and Development*, 5 (1): pp. 41 – 74.

8. Durmus Ozdemir, 2014, Economic Growth and Financial Liberalization in the EU Accession Countries, Applied Economics Letters, 21 (13 – 15): pp. 1036 – 1044.

9. Elena Cubillas and Francisc Gonzalez, 2014, Financial Liberalization and Bank Risk-Taking: International Evidence, *Journal of Financial Stability*, 11: pp. 32 – 48.

10. Erasmus L. Owusu and Nicholas M. Odhiambo, 2014, Financial Liberalisation and Economic Growth in Nigeria: An ARDL-Bounds Testing Approach, *Journal of Economic Policy Reform*, 17 (2): pp. 164 – 177.

11. Gokcer Ozgur and Korkut Alp Erturk, 2013, Endogenous Money in the Age of Financial Liberalization, *Review of Political Economy*, 25 (2): pp. 327 – 347.

12. Guglielmo Maria Caporale, Thouraya Hadj Amor and Christophe Rault, 2014, Sources of Real Exchange Rate Volatility and International Financial Integration: A Dynamic Generalised Method of Moments Panel Approach, *Journal of International Development*, 26 (6): pp. 810 – 821.

13. Helmi Hamdi and Djelassi Abdelaziz Hakimi, 2013, Did Financial Liberalization Lead to Bank Fragility? Evidence from Tunisia 2013, *International Journal of Business and Finance Research*, 7 (5): pp. 77 – 88.

14. Helmi Hamdi and Nabila Boukef Jlassi, 2014, Financial Liberalization, Disaggregated Capital Flows and Banking Crisis: Evidence from Developing Countries, *Economic Modelling*, 41: pp. 124 – 132.

15. Hermes Niels and Meesters Aljar, 2015, Financial Liberalization, Financial Regulation and Bank Efficiency: A Multi-country Analysis, *Applied Economics*, 47 (21): pp. 2154 – 2172.

16. James Ang B., 2014, Innovation and Fnancial Liberalization, *Journal of Banking and Finance*, 47: pp. 214 – 229.

17. Leo Ferraris and Raoul Minetti, 2013, Foreign Banks and the Dual Effect of Financial Liberalization, *Journal of Money, Credit, and Banking*, 45 (7): pp. 1301 – 1333.

18. Meryem Saygili, 2013, Financial Liberalization, Limited Contract Enforcement and Productivity, *Journal of Globalization and Development*, 4 (1): pp. 95 – 130.

19. Pedro de Araujo, Olena Mykhaylova and James Staveley-O'Carroll, 2015, Financial Liberalization and Patterns of International Portfolio Holdings, *Empirical Economics*, 49 (1): pp. 213 – 234.

20. Poonam Gupta, Kalpana Kochhar and Sanjaya Panth, 2015, Bank Ownership and the Effects of Financial Liberalization: Evidence from India Gupta, *Indian Growth and Development Review*, 8 (1): pp. 109 – 138.

21. Qazi Muhammad Adnan Hye and Shahida Wizarat, 2013, Impact of Financial Liberalization on Economic Growth: A Case Study of Pakistan, *Asian Economic and Financial Review*, 3 (2): pp. 270 – 282.

22. Quang Ngoc Nguyen, Toan My Pham and Ramaprasad Bhar, 2014, Foreign Direct Investment and Economic Growth during Financial Liberalization Episodes, *International Journal of Economics and Finance*, 6 (8): pp. 91 – 102.

23. Ramesh Chandra Paudel and Nelson Perera, 2013, Does Financial Liberalisation Boost Money Demand? Evidence from Sri Lanka, *Indian Journal of Economics and Business*, 12 (2): pp. 223 – 242.

24. Rana Ejaz Ali Khan and Qazi Muhammad Adnan Hye, 2013, Financial Liberalization and Demand for Money: A Case of Pakistan, *Journal of Developing Areas*, 47 (2): pp. 175 – 198.

25. Silke Bumann, Niels Hermes and Robert Lensink, 2013, Financial Liberalization and Economic Growth: A Meta-Analysis, *Journal of International Money and Finance*, 33: pp. 255 – 281.

第七章 调控政策对房价影响研究的新进展

房价调控政策一直是各国长期关注的热点问题,学者们对此进行了许多相关研究,其中大部分集中在土地政策、财政政策和货币政策三个主要方面。

一、土地政策对房价的影响

关于土地政策对房价的影响研究,国外学者们一般只限于土地供给数量对房价影响的研究,很少涉及土地供应方式和供应结构等其他方面。研究的结论也基本一致,即土地的供给数量与房价成反比关系:减少土地供应量会使房价上升,增加土地供应量会使房价下降。

穆特等(Muth et al.,1976)、奥尔斯等(Ohls et al.,1974)和帕高德兹辛克等(Pogodzinsik et al.,1990)构建了相应的理论模型,证明土地供给的约束机制对土地价格的影响效果要分两种情况:如果是对区位较好的土地进行供给约束,有推动土地价格上涨的效果,进而推动房价上涨;但如果是对开放城市中尚未开发的土地进行供给约束,将不会对土地价格产生很大影响,也就不会给房价带来波动。西格尔和斯里尼瓦桑(Segaland Srinivasan,1985)选取1975~1978年间51个城市的房价数据、利用联立方程模型得出,土地管制会推高城市房价,并给出其量化数值:即在单变量模型下,土地管制会推高3%的城市房价;而在多变量模型中,土地管制会推高1.7%的城市房价。兰迪斯(Landis,1986)通过对美国的相关研究指出,土地使用管制会导致包括提高居住成本、减少住房供应量以及抬高房价在内的一系列后果。博拉霍夫斯基和瓦克泰(Pollakowski and Wachter,1990)用计量检验的方法,分析了土地供给限制对房价的影响。通过对美国华盛顿地区蒙哥马利郡土地与房价的溢出效应和土地的限制供给之间的关系进行研究，指出土地利用限制的严格程度与土地价格和房价是正相关的，并且认为其对房价的影响也会波及已经开发的土地。劳伦斯·汉娜等（Lawrence Hannah et al.，1993）通过实证的方法研究了韩国的土地控制与房价之间的关系指出，韩国城市住宅用地的增长远落后于城市人口的增长，据此认为房价的上涨是由于城市住宅用地价格的上涨引发的，而城市住宅用地价格上涨又是由于土地控制而导致的供应短缺造成的。彭和惠顿（Peng and Wheaton，1994）通过搜集中国香港1965~1990年的相关数据，用计量分析法研究中国香港的土地供应与房地产市场之间的影响关系发现，土地供给约束的溢出效应会使人们对房价的预期上升，最终会导致土地和房价双重上涨。马尔佩齐（Malpezzi，1996）认为，从土地管制会使住房自有率下降，从而导致租房需求增加，并进而推动租金以及房价的上涨。阿兰·W·埃文斯（Alan W. Evans，1996）认为，包括土地利用规划在内的各种对土地利用的限制都会抬高土地价格，并因此抬高房价。考科（Kauko，2001）认为，土地政策对完善土地市场、土地价格甚至住房质量都有很大影响，而当总的土地没有出现限量供给时，土地规划等政策对房地产的价格更是有直接的重大影响。

布拉姆利（Bralmley，1993）研究英国的土地利用计划对住房供应和价格的影响得出了土地利用计划使得土地使用效率大幅度提高的结论。土地利用计划不但减少了住宅开发过程中对土地的使用量，还同时增加了住房供应量，并因此降低了房价。温基和西沃古鲁·加尼森（Winky and Sivaguru Ganesan，1998）通过建立经济模型来研究中国香港地区土地供应政策对城市住宅市场影响发现，增加土地供应会相应降低房价。

二、财政政策对房价的影响

财政政策对房价的影响分为财政支出政策和财政收入政策对房价的影响两方面，绝大部分研究都集中在后者。

（一）财政支出政策对房价的影响

学者们对财政支出政策对房价的影响研究结论较为统一，普遍认为财政支出用在与教育、医疗、社会保障等相关的公共设施方面会增加房地产的附加值，所以财政支出对房价存在显著的正向影响。如博拉霍夫斯基等（Pollakowski et al.，1990）和贝斯利等（Besley et al.，1998）。之后，A. R. 哈里斯等（A. R. Harris et al.，2001）又对其进一步细化研究认为，对房价存在显著影响的是地方政府而非中央政府的财政支出。

（二）财政收入政策对房价的影响

房地产的财政收入政策主要指与房地产相关的税收政策，国外学者关于税收对房价的影响研究开展得比较早，成果也比较多。现有的相关理论主要分为传统理论、受益理论及新观点。综合各种理论观点，其核心内容为：在需求缺乏弹性的前提下，房地产开发者很容易将税收转嫁给购买者，导致房价上涨；而在需求富有弹性的情况下，需求相对供给下降得更快，购房者相对减少，导致房价下降。从现实生活来看，房地产消费者的购房需求通常缺乏弹性，而投资者的购房需求则富有弹性。所以，在消费占主导地位的房地产市场上，增加房地产的相关税收容易导致房价上涨；而在投资占主导地位的房地产市场上，增加房地产的相关税收容易导致房价下降。

1. 传统理论

传统理论认为，从长期来看房地产的供给富有弹性，而需求却缺乏弹性。所以房地产税收可以很容易地转嫁给房地产购买者，从而直接引发房价上涨。同时也导致房地产的供给下降，是一种无效税收。传统理论是由西蒙（Simon，1943）提出的，之后许多学者对其进行了补充和拓展。查尔斯和苏珊娜（Charles and Susanne，1994）对美国不动产税收体制进行深入分析之后得出：政府对房地产开发商收税并没有对其产生很大的影响，因为房地产开发商会提高房价，从而将这项税收转嫁给购房者。张等（Cheung et al.，2009）研究表明，房地产相关税收和建筑成本等因素共同推进了房价的快速上涨。拜伦·弗卢茨（Byron Flutz，2008）的结论主要有两个：一是认为房地产税收的收入弹性与房价相关；二是认为房价的变动不会立即影响房地产税收。也就是说，税收调整对房价的影响要经过相当一段时间才会显现。具体来说，其研究表明，在税收收入弹性为 0.4 的情况下，需要 3 年的时间，税收的变动才会反映到房价上。

2. 受益理论

受益理论由蒂布（Tiebout，1956）最早提出。蒂布构建了地方公共支出理论模型，认为房地产税是有效的税收，不会造成福利损失，因为消费者完全可以在不同社区间自由流动。之后，布鲁斯·汉密尔顿等（Bruce Hamilton et al.，1975）对蒂布所构建的模型进一步丰富和完善，指出房地产税的本质是消费者购买资产保护等公共服务的费用，无关其他，所以不会扭曲市场，是一种有益的税收。

3. 新观点

新观点与传统观点都认为房地产税是无益的税种，但二者的理由却正好相反，新观点从房地产的投资属性出发，认为房地产的需求富有弹性。征收房地产税会使资本的收益率下降，导致房地产投资减少，从而会引发房价下跌。所以说房地产税会降低资源配置的效率，是扭曲的税种。

奥茨（Oates，1969）调查研究了美国新泽西州的 53 个城镇发现，房价与地区公共支出水平呈正相关，与财产税呈负相关，并指出：由提高房地产税率带来的不利影响可以为公共服务水平提高而带来的利益所抵消，因此房价未必会下降。在此之后，梅什科夫斯基（Mieszkowski，1972）提出了新观点。左德罗等（Zodrow et al.，1986）又对新观点进行了拓展论证指出，地方政府为避免房地产税税负过高导致资本外流，会尽量降低公共服务水平来压缩公共服务支出，也就降低了资源配置的效率。涂勇（Yong Tu，2003）和希恩-库恩（Khin-Kun，2009）等也对此进行了研究，得出了相同的结论。此外，戴维·C·利尼（David C. Ling，2004）也通过大量抽样检测和实证研究指出，房产税与房价之间呈反向关系。加文·伍德（Gavin Wood，2006）运用微观模型，研究了澳大利亚的房地产调控政策对房地产需求选择的影响，指出房地产税可以通过改变房地产的相对租赁价格、购买价格以及购房者的选择等因素来影响房价。另外，金（Kim，1990）和约翰·D·本杰明等（John D. Benjamin et al.，1993）还专门分析了房地产转让税对房价的影响，但二者研究了不同国家的数据，得出了不同的结论。金研究的是房地产转让税对韩国房价的影响，结论是较高的房地产转让税率对房地产的交易行为起到了明显的抑制作用。本杰明等研究的是房地产转让税对美国费城房价的影响，证明房地产的价格虽然不出意料的下降，但房地产的交易数量并没有明显下降。这说明了房地产转让的税负基本上由卖方承担,本杰明等把这种情况归因于资本市场的不完善。

三、货币政策对房价的影响

有关货币政策对房价的调控效果,国外有很多学者进行了研究。少数学者认为虽然货币政策与房价之间确实存在着必然的联系,但认为这种联系非常微弱,无法形成有效的调控(Frederic S. Mishkin, 2002)。普洛泽和查尔斯(Plosser and Charles, 2007)把这种情况归咎于金融创新和违规操作所导致的二者之间的关系弱化。除此之外,大多数学者都认为货币政策与房价之间存在着密切的关联,并将货币政策对房价的影响研究大致分为利率、信贷和资产组合效应等几个方面。

(一)利率对房价的影响

利率对房价的影响主要是通过资本的使用成本来实现的。原则上,当利率提高时,资本的使用成本也随之提高,房地产的需求也会下降,房价就会降低。国外学者在研究利率对房价的影响时,只有少数学者认为利率对房价有一定的正面影响。例如,肯尼(Kenny, 1999)和古德曼(Goodman, 1995)。除此之外,大部分学者都认为利率对房价有显著的负面影响。基南等(Keenan et al. , 1980)、阿哥沃尔等(Agarwal et al. , 1984),以及亚伯拉汉姆等(Abraham et al. , 1996)用实证的方法证明了利率与房价之间的反向关系,即提高利率将导致投资需求减少和房价下降。亚科维耶洛(Iacoviello, 2005)建立了结构性向量自回归模型,并以此研究英国、瑞典、西班牙、意大利、法国、德国6个欧洲国家中,各项宏观政策因素在25年内对房价的影响,得出结论认为,利率增加会导致房价下降。麦奎因等(McQuinn et al. , 2006)通过研究爱尔兰房价与利率的关系发现,利率下降使爱尔兰房价骤增。

在此基础上,学者们还进行了细化研究,分别对名义利率和实际利率、短期利率和长期利率对房价的影响进行了研究。阿塞鲁斯和梅尔策(Arcelus and Meltzer, 1973)认为,与住宅价格之间存在较为明显负向关系的是名义利率。哈里亚(Harria, 1989)通过计量经济分析也认为,名义利率与住宅价格呈反向关系。因为名义抵押贷款利率是影响房地产增值预期的主要变量,由于预期的影响,房地产市场对抵押贷款利率的变化会很敏感。另一方面,曹冬楚(Dongchul Cho, 2004)从房地产租赁的角度来解释其与利率的关系认为,房地产的租赁抵押价格与实际利率密切相关,实际利率降低则租赁抵押价格上升。本曼克和格特勒(Bemanke and Gertler, 1995)指出,就利率对房地产市场价格的影响来讲,长期利率的变动既不显著也不持续,真正能够起作用的是短期利率,其变化所带来的影响显著且持续。

还有一些学者进行了量化研究。其中青木(Aoki, 2002)和亚科维耶洛(2002)分别采用了 VAR 模型来研究利率对房价的影响,并得出了不同的量化结论。青木的结论是利率 50 个基准点的冲击会导致房价下降 0.8%。亚科维耶洛的结论是利率 50 个基准点的冲击会导致房价下降 1.5%。

(二) 信贷政策对房价的影响

房地产市场中的供求双方都存在金融约束,所以金融机构对双方的信贷政策会在相当程度上影响其资金情况,从而影响房地产市场的供求情况以及房价。学者们普遍认为信贷与房价之间有着不可分割的关系,其中多数学者认为是信贷政策影响了房价,少数学者认为是房价反过来影响了信贷政策。

钱伯斯等(Chambers et al., 2009)研究了 1994~2005 年间,美国各种形式的银行抵押贷款合同对购房的影响,结论是,抵押贷款的相关政策与住宅自有率增加有着密切的关系,因此也与房价波动有着明显的联系。贝特朗(Bertrand, 1996)指出,在市场管制放松的条件下,大量的信贷资金将投向房地产市场,从而推动了房价的上涨。阿伦和盖尔(Allen and Gale, 1998; 2000)、麦金农和菲尔(Mckinnon and Phill, 1998)以及克鲁格曼(Krugman, 1998)在此基础上进一步分析认为,房价持续上升会导致房地产投资者对未来房价的预期提高,使其投入更多的资金,而银行也会加大对房地产行业的信贷力度,双方(银行和房地产投资者)共同作用,使房价大幅上升。而当房价高于通货膨胀率时,就会导致房价泡沫的产生。如果这种情况没有得到有效控制,泡沫将会越来越大,直至破裂并引发金融危机。弗莱彻等(Fletcher et al., 2000)分析了 1994 年在美国斯托克市的 1400 个销售数据也认为，抵押信贷政策对房地产市场会产生影响，即个人住宅抵押信贷扩张会增加房地产市场供给，进而影响房价。银景（Eunkyung，1998）、马泰奥（Matteo，2000）和威廉姆（William，2002）还通过建立 VAR 模型，对货币供给量与房屋价格和房屋销售量的月度数据进行实证分析发现，货币供应量与房价正向相关，并且货币政策对房价的影响十分强烈，紧缩的货币政策与短期利率上升引发了房价明显和持续的下降，即信贷收缩对房价有着明显的控制作用。柯林斯等（Collyns et al.，2002）利用向量自回归模型，分析了 1979～2001 年间发生东亚金融危机国家的房地产贷款情况与房价之间的关系，研究表明，信贷对房价的正向影响的作用时间在信贷增加的 6 个季度内。

还有一些学者分别以不同地区的数据研究了房价、贷款情况和国民生产总值三者之间的关系。霍夫曼（Hofmann，2003）以 20 个主要工业化国家的房地产市场为研究对象，格拉克和彭（Gerlach and Peng，2005）以中国香港房地产市场为研究对象，对 1982 年初至 2001 年末的季度数据进行实证分析发现，在三者之间存在长期稳定的关系。但指出，是房价的周期性变化导致了银行信贷的周期性变化，而银行的信贷却并不影响房价。

（三）资产组合效应对房价的影响

资产分为货币资产和非货币资产两种形式，持有货币资产不会获得收益但也没有风险，是一种安全性资产；而持有非货币资产可能获得收益但同时也要承担风险，是一种风险性资产。房地产是非货币资产的一种，属于风险性资产。在扩张性货币政策下，利率降低、货币供给量增加，会使货币资产的边际效用下降，非货币资产的边际效用上升。根据边际效用原理，投资者会减少其货币资产的数量，增加其非货币资产的数量，进而导致房地产需求上升、房价上涨。

基尔和米什金（Kearl and Mishkin，1977）研究了货币政策对房地产市场的影响，指出扩张性的货币政策会导致房地产的存量和流量同时变动。相比之下，存量市场的敏感度更甚于流量市场。凯里（Carey，1990）的房地产研究模型指出，房价与投资者需求数量、房地产供给数量、货币政策的松紧、购房者的收入高低等诸项因素有关。内格罗和奥特罗克（Negro and Otrok，2007）分析了 1986～2005 年美国各州的季度数据指出，宽松的货币政策对房价繁荣起到了相当程度的作用。乔纳森等（Jonathan et al.，2002）通过建立 VAR 模型，研究了货币政策对美国房价的影响，证明货币政策对房价有很明确的调控作用，可以通过紧缩的货币政策来有效抑制房价的波动。

参考文献

1. Abraham, J. M., Hendershott, P. H., 1996, Bubbles in Metropolitan Housing Markets, *Journal of Housing Research*, 7 (2): pp. 191 – 207.

2. Agarwal, V. B. and Phillips, R. A., 1984, Mortgage Rate Buy–Downs: Implications for Housing Price Indexes, *SocialScience Quarterly*, 65: pp. 868 – 875.

3. Alan W. Evans, 1996, The Impact of Land Use Planning and Tax Subsidies on the Supply and Price of Housing in Britain: A Comment, *Urban Studies*, 33 (3).

4. Allen, F. and Gale, D., 1998, Optimal Financial Rises, *Journal of Finance*, 53: pp. 1245 – 1284.

5. Allen, F. and Gale, D., 2000, Financial Contagion, *The Journal of Political Economy*, 108 (1): pp. 1 – 33.

6. Amy Rehder Harris, William N. Evans and Robert M. Schwab., 2001, Education Spending in an Aging America, *Journal of Public Economics*, 81 (3): pp. 449 – 472.

7. Aoki, K., Proudman, J. and Vlieghe, G., 2002, Houses as Collateral: Has the Link between House Prices and Consumption in the U. K. Changed?, *Economic Policy Review*, 8: pp. 163 – 177.

8. Arcelus, F. and A Meltzer, 1973, The Markets for Housing and Housing Service, *Journal of Money, Credit and Banking*, 5 (1): pp. 2177 – 2198.

9. Bemanke, B. M., Gentler Inside, 1995, The Black Box: The Credit Channel of Monetary Policy Transmission, *Journal of Economic Perspectives*, 4: pp. 27 – 48.

10. Bertrand, R., 1996, The 1985 – 1994 Global Real Estate Cycle: Its Causes and Consequences, *World Baxik Policy Research Working Paper*, 3: pp. 1452 – 1995.

11. Besley, T. J. and H. S. Rosen, 1998, Vertical Externalities in Tax Setting: Evidence from Gasoline and Cigarettes, *Journal of Public Economics*, 70: pp. 383 – 398.

12. Bralmley, 1993, Land Supply and Growth Control, *Journal of Public Economies*, 57: pp. 393 – 416.

13. Carey, M., 1990, Feeding the Fad: the Federal Land Banks, Land Market Efficieney, and the Farm Credit Crisis, *Ph. D Dissertation*, University of Californiaat Berkeley.

14. Chambers, M., Gamga, C. and Sehlagenhauf, D. E., 2009, Accounting for Changes in the Home Ownership Rate, *International Economic Review*, 50 (3): pp. 677 – 726.

15. Charles Supan and Susanne, J. G. M, 1994, Household Formantion, Housing

Prices, and Pulbilc Policy Impacts, *Journal of Public Economics*, 30: pp. 145 – 164.

16. Chales Collyns and Abdehak Senhadji, 2002, Lending Boom, Real Estate Bubbles and the Asian Crisis, *IMF working Paper*, WP/02/20.

17. Cheung Ron, Ihlanfeldt Keith and Mayock Tom, 2009, The Regulatory Tax and House Price Appreciation in Florida, *Journal of Housing Economic*, 1: pp. 34 – 48.

18. Dongchul Cho, 2004, Interest Rate, Inflatiou, and Housing Prices: With an Emphasis on Chonsei Price in Kroea, presented at fifteenth NBER East Asia Seminar on Economics at Tokyo.

19. Eunkyung Kwon, 1998, Monetary Policy, Land Prices, and Collateral Effects on Economic Fluctuations: Evidence from Japan, *Journal of the Japanese and International Economies*, 12: pp. 175 – 203.

20. Fletcher, M., Gallimore, P. and Mangan, J., 2000, Heteroscedasticity in Hedonic House Price Models, *Journal of Property Research*, 17 (2): pp. 93 – 108.

21. Frederic S. Mishkin, 2002, Understanding Financial Crisis, A Developing Country Perspective, *NBER working paper*.

22. Gavin Wood, 2006, Microsimulation Modelling of Tenure Choice and Grants to Promote Home Ownership, *Australian Economic Review*, 39 (1): pp. 1 – 21.

23. Geoff Kenny, 1999, Modelling the Demand and Supply side of the Housing Market: Evidence from Ireland, *Economic Modelling*, 16: pp. 389 – 409.

24. Gerlach, S., Peng, W., 2005, Bank Lending and Property Prices in Hong Kong, *Journal of Banking and Finance*, 29: pp. 461 – 481.

25. Goodman, J. L., 1995, Interest Rates and Housing Demand 1993 – 1995, Common Sense versus Econometrics Paper presented at the Mid-year AREUEA Meeting.

26. Hamilton and Bruce, 1975, Zoning and Property Taxation in a System of Local Governments, *Urban Studies*, 12 (2): pp. 205 – 211.

27. Harria, J., 1989, The Effect of Real Rates of Interest on Housing Prices, *Journal of Real Estate Finance and Economics*, 2: pp. 47 – 60.

28. Hofmann and Boris, 2003, Bank Lending and Property Pricey: Some International Evidence, *Hong Kong Institute for Monetary Research Working Paper*.

29. Iacoviello, M., 2005, House Prices, Borrowing Constraints, and Monetary Policy in the Business Cycle, *American Economic Review*, 95: pp. 739 – 764.

30. Iacoviello, M., 2002, House prices and business cycles in Europe: A VAR analysis, *Boston College Working Paper* 540.

31. John D. Benjamin, N. Edward Coulson and Shiawee X. Yang, 1993, Real Estate Transfer Taxes and Property Walues: The Philadelphia Story, *The Journal of Real Estate Finance and Economics*, 7: pp. 151 – 157.

32. Jonathan Mccarthy and Richard W. Peach, 2002, Monetary Policy Transmission to Residential Investment, *FRBNY Economic Policy Review*, 3: pp. 139 – 158.

33. Kau, James B. and Donald C. Keenan, 1980, The Theory of Housing and Interest Rates, Journal of Finacial and Quantitive Analysis, 15 (4): pp. 832 – 845.

34. Kauko and Tom, 2001, Combining Theoretical Approaches: the Case of Urban Land Value and Housing Market Dynamics, *Housing, Theory & Society*, 18 (3): pp. 167 – 173.

35. Kearl, J. and R. Mishkin, 1977, The Demand for Residential Housing and Monetary Policy, *The Journal of Finance*, 5 (32): pp. 1571 – 1586.

36. Khin-kun, 2009, A Normative Analysis of Housing-Related Tax Policy in a General Equilibrium Model of Housing Quality and Prices, *Journal of Public Economic Theory*, 11: pp. 55 – 78.

37. Kim, S. T. , 1990, *Property Transfer Tax and Housing Consumption*, Seoul, Korea: Syracuse University.

38. Krugman, P. , 1998, Bubble, Boom, Crash, The Oretical Notes on Asia's Crises, *Working paper*, MIT, Cambridge, Massachussetts.

39. Landis, John D. , 1986, Land Regulation and the Price of New Housing, *Journal of the American Planning Association*, 54 (1): pp. 9 – 21.

40. Lawrence Hannah, Kyung-Hwan Kim and Edwin S. Mills, 1993, Land Use Controls and Housing Prices in Korea, *Urban Studies*, 30: pp. 147 – 156.

41. Lutz, Byron F. , 2008, The Connection Between House Price Appreciation and Property Tax Revenues, *National Tax Journal*, 61 (3): pp. 555 – 572.

42. Malpezzs, 1996, Housing Prices, Externalities and Regulation in. U. S Metropolitan Areas, *Journal of Housing Research*, 7 (2): pp. 209 – 241.

43. Matteo Iacoviello, 2000, House Prices and The Macroeconomy in Europe: Result from a Structural Var Analysis, *European central bank working paper*, 18: pp. 78 – 81.

44. Mckinnon, R. and Phill, H. , 1998, International Overborrowing: A Decomposion of Credit and Currency Risks, *Working paper*, Stanford University, palolto, California.

45. McQuinn, Kieran O'Reilly, Gerard, 2006, Assessing the Role of Income and Interest Rates in Determining House Prices, *Research. Technical Papers*, 15: pp. 151 – 164.

46. Mieszkowski and Peter, 1972, The Property Tax: An Excise Tax or a Profit Tax?, *Journal of Public Econonmics*, 1 (1): pp. 73 – 96.

47. Muth, R. F. and Wetzler, E. , 1976, The Effects of Constraints on Housing Costs, Journal of Urban Economics, 3 (1): pp. 57 – 67.

48. Negro, M. D. and Otrok C. , 2007, 99 Luftballons: Monetary Policy and the House Price Boom across U. S. States, *Journal of Monetary Economics*, 7: pp. 1962 – 1985.

49. Oates, Wallace E., 1969, The Effects of Property Taxes and Local Public Spending on Property Values: An Empirical Study of Tax Capitalization and the Tiebout Hypothesis, *Journal of Political Economy*, 77 (6): pp. 957 - 971.

50. Ohls, C., Weisburg, C. and White, J., 1974, The Effect Zoning on Land Value, *Journal of Urban Economics*, 1 (4): pp. 428 - 446.

51. Peng, R. and Wheaton, W. C., 1994, Effects of Restrictive Land Supply on Housing in Hong Kong: An Econometric Analysis, *Journal of Housing Research*, 5 (2): pp. 262 - 291.

52. Plosser and Charles, 2007, House Price and Monetary Policy, Delivered at the European Economic and Financial Centre Distinguished Speakers Series, London, England, July 11.

53. Pogodzinsik, H. O. and Sass M., 1990, The Effects of Land Use Constraints on Housing Prices, *Land Economics*, 3: pp. 315 - 324.

54. Pollakowski, Henry, O., Wachter and Susan M., 1990, The Effect of Land-Use Constraints on Housing Prices, *Land Economics*, 66 (3): pp. 315 - 324.

55. Segal, D., Srinivasan, P., 1985, The Impact of Suburban Growth Restriction on U. S Housing Price Inflation, 1975 - 1978, *Urban Geography*, 6 (1): pp. 14 - 26.

56. Simon, H. A., 1982, The Incidence of a Tax on Urban Real Property, *The Quarterly Journal of Economics Review*, 72: pp. 43 - 153.

57. Tiebout and Charles, 1956, A Pure Theory of Local Public Expenditures, *Journal of Political Economy*, 64: pp. 416 - 424.

58. William, D., 2002, The Real Price of Housing and Money Supply Shocks: Time Series Evidence and The oretical Simulations, *Journal of Housing Economics*, 11: pp. 40 - 74.

59. Winky and Sivaguru Ganesan, 1998, Study on Land supply and the Price of Residential Housing, *Urban Studies*, 20: pp. 124 - 135.

60. Yong Tu, 2003, The Macro Impacts of Public Resold Dwellings on Private Housing Prices in Singapore, *Review of Urban & Regional Development Studies*, 15 (3): pp. 191 - 207.

61. Zodrow, G. R., Mieszkowski, P. Pigou and Tiebout, 1986, Property Taxation and the Under-Provision of Local Public Goods, *Urban Economics*, 19 (3): pp. 356 - 370.

第八章 农业补贴效应研究的新进展

新中国成立后的很长时间内,我国实行的是牺牲农业、农村和农民以支持工业优先发展的战略。新世纪以来,我国实施了最低收购价、临时收储、粮食直补、农资综合补贴、良种补贴、农机购置补贴、产粮大县奖励政策和取消农业税等多项支农政策,形成了名目繁多、范围宽泛的农业补贴体系,且补贴规模持续扩大,我国农业发展进入全新阶段。当前,在我国同时面临粮食安全形势渐趋严峻、城乡居民收入差距依然较大和WTO对"黄箱"政策严格限制的情况下,各界对我国农业补贴制度顶层设计方面并没有达成统一认识,因此,借鉴和学习国外有关农业补贴理论研究和实践经验非常必要。本章主要从农业补贴效应角度对国外相关研究和实践经验进行综述,以为我国农业补贴改革方向路径提供借鉴。

一、农业补贴的产量效应

关于农业补贴的产量效应学界一直存在争议,而且随着各国为了适应WTO《农业协议》对"黄箱"政策的限制,从农业挂钩补贴转向脱钩补贴,该争论一直延续到脱钩补贴上。

(一)农业补贴具有增产效应

相当一部分学者认为,农业补贴将会通过影响农作物的种植决策增加农产品产量(Young and Westcott, 2000)。比如,罗斯格兰特和赫特(Rosegrant and Herdt, 1981)的一项早期研究表明,菲律宾信贷和肥料补贴政策对1972/73~1977/78年间吕宋岛中部水稻产量增加的贡献率最大可达到21%~30%。对此研究结果,亚萨(Yassour, 1982)认为农民以期望净收入最大化为目标可能更准确,从而提出了质疑。针对该质疑,罗斯格兰特和赫特(1982)在期望效用最大化分析框架下重新进行了测算,仍然得出了与原来基本一致的结论。农业补贴之所以具有增产效应,具体作用机制有:

1. 通过缓解信贷或流动性约束影响农户决策

脱钩补贴将为面临信贷约束的农民挪出金融资源,或者由于农户拖欠的风险降低,贷方更愿意贷款给农民或提供更好的贷款条件,从而可能会影响农业投资决策,增加农业产量(Vercammen, 2003; Young and Westcott, 2000; Burfisher and Hopkins, 2004; Goodwin and Mishra, 2006)。

2. 通过改变农业生产比较收益影响农户决策

美国的生产灵活性合同支付通过要求将土地保持在农业用途内或闲置而可能扭曲生产决策(Young and Westcott, 2000)。尤其当农民预期在土地上从事农业生产的净利润大于 0 却小于非农用途时,该补贴将会增加农业生产比较收益,起到维持农业生产的作用(Chau and de Gorter, 2005; de Gorter, Just and Kropp 2008)。

3. 通过预期影响农户决策

农民关于未来脱钩补贴不确定性的预期可能间接影响现期的生产决策(Guyomard, 2004; Goodwin and Mishra, 2006; Bhaskar and Beghin, 2010; Peckham and Kropp, 2012)。戈伊特和费希尔(Goiter and Fisher, 1993)研究发现,在美国农民自愿选择参加以过去 5 年种植面积的移动平均为发放依据的附带休耕要求的农业补贴(含差额支付和休耕补贴)情况下,农民最优决策的结果是,低基期种植面积的农民暂时选择不参加这种补贴项目,而扩大现期的种植面积,以增加未来得到的补贴额。因此,这种补贴增加了农作物的产量。

(二)对农业补贴具有增产效应的质疑

部分学者对农业补贴的增产效应从多角度提出了质疑。

1. 统计角度

黄季焜等（Jikun Huang，2011）研究指出，不管是从描述性统计和线性回归的结果，还是从散点图来看，都没有证据表明粮食补贴扭曲了生产者在粮食种植面积和投入品使用方面的决策。

玛丽（Mary，2013）利用法国农户样本的研究也表明，2008年之后的单一农场支付（SFP）对投入要素的使用决策产生了相反的刺激——增加了农业资本存量却减少了农业劳动，彼此互相抵消的结果便是 SFP 对产量的影响并不显著。

2. 衡量方法角度

波拉德和格雷瓦尔（Pollard and Grewal，1983）也对罗斯格兰特和赫特的实证结果提出了质疑，认为他们将贷款看作是水稻生产的投入品，而忽视了贷款可挪作他用，从而认为信贷补贴对产量的影响不能直接衡量且被高估。

3. 增产幅度角度

沃尔和优素福（Warr and Yusuf，2014）通过模拟分析也指出，化肥补贴的确是达到粮食自给率目标的有效工具，但由于化肥在大米生产成本中所占比重相当低，化肥补贴在提高大米产量方面的效果有限。为使大米进口水平减少到一定程度，需要很高水平的化肥补贴和预算成本。基尔肯尼（Kilkenny，1993）构建 CGE 模型的模拟结果也显示，在脱钩补贴和挂钩补贴额相等及其他相关假定相同的情况下，消除两种补贴分别会引起农村农业产出下降 5.32% 和 0.04%，农业补贴的增产效应微乎其微。

4. 不同类型农业补贴角度

于武生和詹森（Wusheng Yu and Jensen，2010）对中国未来农业支持政策两种场景的模拟结果表明，运用现存政策工具，用满 WTO 微量限额制度允许的所有补贴，会增加粮食生产。然而，如果运用脱钩的政策工具来补贴农业且达到相同支持水平，中国的农业生产和贸易状况则保持不变。

休耕补贴或附带休耕要求的补贴甚至具有减产效应。玛丽（Mary，2013）的模拟结果显示，不管存不存在信贷约束，2008年之前曾实行的附加休耕要求的 SFP 都造成超过 6% 的产量下降。

二、农业补贴的生产率效应

(一) 农业补贴生产效率效应的理论分析

理论上，农业补贴对生产效率具有正负两方面影响。农业补贴可以通过扭曲生产结构和投入要素使用、软预算约束等导致配置和技术效率损失，从而对农业生产率产生负面影响，补贴的脱钩化会使这种影响减弱；也可以通过缓解信贷约束问题、降低借款成本和风险厌恶程度引起生产性投资增加，从而对生产率产生正面影响，补贴的脱钩化会使这种影响加强 (Rizov, 2013)。朱学勤等 (Xueqin Zhu et al., 2011) 也从理论上分析指出，直接收入转移可能有利于改善农民对现有技术知识的认知而对技术效率产生正面影响；也使农民无须付出就获得一份收入，这可能使他们偏好于享受更多闲暇，因而对技术效率产生负面影响。因此，玛丽 (2013) 指出，不可能从理论上推断出农业补贴和农业生产率之间的关联性质和幅度，需要通过实证研究来回答这个问题。

(二) 农业补贴生产效率效应的实证研究

学者们对农业补贴生产率效应的实证研究比较集中地研究了欧盟共同农业政策 (CAP)[①] 对生产率的影响，研究方法主要采用数据包络分析 (DEA)。然而，与理论分析一样，实证研究也得出了大相径庭的结论。

1. 促退论

穆里略等 (Murillo et al., 2007) 指出，不管是从图解还是从数值结果来看，没有证据表明 CAP 直接支付促进了技术效率。朱学勤和兰辛克

---

① 共同农业政策 (Common Agricultural Policy, CAP) 是欧盟内实施的第一项共同政策。它涉及内容最多的就是农业补贴问题，其建立之初的目标就是为了促进农业劳动生产率提高，确保农业群体相当生活水平，增加农业劳动者个人收入，稳定市场，保障供给的可靠性以及确保农产品以合理价格到达消费者手中。

(Xueqin Zhu and Lansink，2010）实证研究表明，表征补贴依赖程度的总补贴占农场总收益的比例对技术效率产生负向影响。这是因为补贴总额在农场收入中的份额更高会使农民有效率进行劳作的积极性降低，对每个国家的技术效率产生负面影响（Xueqin Zhu et al.，2012）。朱学勤等（2011）也通过拒绝前人广泛使用的单调无效率效应模型，而采用非单调模型研究了直接收入转移（DIT）对希腊橄榄树农场技术效率的影响。结果表明，DIT 在农场总收入中的份额对技术效率产生了单调的负面影响，这种负面效应的大小取决于 DIT 水平、专业化程度、经营规模、区位因素。

纳斯提斯等（Nastis et al.，2012）进一步实证研究了农业补贴导致农业生产效率下降的幅度。他们发现，当与促进苜蓿生产向有机农业转变有关的一项补贴和农场总产值之比上升 1% 时，会使希腊有机苜蓿农场的纯技术效率下降 1%。这是因为，补贴要么是抑制了农民进行有效管理的积极性，要么是将效率更低的农民吸引到苜蓿种植上来。

2. 对促退论的质疑

相当一部分实证研究得出，补贴对生产效率造成负面影响的结论并不绝对，影响的方向会因补贴类型、补贴衡量指标和所研究国家的不同而得到不同结论，从而对促退论提出了质疑。

第一，不同类型补贴的生产效率效应不同。玛丽（2013）研究表明，各类 CAP 补贴在研究数据覆盖的时期（1996~2003 年）对全要素生产率（TFP）产生负面影响，但只有自动（Automatic）类型补贴达到统计显著水平，而选择性（Selective）和靶向性（Targeted）补贴则不显著。巴莱曾蒂斯等（Baležentis，2014）对立陶宛家庭农场技术效率问题的研究也表明，设备补贴提升了牲畜和混合型农场的生产率和效率，生产补贴可能对效率产生负面影响。克莱因汉斯等（Kleinhanß et al.，2007）的研究也表明，在平均意义上，CAP 直接支付一般会提高效率。但是，在大多数情形中，当直接支付的百分比上升时平均效率值下降。

第二，不同研究方法得到的生产效率效应不同。里佐夫等（Rizov et al.，2013）指出，包括玛丽在内的大多数学者都是使用两步法，这将导致估计偏误。为弥补这一缺陷，他们在考察 CAP 补贴对 TFP 的影响时运用一种结构化的半参数估计方法直接将补贴效应包含到模型中。结果表明，在 2003 年 CAP 补贴脱钩化改革实施前，补贴对生产率产生负面影响,而在脱钩改革后,补贴对生产率的影响在几个国家开始呈现出正向关系。

第三,不同国家的生产效率效应不同。朱学勤和兰辛克(2010)研究表明,表征挂钩程度的 CAP 农作物补贴占总补贴的比例对德国和瑞典的技术效率分别产生负向和正向影响,而对荷兰的影响则不显著。朱学勤等(2012)对德国、荷兰和瑞典专业牛奶农场技术效率的实证研究也表明,与产量和投入挂钩的补贴对德国和荷兰的技术效率均产生负向影响,但是对瑞典的影响则不显著。

三、农业补贴的要素市场效应

(一)化肥使用量效应

1. 化肥用量的增加效应

根据投入需求函数,化肥补贴会通过降低化肥实际购买价格来增加化肥施用量。除了化肥补贴,当风险厌恶型农民相信在未来有机会更新基期面积和(或)产量时,其便有激励增加现期种植面积和(或)通过使用更多化肥增加现期产量(Bhaskar and Beghin,2010)。佩卡姆和克罗普(Peckham and Kropp,2012)研究表明,美国 1996 年引入的脱钩补贴对化肥和其他农业化学品的使用影响很小,但在 2004 年后,脱钩补贴对化肥和其他农业化学品支出的平均边际效应为正且统计显著,这一转变正是受 2002 年引入的更新基期种植面积和产量的政策,以及预期未来也会更新的影响。霍尔登和伦杜卡(Holden and Lunduka,2012)则从粪肥使用下降幅度角度说明了化肥使用量的上升。他们指出,马拉维化肥补贴意味着化肥实际价格的下降,而化肥平均价格 1% 的下降使粪肥使用概率下降 0.43%~0.76%,而粪肥使用强度下降 3.5%~5.3%,投入补贴轻微地挤出了粪肥。

2. 化肥使用的挤出效应

然而也有相当一部分研究得出了农业补贴会对化肥使用存在挤出效

应。比如，对于购买的商业性化肥数量已接近利润最大化施用量的农民，如果分配给他们 1 吨补贴性化肥，那么会导致他们减少对商业性化肥的购买，使得化肥施用总量的增加少于 1 吨，产生挤出效应。尤其是当因补贴更多地被分配给大农户和有更高收入和能力去购买化肥的家庭时，挤出效应增加（Jayne，2013），而这种分配偏向又确实存在（Gilbert，2011）。吉尔伯特等（Gilbert et al.，2011）和杰恩等（T. S. Jayne et al.，2013）的实证研究都证明了商业化化肥的挤出效应的确存在。

（二）劳动市场效应

1. 农业劳动市场

农业补贴既有增加农业劳动力需求的效应，也有减少劳动供给和农业劳动力需求的效应，因此，依靠理论分析很难判明补贴对农业工资的影响方向。

拉扎克等（Razack et al.，2009）通过构建包含哈里斯—托达罗（Harris-Todaro）二元经济特征的 CGE 模型分析印度农业信贷、保险和灌溉补贴的影响发现，补贴提高了农业生产水平，导致对劳动力需求的增加，这将会提高农业部门工资。吉尔伯特（Gilbert，2014）却指出，化肥补贴减少了享受补贴者在自有农地外工作以赚取现金购买投入品的需要，同时使其在自有地上投入更多时间去施肥和生产更高产量，同时，享受补贴者中的较富有者因补贴而享受更多闲暇或从事其他生产性活动，因此预期享受补贴者会在市场上减少农业劳动供给，然而补贴导致了化肥价格相对于工资的下降，引起农户多施用化肥而少雇佣劳动。这也就意味着对农业工资影响的方向要取决于二者作用力的大小。

2. 非农劳动市场

个人将时间禀赋分配在农业生产、非农工作和闲暇上，当耗费在三项活动上的时间边际价值相等时，配置达到最优。挂钩补贴更像是农业工资率的上升，而脱钩补贴则更像是得到非劳动收入（Ahearn，2006）。因此，为了保持这种边际价值的相等，挂钩补贴应该增加农业劳动供给，而由收入效应支配，补贴倾向于增加闲暇的消费。因此，理论上，农业经营者及配偶的非农劳动供给应该随补贴的增加而下降。

许多实证研究也的确得到了这种负向效应。比如，埃亨等（Ahearn et al.，2006）对1996年美国农业法案脱钩化改革影响的考察得出，脱钩和挂钩补贴都对农业经营者参与非农劳动产生负向效应。孟磊（Lei Meng，2012）的实证研究结果也表明，中国粮食补贴项目降低了农民外出务工的可能性。

但是也有学者通过实证研究部分或完全否定了上述负向效应论。奈杰尔·基等（Nigel Key et al.，2006）研究发现，美国联邦农作物保险补贴降低了产值10万美元以上农业经营者的非农劳动供给，但却增加了产值2.5万美元以下小规模农业经营者的劳动供给。潘迪特等（Pandit et al.，2013）通过优化研究方法发现，参数估计下直接和间接支付对农业经营者参与非农劳动供给概率的边际效应为负且统计上显著，而半参数估计下则不再显著，而模型设定检验的结果显示出半参数估计方法更优，从而否定了负向论。

（三）地租效应

农业补贴是否带动地租增加，实证研究也得出了截然不同的结论。有学者得出农业补贴对租金具有正向影响，比如，拉特吕夫和穆埃尔（Latruffe and Mouël，2009）对农业补贴转化为更高地价和土地租金的文献进行了综述，其发现1989年到2008年的大部分实证研究都表明农业补贴对土地价格和租金产生了显著为正但响应程度小于1的影响。然而，米什拉等（Mishra et al.，2008）的研究结果却表明，在1960~2002年间美国农业补贴占收入的份额对农地价格产生了负面影响。

之所以存在这种差异，主要是因为投入/要素补贴对农地租赁市场和价格的影响程度分别负向和正向取决于投入/要素的供给价格弹性和投入/要素间的替代性程度（Latruffe and Mouël，2009）。

四、农业补贴的收入效应

相对于农业补贴的其他效应，农业补贴的收入效应争论较少，一般都认为农业补贴将使农民和农场主增收。比如，别兹列普金娜等（Bezlepkina et al.，2005）研究表明，补贴缓解了莫斯科地区专业奶牛农场的信贷约束问题，对农场利润产生了重要的积极影响。学者们对农业补贴的收入效应研究主要从不同类型补贴收入效应差别、减贫效应和补贴收入效应的公平性三个方面展开。

（一）不同类型补贴收入效应比较

米兰达和格劳伯（Miranda and Glauber，1991）指出，由于价格和产量负相关，当产量较低时，在目标收益制下农民得到的差额支付比目标价格制更高。因而，在出现自然灾害时，以目标收益和生产者所在地区平均收益的差额为依据的补贴能对农业生产者提供更好的收入保护。

盖约马德等（Guyomard et al.，2004）在耗费预算开支相同的情况下根据四种农业收入支持项目（产量补贴、土地补贴及存在和不存在强制生产情况下的脱钩支付）达到三种政策目标的能力和对贸易的影响来对项目进行排序。结果表明，在大多数情形下，不存在强制生产要求的脱钩支付是支持农民收入最有效而贸易扭曲程度最低的一种补贴。

于武生和詹森（Wusheng Yu and Jensen，2010）模拟分析表明，如果中国运用现存政策工具用满WTO微量限额制度允许的所有支持，农民收入的增加幅度超过12%；如果运用脱钩的政策工具来增加中国的农业国内支持并达到相同水平，农民收入将增加15%左右。

（二）减贫效应

实证研究表明，补贴对减贫产生了积极作用。例如，菲尔多西（Firdausy，1997）发现，被调查的印度尼西亚村庄贫困率很高，而废除肥料补贴会提高贫困的发生率和加剧收入不平等。吉尔伯特等（Gilbert et al.，2013）也发现，撒哈拉以南非洲的数百万小农户是大宗农产品的净消费者。补贴增加粮食供给水平并对粮价施加向下的压力，对减少贫困具有重要作用。沃尔和优素福（Warr and Yusuf，2014）的模拟分析也表明，化肥补贴在降低粮食价格的同时增加了无须特殊技能劳动者的工资水平，增加了农村贫困家庭的实际消费支出水平，降低了贫困发生率。

然而，与政府的农业公共投资相比，农业补贴的减贫效应要低于公共投资。樊胜根等（Shenggen Fan et al.，2008）实证得出，在20世纪六七十年代，相对于信贷、化肥和灌溉补贴，农业研发、农村基础设施和教育领域的公共投资在降低印度贫困率方面的效果在总体上占据优势，到八九十年代，该优势更为明显。

（三）补贴收入效应的公平性

1. 补贴分配的偏向

第一，偏向于土地所有者。根据理论分析，由于农地供给往往缺乏弹性甚至是完全无弹性，当农地市场为完全竞争时，基于种植面积发放的补贴实际上分别大部分和完全被土地所有者获得，而规定补贴由所有者获得还是由经营者获得都不会改变该结论。即使农业补贴给予了农业生产者，补贴造成的农地租金上升而导致补贴被不进行农业生产经营的土地所有者部分或全部"攫取"时，各国通过实施补贴来达到提高农民收入的效果就会降低或完全消失。但实证研究得出的结果却是，补贴被土地所有者攫取的程度比理论预测要低得多。比如，柯万（Kirwan，2009）研究美国农业补贴对地租的影响表明，土地所有者通过更高的地租分享了20%的补贴资金，而70%的补贴资金成为承租者的净收益。柯万（Kirwan，2009）将补贴和衡量农地市场集中度的赫芬达尔指数的交互项引入计量模型，该指数的增加引起了补贴对地租的边际效应下降。这表明，土地所有者众多而承租人较少时，少数承租人的市场势力增强，土地所有者可能会通过分享补贴来吸引承租者。另外，柯万指出，包括习惯、信任和公平在内的社会规范也能解释分割补贴现象。

第二，偏向于特定农户。表8-1归纳了学者们研究得出的补贴分配所偏向的特定农户类型和各国存在的分配不公平。撒哈拉以南非洲地区（马拉维和赞比亚）在补贴分配不公方面的问题主要是：较富裕、土地经营规模较大、户主与村寨首领或酋长有亲缘关系和户主为男性的农户得到更多或更有可能得到农业投入补贴。除了补贴分配偏向于财产较多和经营规模较大的农户之外，欧盟、印度、巴西还面临补贴偏向于特定农作物的问题，印度则还存在补贴在种族间分配不公的问题。

表 8-1 补贴分配不公概况

研究者及年份	国家或地区	补贴项目	财产较多	经营规模较大	男性户主	种植特定农作物	非"表列种姓"	户主与村寨首领或酋长有亲缘关系
赫尔方（Helfand, 2001）	巴西	信贷补贴		√		√		
图特贾（Tuteja, 2004）	印度	化肥、灌溉、电力补贴		√		√		
辛格（Singh, 2004）	印度	化肥补贴				√		
阿什拉和查克拉瓦蒂（Ashra and Chakravarty, 2007）	美国	农业补贴	√					
穆里略等（Murillo et al., 2007）	欧盟	直接支付		√		√		
奇布瓦纳等（Chibwana, 2012）	马拉维	农业投入补贴（FISP）	√	√				
霍尔登和伦杜卡（Holden and Lunduka, 2013）	马拉维	农业投入补贴	√	√				
伦杜卡等（Lunduka et al., 2013）	马拉维	农业投入补贴	√					
吉尔伯特等（Gilbert, 2011）	马拉维	化肥补贴	√	√	√			
奇布瓦纳等（Chibwana et al., 2012）	赞比亚	农业投入补贴（FISP）	√	√	√			
梅森（Mason, 2013）	赞比亚	农业投入补贴（FISP）		√				
梅森和斯梅尔（Mason and Smale, 2013）	赞比亚	玉米种子补贴					√	
斯梅尔等（Smale et al., 2014）	赞比亚	玉米种子补贴	√	√				

注："√"表示某篇文献的研究结果表明补贴分配偏向于该符号所在列标明的农户类型。

2. 补贴分配不公的原因

第一，自然形成的"不公"。辛格（Singh，2004）对印度化肥补贴的分析得出，农作物和地区间的补贴分配表面看起来不公平，但这些实际上都是与各地区间的自然条件差异有关。

第二，规模大和财产多的农户购买更多补贴性投入品，相应地得到的补贴也越多。辛格（2004）指出，印度经营规模最小的农民数量，占总农民数量的将近60%，但只消费了总化肥量的20%左右，相应地得到的补贴数量也只占20%左右。图特贾（Tuteja，2004）也发现，农民在有资格享受补贴方面面临的主要问题是高价之下的低购买力，小农户和低等种族农民在这方面处于弱势地位。

第三，行政分配系统的缺陷。霍尔登和伦杜卡（Holden and Lunduka，2013）指出，通过行政分配系统得到购买投入品的优惠券缺乏透明度和问责制，这滋生了寻租行为和矛盾冲突。酋长在分配优惠券中的腐败、偏袒和非法销售优惠券行为，使得很多人得不到优惠券或只能与他人共享一张优惠券。

第四，利益集团或组织施压的结果。赫尔方（Helfand，2001）对巴西农业信贷及信贷补贴的研究发现，代表大生产者利益组织的影响使得经营规模大的农民在补贴上更加受益。阿什拉和查克拉瓦蒂（Ashra and Chakravarty，2007）指出，农业综合企业通过竞选献金迫使美国政府通过不公平的农业政策，大量补贴流入到特别富裕的个人和企业手里。

五、农业补贴的溢出效应

稳定及提高农业生产水平和增加农民收入是设计和实施农业补贴政策两个最主要目的，然而，由于经济变量间的内在联系，补贴对非农行业、城市、居民消费和健康、生态环境和整体社会福利等都造成了影响，补贴的"溢出效应"由此产生。

（一）非农行业效应

农业补贴除了直接作用于农业以外，还间接对非农行业产生影响，从实证研究来看，农业补贴对农业相关行业和服务业的正面影响相对较大，而对制造业负面影响更为明显，对能源行业的影响相对较小。

米格尔和曼雷萨（Miguel and Manresa，2008）使用 CGE 模型对完全消除西班牙一个地区农业补贴的影响进行了模拟分析，结果表明，各行业的生产水平普遍下降，而与农业联系更紧密的行业和商品受影响程度最大。萨拉尔普尔和阿利贾尼（Salarpour and Alijani，2014）分别评估了伊朗农业生产补贴削减 25%、50%、100% 的影响，结果均显示，石油和矿物生产部门的生产和就业水平没有发生显著变化，而服务业的生产、就业、出口水平则均有所降低。

基尔肯尼（Kilkenny，1993）也发现，补贴使与农业相关的行业由于成本下降和需求上升而受益，使农村地区的服务业受益。但是，补贴通过提高农村地区的生产要素成本妨碍了包括制造业在内的农村非农经济活动发展。拉扎克等（Razack，2009）的研究结果也表明，印度农业生产补贴提高了农业生产水平，这引起雇佣增加，从而带来更高的收入，进而使对制造业产品的总需求增加，但同时制造业供求变化也导致了制造业产品价格上升。

类似玉米、大豆和油料种子这样的农产品是生产生物质能源的原料，所以，农业补贴会因此而影响能源行业。德瓦多斯和贝哈姆（Devadoss and Bayham，2010）的理论和实证研究结果表明，削减美国农作物补贴对原料市场的影响是生产萎缩和价格上升，这种价格上升会使生物质能源的生产成本和价格上升。但由于生物质能源只是构成能源的一个小的部分，对能源价格的影响非常小。

（二）健康效应

1. 农业补贴影响健康的作用机制

农业补贴对健康的"溢出效应"主要体现在补贴对消费的影响上。第一，补贴构成了农户的一项收入来源，收入增加会使农户消费增加。玛丽（2013）的模拟结果显示，不管是存不存在信贷约束，2008 年之前和之后的单一农场支付和反周期支付都引起农户消费的增加。但是，各类补贴收入的边际消费倾向可能并不相同。惠特克（Whitaker，2009）的实证研究也证明了这一点，并进一步表明，相较于与市场条件紧密相关而具有不稳定性的补贴,与农业生产决策脱钩的政府补贴对农户消费的边际影响更大。第二,补贴提高了农产品的供给水平对食品价格产生向下的压力,提高对食品的负担能力,食品消费量增加。由于食品消费量增加,就可能会使人体卡路里摄入量和肥胖率提高,从而影响健康。

2. 农业补贴的健康效应争论

由于农业补贴可能引发农产品价格下降,很多人宣称农业补贴是造成肥胖现象流行的元凶之一。施皮特勒等(Spittler et al.,2011)指出,大量玉米补贴改变了美国食品行业,相比水果和蔬菜这些更健康的食品,快餐食品、红肉、碳酸饮料和其他富含脂肪的产品变得更容易负担得起。

但阿尔斯通等(Alston et al.,2008)研究却发现,美国农业政策对农产品的价格影响较小,对造成肥胖的食品的价格影响更小,即使完全取消现有的补贴政策,也不会对肥胖率有显著影响。里卡德等(Rickard,2012)则认为,农产品价格下降并不是因为补贴,而主要是技术进步和农业生产率上升的影响。一般补贴对美国农产品的价格和产量产生的影响很小。

还有学者认为,对于不同的国家而言,生产者支持估计(PSE)对食品负担能力(由食品的CPI和国民总收入指数的比率表示)的影响大小并不一致,补贴降低农产品和食品价格程度及提高食品负担能力问题比较复杂(Miller and Coble,2008)。比如,奥克伦特和阿尔斯通(Okrent and Alston,2012)与里卡德等(2012)的模拟结果均显示,只移除粮食补贴只是导致卡路里摄入量略微下降,移除所有的农业补贴(包含对粮食的直接补贴和源于牛奶、食糖、水果和蔬菜产品贸易壁垒的间接补贴)会造成卡路里摄入量有限程度的增加,补贴水果和蔬菜实际上会增加卡路里摄入量。

(三)生态环境效应

关于农业补贴的生态环境,学界同样存在不同观点。

一些研究表明,补贴恶化了生态环境。例如,克拉克等(Clark et al.,2005)指出,从世界范围来看,规模很大的渔业补贴大多数可能会对资源保护造成危害。戈特沙尔克等(Gottschalk et al.,2007)的研究也显示，在 CAP 直接收入支持和与生产水平挂钩的补贴两种情形下，尽管一些区域鸟类和一种甲虫的种群变得更加丰富，但因农业补贴而遭受种群丰富性损失的区域更多。

还有一些研究表明，补贴可以改善生态环境。农业投入补贴分别通过替代效应、收入效应和价格效应对农民配置到森林采伐上的劳动时间产生影响，由于三种效应的符号并不一致，补贴究竟是增加还是减轻了采伐森林和销售林产品的劳动时间配置，需要通过实证研究来回答（Fisher and Shively，2007）。费希尔和夏夫利（Fisher and Shively，2007），以及奇布瓦纳等（Chibwana et al.，2012）考察马拉维农业投入补贴对森林生态环境的影响发现，没有证据表明补贴诱导农民清除森林以作农业扩张之用。反而由于补贴使得农户将劳动配置到农业生产上相对更有价值，补贴可能对森林环境改善有一定作用。斯凯瓦斯等（Skevas et al.，2012）在研究不同经济政策工具的环境溢出效应时指出，对更环境友好型产品的研发活动进行补贴能使杀虫剂的环境影响减少相当程度。

（四）社会福利效应

农业补贴是对市场的一种干预，扭曲了生产和投入决策，容易造成社会福利的净损失。比如，托卡里克（Tokarick，2005）指出，大多数情况下，移除 OECD 国家的农业支持会通过将资源重新配置到更具效率的用途上增加这些国家的福利水平。斯卡格斯和福尔克（Skaggs and Falk，1998）也指出，美国对饲料的补贴提高了消费者剩余，分别提高和降低了该地区享受和没有享受到补贴的饲养者的生产者剩余，联邦对补贴的财政支出差不多与狭义的该地区福利增加额相等，但前者稍大于后者。因此，在排除正外部性和负外部性的情况下，全国层面的净社会福利效应为负。

然而，也有研究认为，补贴造成社会福利损失的结论会因条件不同而有所改变。这些情况主要有：

第一，是否是充分就业劳动市场。完全就业劳动市场条件下，农业生产补贴政策会降低福利，但对于存在失业的哈里斯—托达罗（Harris-Todaro）二元经济而言，补贴是一种增进福利的政策（Razack，2009）。

第二，是否存在垄断。在完全竞争条件下，用脱钩支持替代属于

"黄箱"政策的差额支付时,农民会降低其产量至社会最优水平,因而社会福利会增加。但是,拉索(Carlo Russo, 2007)证明,买方或卖方寡头垄断的中间商(即对初级农产品进行加工的生产者)市场势力存在时,可能会减少或消除这种福利水平的改进,甚至可能会使社会福利遭受净损失的结果出现。

第三,补贴性商品在消费中的份额。杜塔和拉马斯瓦米(Dutta and Ramaswami, 2004)实证研究表明,即使社会福利函数给予穷人消费更高权重,补贴从水稻和小麦到粗粮的改变,也仅仅只会提高一个邦的社会福利,这是因为福利增减也取决于补贴性商品和粗粮在穷人预算中的份额。

六、农业补贴的国际效应

(一) 国际农产品价格效应

一般认为,当一个在世界粮食生产和贸易中占据重要地位的国家在国内推行农业补贴政策时,往往会刺激国内产量的增加,从而有效增加世界农产品市场的供给,进而对农产品的世界市场价格产生向下的压力。虽然学者们大都认为移除补贴对世界价格有正效应,但不同学者的研究在价格增加幅度上差别极大,这主要是因为学者们在研究中,对棉花库存的处理、参考价格、数据、供给和需求价格弹性不同造成的(Guerreiro, 2014)。

格雷罗(Guerreiro, 2014)运用元分析框架考察美国补贴对世界棉花价格的影响发现,取消美国补贴平均会使世界棉花价格大约增加11%。然而,特拉奥雷(Traoré, 2011)运用联立方程模型评估美国所有形式的棉花补贴对世界市场棉花价格的影响却发现,不管是在短期还是在长期,这些补贴对棉花价格产生了负向影响,且长期影响比短期影响小。但是,移除补贴只会导致价格的轻微上涨。

同时,不同类型补贴降低世界农产品价格的程度也不一样。施米茨等(Schmitz et al., 2006)研究表明,与挂钩补贴相比,脱钩的美国棉花补贴对世界市场价格的扭曲程度更低。另外,还有人通过理论分析表明,国内和出口补贴都会扭曲贸易,但出口补贴使世界农产品价格降低的程度比国内补贴大(Won W. Koo and Kennedy,2006)。

(二) 发展中国家效应

关于农业补贴的发展中国家效应研究,大多从农业补贴对发展中国家的模拟影响角度展开。判断农业补贴的发展中国家效应,需要考虑两个问题:

第一,是净进口国还是净出口国。尽管移除发达国家农业支持政策对发展中国家的影响总体上为正,但移除发达国家的农业补贴对某个特定国家的净效应取决于其是提供补贴产品的净进口还是净出口者(Tokarick, 2005)。移除补贴会带来世界农产品价格上升,从而使农产品的净出口国获益,而使农产品的净进口国受损(Hoekman,2004;Boccanfuso and Savard,2007)。这也就意味着,补贴增加了进口国的净社会福利,却减少了其他出口国的净社会福利(Won W. Koo and Kennedy,2006)。对于马里这样大部分家庭的主要收入来源为农业生产的发展中国家而言,移除发达国家的补贴会降低其贫困率。移除发达国家的农业补贴也有可能使某些国家从进口国转变为出口国,这种情况下,福利效应模糊不清(Tokarick, 2005)。

第二,生产者剩余增加是否能够弥补消费者剩余损失。不管一个国家是净出口国还是净进口国,补贴造成的农产品世界市场价格下降会使农产品消费者获益而使农业生产者受到损失(Won W. Koo and Kennedy,2006)。虽然发达国家的补贴对进口国的不同群体有相反作用,但消费者所得会超过生产者损失(Tokarick,2005)。但是,努埃塔等(Nuetah et al., 2011)却发现,移除补贴可能使作为农产品净进口国的15个被研究的西非国家中,除了牲畜饲养者之外的所有其他商品生产者获益,但是这些商品的消费者剩余下降不能被生产者剩余增加完全抵消。因此,所有的西非国家都会因这种削减而遭受社会总福利的净损失。由食品高价引起粮食不安全状况达到严重程度时,还会进一步造成地区政局的不稳。

七、结论性评语

(一) 多种因素造成研究结论差异

从已有研究来看,对于农业补贴效应的研究在很多方面都存在广泛争论,这很可能是以下原因造成的。

第一,研究对象选择差异。农业补贴是一个很宽泛的范畴,包含很多类型。有的国家或地区甚至还对各种补贴进行组合,这样就创造出了新的补贴类型。例如,美国曾实行附带休耕要求的农业补贴(含差额支付和休耕补贴)政策。当研究对象不同时,得出不同的结论就不难理解了。

第二,研究方法差异。学者们在研究农业补贴效应时,采用了多种研究方法,导致了研究结果差异。比如,潘迪特等(Pandit et al., 2013)就研究发现,参数和半参数估计下直接和间接支付对农业经营者参与非农劳动供给概率的边际效应的统计显著性就不相同。

第三,研究假定不同。研究农业补贴效应常常通过构建CGE模型进行政策模拟,而由于研究假定不同,就会选择C-D生产函数、CES生产函数、二层或多层嵌套的CES生产函数等,从而导致研究结论不同。

第四,所用研究对象不同。由于各国和各地区的情况差异性,对同一农业补贴也可能产生不同的反应,从而导致研究结论差异。例如,里佐夫等(2013)指出,在研究CAP补贴和生产率关系时,当选择的样本是否包含相对不发达的新加入欧盟的成员国时,其得出的结论也会不同。

(二) 农业补贴是一把"双刃剑"

尽管存在不少争议,但从总体倾向上来看,农业补贴是增加农产品产量、维护国家和家庭粮食安全、增加农民收入和降低贫困率的有力政策工具,同时还对农产品加工业等行业发展带来正面影响,农产品净进口国也因补贴而获益。但是,农业补贴,即使是脱钩补贴,也往往扭曲了投入和生产决策,给农业全要素生产率、制造业、社会福利、农产品净出口国造成负面影响。同时,如果国家财力有限,大规模的农业补贴项目可能还会造成沉重的财政负担，并相应减少财政对其他方面的必要开支。因此，农业补贴是一把"双刃剑"，各国在推行农业补贴改革时，需要根据自身的实际状况权衡利弊，谨慎地做出选择。

（三）中国应根据国情选择自己的农业补贴改革道路

1. 保留而不增加现有的"黄箱"补贴

对于我国一个人口众多的大国来说，我国只能主要依靠增加国内粮食生产来确保粮食安全，这是因为：第一，资源和科技状况决定了粮食供求长期紧平衡。虽然我国粮食生产实现了"十一连增"，但也恰恰是从2004年开始，我国粮食自给率呈现下滑趋势，到2014年，自给率已降至85%左右。而且，我国经济发展的过程中，非农建设占用耕地的压力越来越大，劳动力转移带来的种粮农民弱质化对粮食生产造成潜在威胁，农业基础设施薄弱、水资源短缺、农业科技创新和推广体系不完善、农业生态环境遭受破坏等，都对我国粮食增产造成巨大障碍。相反，随着人们生活水平不断提高，对粮食的需求总量不断增加。第二，利用国际市场确保粮食安全存在风险。国际市场的谷物贸易量仅为我国粮食消费量的一半左右，可供我国进口的粮食资源有限，且大量进口粮食会推高国际市场粮食价格，再加上运输成本，会使我国承担巨额的进口成本。同时，大量依赖粮食进口，可能会因为国际政治等问题导致出现粮食安全问题。这正如习近平总书记所强调的，"中国人的饭碗任何时候都要牢牢端在自己手上，我们的饭碗应该主要装中国粮。"这就要求我们通过农业政策确保国内粮食生产。由于"黄箱"政策或者说挂钩补贴能比较有效地直接刺激农业生产，从这个意义上来说，我国不能大规模削减挂钩补贴。然而，另一方面，根据"入世"时我们承诺的"黄箱"补贴水平不超过农业产值的8.5%，目前我国已经接近上限。这意味着，我们虽然需要保留现有"黄箱"政策以增加农业产量，但不宜增加现有"黄箱"补贴。

2. 加强对部分绿箱政策运用

挂钩补贴对生产产生的是一种刺激和扭曲，而通过将补贴资金用于加强农业科研及推广、病虫害控制、农业基础设施建设领域等绿箱政策，不仅不会对生产效率和社会福利造成损害，而且属于WTO鼓励运用的由公共基金或财政开支所提供的一般性农业生产服务范畴,能够免予减让。因此,我国农业补贴的增量资金应该主要用于这些领域。

参考文献

1. A. M. Bayes, K. A. Parton and R. R. Piggott, 1985, Combined Price Support and Fertilizer Subsidy Policies for Food Self-Sufficiency: A Case Study of Rice in Bangladesh, *Food Policy*, 8: pp. 225 – 236.

2. Abdul Razack, Stephen Devadoss and David Holland, 2009, A General Equilibrium Analysis of Production Subsidy in a Harris-Todaro Developing Economy: an Application to India, *Applied Economics*, 41: pp. 2767 – 2777.

3. Abigail M. Okrent and Julian M. Alston, 2012, The Effects of Farm Commodity and Retail Food Policies on Obesity and Economic Welfare in the United States, *American Journal of Agricultural Economics*, 94 (3): pp. 611 – 646.

4. Akio Matsumoto, 1998, Do Government Subsidies Stabilize or Destabilize Agricultural Markets, *Contemporary Economic Policy*, XVI: pp. 452 – 466.

5. Alena Kolářová and Marie Pechrová, 2013, Impacts of Set-Aside Restoration on Production and Incomes of Czech Farmers, *Ekonomická Revue-Central European Review of Economic*, 16: pp. 43 – 50.

6. Andrew Schmitz, Troy G. Schmitz and Frederick Rossi, 2006, Agricultural Subsidies in Developed Countries: Impact on Global Welfare, *Review of Agricultural Economics*, 28 (3): pp. 416 – 425.

7. Anthony D. Becker and Rebecca P. Judge, 2014, Evidence of Distortionary Effects of Decoupled Payments in U. S. Indica Rice Production, *Atlantic Economic Journal*, 42: pp. 265 – 275.

8. Ashok K. Mishra, Charles B. Moss and Kenneth W. Erickson, 2008, The Role of Credit Constraints and Government Subsidies in Farmland Valuations in the US: An Options Pricing Model Approach, *Empirical Economics*, 34: pp. 285 – 297.

9. Athanasios Petsakos, Stelios Rozakis and Konstantinos Tsiboukas, 2009, Risk Optimal Farm Plans in the Context of Decoupled Subsidy Payments: The Case of Cotton Production in Thessaly, *Journal of Farm Management*, 13 (7): pp. 467 – 483.

10. Barrett E. Kirwan, 2009, The Incidence of U. S. Agricultural Subsidies on Farmland Rental Rates, *Journal of Political Economy*, 117 (1): pp. 138 – 164.

11. Bernard Hoekman, Francis Ng and Marcelo Olarreaga, 2004, Agricultural Tariffs or Subsidies: Which Are More Important for Developing Economies?, *The World Bank Economic Review*, 18 (2): pp. 175 – 204.

12. Bhaskar Dutta and Bharat Ramaswami, 2004, Reforming Food Subsidy Schemes:

Estimating the Gains from Self-targeting in India, *Review of Development Economics*, 8 (2): pp. 309 – 324.

13. Bradley J. Rickard, Abigail M. Okrent and Julian M. Alston, 2012, How have Agricultural Policies Influenced Caloric Consumption in the United States?, *Health Economics*, 22: pp. 316 – 339.

14. C. Edwin Young and Paul C. Westcott, 2000, How Decoupled is U. S. Agricultural Support for Major Crops?, *American Journal of Agricultural Economics*, 82: pp. 762 – 767.

15. Carlo Russo, 2007, Deficiency Payments and Market Power: Effects of Imperfect Competition on Welfare Distribution and Decoupling, *American Agricultural Economics Association Annual Meeting*.

16. Carmen Murillo, Santander, Carlos San Juan, Getafe, Stefan Sperlich and Goettingen, 2007, An Empirical Assessment of the EU Agricultural Policy Based on Firm Level Data, *Jahrbücher für Nationalökonomie & Statistik*, 227/3: pp. 273 – 294.

17. Carunia Mulya Firdausy, 1997, Effects of the Subsidy Removal of Fertilizer on Rural Poverty in North Sulawesi, Indonesia, *International Journal of Social Economics*, 24 (1/2/3): pp. 207 – 222.

18. Christopher Chibwana, Monica Fisher and Gerald Shively, 2012, Cropland Allocation Effects of Agricultural Input Subsidies in Malawi, *World Development*, 40 (1): pp. 124 – 133.

19. Christopher Chibwana, Charles B. L. Jumbe and Gerald Shively, 2012, Agricultural Subsidies and Forest Clearing in Malawi, *Environmental Conservation*, 40 (1): pp. 60 – 70.

20. Colin W. Clark, Gordon R. Munro and Ussif Rashid Sumaila, 2005, Subsidies, Buybacks, and Sustainable Fisheries, *Journal of Environmental Economics and Management*, 50: pp. 47 – 58.

21. David Guerreiro, 2014, On the Impact of US Subsidies on World Cotton Prices: A Meta-Analysis Approach, *The Journal of International Trade & Economic Development*, 23 (1): pp. 78 – 96.

22. David O. Yawson, Frederick A. Armah, Ernest K. A. Afrifa and Samuel K. N. Dadzie, 2010, Ghana's Fertilizer Subsidy Policy: Early Field Lessons From Farmers in the Central Region, *Journal of Sustainable Development in Africa*, 12 (3): pp. 191 – 203.

23. Dorothée Boccanfuso and Luc Savard, 2007, Poverty and Inequality Impact Analysis Regarding Cotton Subsidies: A Mali-based CGE Micro-Accounting Approach, *Journal of African Economies*, 16 (4): pp. 629 – 659.

24. Eric O'N. Fisher and Harry de Gorter, 1992, The International Effects of U. S. Farm Subsidies, *American Journal of Agricultural Economics*, 5: pp. 258 – 267.

25. Fousseini Traoré, 2011, The Impact of the United States Subsidies on World Cotton

Price: Evidence from ARDL Bounds Tests, *Applied Economics*, 43: pp. 4193 – 4201.

26. Francisco Javier de Miguel and Antonio Manresa, 2008, Removal of Farm Subsidies in a Regional Economy: a Computable General Equilibrium Analysis, *Applied Economics*, 40: pp. 2109 – 2120.

27. Gudbrand Lien and J. Brian Hardaker, 2001, Whole-Farm Planning Under Uncertainty: Impacts of Subsidy Scheme and Utility Function on Portfolio Choice in Norwegian Agriculture, *European Review of Agricultural Economics*, 28 (1): pp. 17 – 36.

28. Harry de Goiter and Eric O'N. Fisher, 1993, The Dynamic Effects of Agricultural Subsidies in the United States, *Journal of Agricultural and Resource Economics*, 18 (2): pp. 147 – 159.

29. Harry H. Hall, Valter J. Stulp and Michael R. Reed, 1983, Effects of a Fertilizer Subsidy on Brazilian Crop Production and Exports, *American Journal of Agricultural Economics*, 8: pp. 571 – 575.

30. Hervé Guyomard, Chantal Le Mouël and Alexandre Gohin, 2004, Impacts of Alternative Agricultural Income Support Schemes on Multiple Policy Goals, *European Review of Agricultural Economics*, 31 (2): pp. 125 – 148.

31. Irina V. Bezlepkina, Alfons G. J. M. Oude Lansink and Arie J. Oskam, 2005, Effects of Subsidies in Russian Dairy Farming, *Agricultural Economics*, 33: pp. 277 – 288.

32. J. Corey Miller and Keith H. Coble, 2008, An International Comparison of the Effects of Government Agricultural Support on Food Budget Shares, *Journal of Agricultural and Applied Economics*, 40 (2): pp. 551 – 558.

33. J. M. Callaway and Bruce McCarl, 1996, The Economic Consequences of Substituting Carbon Payments for Crop Subsidies in U. S. Agriculture, *Environmental and Resource Economics*, 7: pp. 15 – 43.

34. Jacob Ricker-Gilbert, 2014, Wage and Employment Effects of Malawi's Fertilizer Subsidy Program, *Agricultural Economics*, 45: pp. 337 – 353.

35. Jacob Ricker-Gilbert, Thomas S. Jayne and Ephraim Chirwa, 2011, Subsidies and Crowding Out: A Double-Hurdle Model of Fertilizer Demand in Malawi, *American Journal of Agricultural Economics*, 93 (1): pp. 26 – 42.

36. Jacob Ricker-Gilbert, Nicole M. Mason, Francis A. Darko and Solomon T. Tembo, 2013, What are the Effects of Input Subsidy Programs on Maize Prices? Evidence from Malawi and Zambia, *Agricultural Economics*, 44: pp. 671 – 686.

37. James B. Whitaker, 2009, The Varying Impacts of Agricultural Support Programs on U. S. Farm Household Consumption, *American Journal of Agricultural Economics*, 91 (3): pp. 569 – 580.

38. Janet G. Peckham and Jaclyn D. Kropp, 2012, Decoupled Direct Payments under

Base Acreage and Yield Updating Uncertainty: An Investigation of Agricultural Chemical Use, *Agricultural and Resource Economics Review*, 41 (2): pp. 158 – 174.

39. Jeremy M. D'Antoni and Ashok K. Mishra, 2013, Welfare Implications of Reduced Government Subsidies to Farm Families: Accounting for Fringe Benefits, *Agricultural Economics*, 44: pp. 191 – 202.

40. Jikun Huang, Xiaobing Wang, Huayong Zhi, Zhurong Huang and Scott Rozelle, 2011, Subsidies and Distortions in China's Agriculture: Evidence from Producer-Level Data, *The Australian Journal of Agricultural and Resource Economics*, 55: pp. 53 – 71.

41. John Alexander Nuetah, Ting Zuo and Xin Xian, 2011, Agricultural Export Subsidies and Domestic Support Reform Under the WTO System: What Does It Mean for Welfare in West Africa?, *The World Economy*, 34 (12): pp. 2044 – 2062.

42. Joseph Yassour, 1982, Simulating the Impacts of Credit Policy and Fertilizer Subsidy on Central Luzon Rice Farms, the Philippines: Comment, *American Journal of Agricultural Economics*, 5.

43. Julian M. Alston, Daniel A. Sumner and Stephen A. Vosti, 2008, Farm Subsidies and Obesity in the United States: National Evidence and Iinternational Comparisons, *Food Policy*, 33: pp. 470 – 479.

44. Justin Spittler, Robert Ross, and Walter Block, 2011, The Economic Impact of Agricultural Subsidies in the United States, *The Journal of Social, Political and Economic Studies*, 36 (3): pp. 301 – 317.

45. Karine Daniel and Maureen Kilkenny, 2009, Agricultural Subsidies and Rural Development, *Journal of Agricultural Economics*, 60 (3): pp. 504 – 529.

46. Konstantinos Giannakas and Murray Fulton, 2000, The Economics of Coupled Farm Subsidies Under Costly and Imperfect Enforcement, *Agricultural Economics*, 22: pp. 75 – 90.

47. Laure Latruffe and Chantal Le Mouël, 2009, Capitalization of Government Support in Agricultural Land Prices: What do We Know? *Journal of Economic Surveys*, 23 (4): pp. 659 – 691.

48. Lei Meng, 2012, Can Grain Subsidies Impede Rural-Urban Migration in Hinterland China? Evidence from Field Surveys, *China Economic Review*, 23: pp. 729 – 741.

49. Mahesh Pandit, Krishna P. Paudel and Ashok K. Mishra, 2013, Do Agricultural Subsidies Affect the Labor Allocation Decision? Comparing Parametric and Semiparametric Methods, *Journal of Agricultural and Resource Economics*, 38 (1): pp. 1 – 18.

50. Marian Rizov, Jan Pokrivcak and Pavel Ciaian, 2013, CAP Subsidies and Productivity of the EU Farms, *Journal of Agricultural Economics*, 64 (3): pp. 537 – 557.

51. Mario J. Miranda and Joseph W. Glauber, 1991, Providing Crop Disaster Assis-

tance through a Modified Deficiency Payment Program, *American Journal of Agricultural Economics*, 11: pp. 1233 – 1243.

52. Mark W. Rosegrant and Robert W. Herdt, 1981, Simulating the Impacts of Credit Policy and Fertilizer Subsidy on Central Luzon Rice Farms, the Philippines, *American Journal of Agricultural Economics*, 11: pp. 655 – 665.

53. Mark W. Rosegrant and Robert W. Herdt, 1982, Simulating the Impacts of Credit Policy and Fertilizer Subsidy on Central Luzon Rice Farms, the Philippines: Reply, *American Journal of Agricultural Economics*, 11: pp. 779 – 780.

54. Mary Clare Ahearn, Hisham El-Osta and Joe Dewbre, 2006, The Impact of Coupled and Decoupled Government Subsidies on Off-Farm Labor Participation of U. S. Farm Operators, *American Journal of Agricultural Economics*, 88 (2): pp. 393 – 408.

55. Mashallah Salarpour and Fatemeh Alijani, 2014, Production Subsidies Elimination on Iranian Economy (Applying CGE Model), *Iranian Economic Review*, 18 (1): pp. 65 – 80.

56. Maureen Kilkenny, 1993, Rural/Urban Effects of Terminating Farm Subsidies, *American Journal of Agricultural Economics*, 11: pp. 968 – 980.

57. Melinda Smale, Ekin Birol and Dorene Asare-Marfo, 2014, Smallholder Demand for Maize Hybrids in Zambia: How Far do Seed Subsidies Reach? *Journal of Agricultural Economics*, 65 (2): pp. 349 – 367.

58. Monica Fisher and Gerald E. Shively, 2007, Agricultural Subsidies and Forest Pressure in Malawi's Miombo Woodlands, *Journal of Agricultural and Resource Economics*, 32 (2): pp. 349 – 362.

59. Nathan P. Hendricks, Joseph P. Janzen and Kevin C. Dhuyvetter, 2012, Subsidy Incidence and Inertia in Farmland Rental Markets: Estimates from a Dynamic Panel, *Journal of Agricultural and Resource Economics*, 37 (3): pp. 361 – 378.

60. Nicole M. Mason and Melinda Smale, 2013, Impacts of Subsidized Hybrid Seed on Indicators of Economic Well-Being Among Smallholder Maize Growers in Zambia, *Agricultural Economics*, 44: pp. 659 – 670.

61. Nicole M. Mason, T. S. Jayne and Rhoda Mofya-Mukuka, 2013, Zambia's Input Subsidy Programs, *Agricultural Economics*, 44: pp. 613 – 628.

62. Nigel Key, Michael J. Roberts and Erik O'Donoghue, 2006, Risk and Farm Operator Labour Supply, *Applied Economics*, 38: pp. 573 – 586.

63. Nina Hyytiä, 2014, Farm Diversification and Regional Investments: Efficient Instruments for the CAP Rural Development Targets in Rural Regions of Finland?, *European Review of Agricultural Economics*, 41 (2): pp. 255 – 277.

64. Pavel Ciaian and Johan F. M. Swinnen, 2006, Land Market Imperfections and Agricultural Policy Impacts in the New EU Member States: A Partial Equilibrium Analysis,

American Journal of Agricultural Economics, 88 (4): pp. 799 - 815.

65. Peter Warr and Arief Anshory Yusuf, 2014, Fertilizer Subsidies and Food Self-Sufficiency in Indonesia, *Agricultural Economics*, 45: pp. 571 - 588.

66. R. K. Skaggs and C. L. Falk, 1998, Market and Welfare Effects of Livestock Feed Subsidies in Southeastern New Mexico, *Journal of Agricultural and Resource Economics*, 23 (2): pp. 545 - 557.

67. Richa Singh, 2004, Equity in Fertiliser Subsidy Distribution, *Economic and Political Weekly*, 39 (3): pp. 295 - 300.

68. Rodney Lunduka, Jacob Ricker-Gilbert and Monica Fisher, 2013, What Are the Farm-Level Impacts of Malawi's Farm Input Subsidy Program? A Critical Review, *Agricultural Economics*, 44: pp. 563 - 579.

69. Satoru Shimokawa, 2010, Nutrient Intake of the Poor and its Implications for the Nutritional Effect of Cereal Price Subsidies: Evidence from China, *World Development*, 38 (7): pp. 1001 - 1011.

70. Sébastien Mary, 2013, Assessing the Impacts of Pillar 1 and 2 Subsidies on TFP in French Crop Farms, *Journal of Agricultural Economics*, 64 (1): pp. 133 - 144.

71. Sébastien Mary, 2013, To Which Extent Are Counter-Cyclical Payments More Distorting Than Single Farm Payments? Evidence from a Farm Household Model, *European Review of Agricultural Economics*, 40 (4): pp. 685 - 706.

72. Shahidur Rashid, Nigussie Tefera, Nicholas Minot and Gezahegn Ayele, 2013, Can Modern Input Use Be Promoted Without Subsidies? An Analysis of Fertilizer in Ethiopia, *Agricultural Economics*, 44: pp. 595 - 611.

73. Shenggen Fan, Ashok Gulati and Sukhadeo Thorat, 2008, Investment, Subsidies, and Pro-Poor Growth in Rural India, *Agricultural Economics*, 39: pp. 163 - 170.

74. Stefanos A. Nastis, Evangelos Papanagiotou and Savvas Zamanidis, 2012, Productive Efficiency of Subsidized Organic Alfalfa Farms, *Journal of Agricultural and Resource Economics*, 37 (2): pp. 280 - 288.

75. Stein Holden and Rodney Lunduka, 2012, Do Fertilizer Subsidies Crowd Out Organic Manures? The Case of Malawi, *Agricultural Economics*, 43: pp. 303 - 314.

76. Stein T. Holden and Rodney W. Lunduka, 2013, Who Benefit from Malawi's Targeted Farm Input Subsidy Program?, *Forum for Development Studies*, 40 (1): pp. 1 - 25.

77. Stephen Devadoss and Jude Bayham, 2010, Contributions of U. S. Crop Subsidies to Biofuel and Related Markets, *Journal of Agricultural and Applied Economics*, 42 (4): pp. 743 - 756.

78. Stephen K. Pollard and Harpal S. Grewal, 1983, Simulating the Impacts of Credit Policy and Fertilizer Subsidy on Central Luzon Rice Farms, the Philippines: Comment,

American Journal of Agricultural Economics, 5: pp. 349 – 350.

79. Stephen O'Neill and Kevin Hanrahan, 2012, Decoupling of Agricultural Support Payments: the Impact on Land Market Participation Decisions, *European Review of Agricultural Economics*, 39 (4): pp. 639 – 659.

80. Stephen Tokarick, 2005, Who Bears the Cost of Agricultural Support in OECD Countries? *World Economy*, 28 (4): pp. 573 – 593.

81. Steven M. Helfand, 2001, The Distribution of Subsidized Agricultural Credit in Brazil: Do Interest Groups Matter? *Development & Change*, 32: pp. 451 – 476.

82. Sunil Ashra and Malini Chakravarty, 2007, Input Subsidies to Agriculture: Case of Subsidies to Fertiliser Industry Across Countries, *The Journal of Business Perspective*, 11 (3): pp. 35 – 58.

83. T. S. Jayne, David Mather, Nicole Mason and Jacob Ricker-Gilbert, 2013, How do Fertilizer Subsidy Programs Affect Total Fertilizer Use in Sub-Saharan Africa? Crowding out, Diversion, and Benefit/Cost Assessments, *Agricultural Economics*, 44: pp. 687 – 703.

84. Theodoros Skevas, Spiro E. Stefanou and Alfons Oude Lansink, 2012, Can Economic Incentives Encourage Actual Reductions in Pesticide Use and Environmental Spillovers? *Agricultural Economics*, 43: pp. 267 – 276.

85. Thomas K. Gottschalk, Tim Diekötter, Klemens Ekschmitt, Bernd Weinmann, Friedrich Kuhlmann, Tobias Purtauf, Jens Dauber and Volkmar Wolters, 2007, Impact of Agricultural Subsidies on Biodiversity at the Landscape Level, *Landscape Ecol*, 22: pp. 643 – 656.

86. Tomas Baležentis, Irena Kriščiukaitienė and Alvydas Baležentis, 2014, A Nonparametric Analysis of the Determinants of Family Farm Efficiency Dynamics in Lithuania, *Agricultural Economics*, 45: pp. 589 – 599.

87. Usha Tuteja, 2004, Utilisation of Agricultural Input Subsidies by Scheduled Caste vis-à-vis Non-Scheduled Caste Farmers in Haryana, *Indian Journal of Agricultural Economics*, 59 (4): pp. 722 – 744.

88. Werner Kleinhanß, Carmen Murillo, Carlos San Juan and Stefan Sperlich, 2007, Efficiency, Subsidies, and Environmental Adaptation of Animal Farming under CAP, *Agricultural Economics*, 36: pp. 49 – 65.

89. Won W. Koo and P. Lynn Kennedy, 2006, The Impact of Agricultural Subsidies on Global Welfare, *American Journal of Agricultural Economics*, 88: pp. 1219 – 1226.

90. Wusheng Yu and Hans G. Jensen, 2010, China's Agricultural Policy Transition: Impacts of Recent Reforms and Future Scenarios, *Journal of Agricultural Economics*, 61 (2): pp. 343 – 368.

91. Xueqin Zhu and Alfons Oude Lansink, 2010, Impact of CAP Subsidies on Techni-

cal Efficiency of Crop Farms in Germany, the Netherlands and Sweden, *Journal of Agricultural Economics*, 61 (3): pp. 545 – 564.

92. Xueqin Zhu, Giannis Karagiannis and Alfons Oude Lansink, 2011, The Impact of Direct Income Transfers of CAP on Greek Olive Farms' Performance: Using a Non-Monotonic Inefficiency Effects Model, *Journal of Agricultural Economics*, 62 (3): pp. 630 – 638.

93. Xueqin Zhu, Róbert Milán Demeter and Alfons Oude Lansink, 2012, Technical Efficiency and Productivity Differentials of Dairy Farms in Three EU Countries: The Role of CAP Subsidies, *Agricultural Economics Review*, 13 (1): pp. 66 – 92.

第九章 产学合作利益分配研究的新进展

产学合作会为产学双方带来利益,如可以产出新的科学信息,训练良好技能的研究生,建立学术网络加强互动,提高解决问题的能力,产生新的工具、方法和技术,建立新的公司,提供社会知识,接触到独特的设备等(SPRU,2001)。但是如何合理分配产学合作利益,则决定着合作的成功与否。为此,国外学者围绕产学合作利益分配进行了大量研究。

一. 产学合作利益分配的内涵

(一) 产学合作的社会收益

产学合作通过驱动新知识产生和发散以让社会受益,尽管中间的关系可能是间接的,但的确能够增加社会的生产效率,提高生活水平,对社会产生正的外溢效应。对大学而言,通过产学合作可以把研究成果尽快投入市场,以及为大学提供机会培养出有技能、有知识能够立足于21世纪的学生(Ian,2011)。可以获得资金以培养博士,开展与企业有关的新项目,增进其与企业的关系,让参加的学生学习到新知识,开阔视野(Anders et al., 2001)。对企业而言,通过产学合作中企业可以获得的利益有受益于其资助的研究,可以接触到学术,可以接触到昂贵的实验设备,进入新的研究领域,与其他公司合作,增强自身学习能力(Anders et al., 2001)。

(二) 产学合作利益分配的内容

产学合作利益分配不仅包括产学间的利益分配，还包括科研团队间的利益分配。赵等（Zhao et al.，2014）使用社会网络分析方法分析了科研成员团队的利益分配机制，由于科研具有社会性，科研团队的任何一个成员必须与他人互动，或者获取知识以完成自身的科研任务，因此科研团队的合作十分必要。科研团队成员主要分为专业科研人员和科研贡献者两类，根据其在合作网络中的位置和权重来计算各自的贡献程度而设计出科研成员间利益分配机制，鼓励各成员在项目中实现不同的作用，提高项目成果质量。因此，一个科研团队的成果好坏不仅取决于专业科研人员的努力程度，还取决于科研贡献者的贡献程度。但在关于产学合作利益分配研究中，主要集中在产学间的利益分配上，对科研团队间的利益分配讨论较少。

(三) 产学合作利益分配的关键

对于任何合作，知识产权的管理都是关键（Du et al.，2009；Bronwyn，2004）。如果处理得好，产学合作就是机会，如果处理得不当，产学合作就会产生巨大的威胁。这在学界已经基本达成共识。一般而言，产学合作的知识产权问题有专利所有权、专利权使用费、专利权专属使用期限、优先购买权、先期及年度最低费用、专利权成本及维护费用、使用其他所有技术信息的权利，以及使用机密和专属信息等（Piacentini，2013）。

任等（Ren et al.，2015）指出，在合作创新中产权利益分配是最主要问题，因为各合作伙伴有着不同的利益追求，会导致所有权和利益分配的复杂性。如果利益分配不恰当，合作伙伴间就会产生利益冲突，伙伴关系也不会持续。马克（Mark，2004）也指出，产学合作中产权是至关重要的问题，通过德国和瑞典大学和研究者之间的产权制度安排区别，说明了产权对于鼓励产学合作的重要性。

保护产权是确保技术转移可行的机制，可让所有参与者受益，受到了政策制定者的高度关注（Risaburo，2005）。产权在澳大利亚的产学合作中发挥了重要作用。产权可以吸引产业与公共研究机构合作，帮助公共研究机构获得额外研究收入。产权也可以帮助特定类型的知识在公共研究机构与产业间流动,把知识转化成新技术、产品和服务(Advisory Council on Intellectual Property,2012)。

二、产学合作利益分配的原则

产学合作中对大学的专利进行商业化需要有清晰的原则,明确产权、利益分配和各自责任(Risaburo,2005),主要原则有:

(一)公平原则

产业技术创新联盟是合作的科研组织,其利益共享,风险共担,包括企业、大学和研究机构。联盟的利益分配机制是影响合作稳定运行的关键因素,应该根据各成员的投入和风险补偿建立利益分配机制,成员贡献得越多,收益越大,成员的风险越大,获得的补偿就越多。产学合作应该基于资源投入和风险补偿这两个维度建立公平的利益分配机制,这样一方面可以刺激成员的积极性,另一方面可以保证联盟的稳定运行,提升联盟整体的绩效(Tang,2014)。任等(Ren et al.,2015)也指出,产学合作利益分配必须公平,必须关注规制的创建和利益保护等。产权的利益分配机制要保证每一个参与者都可以公平地获得利益。利三郎(Risaburo,2005)指出,产生于产学合作的产权和成果分配是两个完全不同的东西,当产权属于大学时,大学的产权政策会表明如何在产学合作中进行利益分配。关于利益分配的问题,日本和美国都依据大学的政策来决定(塚本,2007)。大学的专利政策应该公平不应该是激进和机械的(Okamuro et al.,2013)。

(二)弹性原则

内勒等(Kneller et al.,2014)认为,在产学合作中大学和企业要公正和有弹性地处理利益分配事宜。产学合作利益分配中,应该有弹性地活用共有专利。关于产学合作成果的共有专利的使用问题,应该构筑产学和社会都受益的关系,这非常重要。为此,大学和企业的共有专利,如果企业没有必要进行独占实施，大学可以适时适当地许可其他企业使用，相反，如果大学没有保有知识产权的必要，则应该把共有专利让渡给该企业（文部科学省，2010）。冈村（Okamuro et al.，2013）也指出，大学的专利政策应该根据合作伙伴的需求有弹性地运用，企业的管理者在寻找合作伙伴时应该关注大学的专利政策，避免利益纠纷。大学应该建立统一体制对知识产权进行有弹性的管理，为了刺激研究者个人的积极性应该导入发明奖励制度等，让研究人员和从事科研的学生了解知识产权的使用及规则（经济产业省，2002）。

（三）共赢原则

内勒等（2014）认为，大学应该有责任管理好合作中产生的新发现，使各方均受益。这种能力的养成并非一朝一夕，需要长期培养。产学合作可以推动大学知识商业化和经济增长，因此有必要了解企业如何从合作中获得利益，保证学术研究的发展有利于企业、大学和公众这三个利益主体。

三、产学合作利益分配的方式

国际上关于产学合作产权的分配有不同的做法，有的是专利收入应该完全归属产权拥有者，有的是专利收入应该平均分配，还有些做法介于这两者之间，往往都是个案讨论，其中，清晰、透明、弹性和个体沟通是非常重要的（Risaburo，2005）。冈室（冈室，2003）对日本1577家中小企业调查显示，专利权和营业收入的分配方式是：34%根据技术贡献度分配，22%的情况是平均分配，13%的情况是根据资金贡献度分配，31%的情况是成果的商品化和专利申请不是在共同事业中进行，由参加企业自由决定。

（一）按照贡献度分配

一般日本大学和企业实施共同研究时，两者共有专利权（经济产业省，2006）。双方共有多见于共同研究，但必须明确：根据法律，关于共有技术成果是否申请专利需要权利者间达成共识,为此,企业在协议中需要事先规定好研究机构的协助义务。法律上技术共有权者可以单方面把一般实施权赋予他人使用,但如果是专利,由授权而带来的收益必须在共有权者间按照一定分配。即便是受益高比例的一方如果没有对方同意也无法实施转让权、垄断许可权（日本贸易振兴机构,2012）。

在共有研发技术或共有专利权情况下,具体的利益分配 AUTM 希望共同发明者间的利益分配要依照贡献度来分配,在决定贡献度的时候要以发明者间的共识为原则,书面化发明者间的决定并要签署双方达成共识的分配方法。另外要构筑对分配方法产生纠纷时解决框架（塚本,2007）。

王等（Wang et al.,2014）认为利用传统的夏普利计算法进行产学联盟利润分配是不公正的。鉴于此,他改良公平因子,优化夏普利计算法,进而提出了新的利润分配模型。模型首先根据联盟中各成员的贡献因子计算各成员的贡献率,然后评估各成员所承受的风险因素,通过技术创新因素评估技术创新能力,最后依照这些评估结果来调整利润分配形成最后的分配模式。案例演示显示,与传统的夏普利计算法相比,本方法更加公平、更具有稳定性,也提高了各成员的满意度,可以维持产学研联盟的持续发展。

（二）平均分配

塚本（2007）对多所美日大学的政策进行确认发现,发明者间的利益分配除非有特别规定,否则都是平均分配,或者按照贡献度进行分配。罗伯特和乌尔里克（Robert and Ulrich,2009）分析美国产学合作共同出资企业的所有权决定发现,单边获取利益的可能性越大,产权越趋向于平均分配而不考虑其贡献。产学共同出资建立企业可以观察企业对共同使用的资产如何主张自己的产权,产权可以清楚地描绘出控制程度。

（三）单独所有

大西等（2014）运用日本燃料电池专利信息分析产学合作有效性的同时讨论了共同发明最佳的权利归属问题。他指出,产学合作的权利归属和企业规模没有关系,所有企业的单独申请、占据专利权的倾向都较强。企业给大学支付的研究费越多,对成果的期待度越高,更多倾向于完全独占型（ライセンス委員会等，2007）。

日本贸易振兴机构（日本貿易振興機構，2012）指出，委托研发的情况，专利申请权、专利权、项目著作权、关于技术秘密的权利等一般归企业所有。不过研究机构有时会要求如下权利：对技术资料、文献署名的权利，申请学术奖、论文发表等当作研究机关学术成果的权利，技术成果用于学术研究的权利。只要权利的行驶不会危害到委托方的利益，委托方就不能拒绝研究机构这样的要求。

英国大学与企业共同研究签约时，双方交涉也困难重重，往往是大学单独保有专利。对于大学而言，拥有共有专利没有任何价值，大学既不能自身贩卖商品，也不能许可其他公司使用而获取费用。共同研究对方又不支付专利费用，大学研发出成果需要很长时间，更多的是使用政府资金。这样一来，大学单独保有专利的做法就较为普遍，但实际上接受这样条件的合作研究对方大约占整体的50%（中澤，2013）。

四、避免和解决产学合作利益冲突的方式

（一）通过签订协议约定各方权益

关于产学合作的利益分配问题往往是以签约的形式来规定。大学和企业进行共同研究时特别需要考虑的问题有研究的风险和共同研究的题目、共同研究的成果及成果的实施和推广。一般合约的最主要部分有不实施补偿问题、独占实施补偿问题、费用负担问题、专利申请及实施的条件、良好的组织架构及包括第三者实施、大学发表及分配比例变更等其他问题（ライセンス委員会等，2007）。产学合作签订共同研究协议时应考虑产学的不同特点、专利法和共同研究签约的目的，关于研究开发分工应该考虑研发效率，在协议中对专利权共有应做出合理规定，对于成果向第三方转移的规定应尽可能详尽（石田正泰，2009）。

涉及产学合作核心利益分配的协议有合作协议、保密条款因素、合作开放协议因素及影响产权保护的组织因素（Piacentini，2013）。伯科维茨（Bercovitz et al.，2007）指出，产学合作中，企业可以通过保密协议来保护它们的发明，达到良好的利益分配。当企业聚焦于探索性研究时风险较

大，往往是企业的长期战略，因此企业需要通过保密协议让自己第一个进入市场或是通过专利保护自身产权从而保护它们的投资。

青山（青山，2006）认为，产学合作共同研究时，关于研究成果的归属问题在共同研究协议中的明确规定必不可少。在共同研究协议中，关于研究成果申请专利问题要做出概括性规定，最好可以签订共同许可申请协议。对研究成果拥有权利的发明者，如果是职务发明权利归属企业和大学，对发明者要有等额补偿。共有专利必须全员共同申请，共有专利如果没有得到其他共有者同意，其所持有的部分不能够转让和抵押，也无法允许他人实施。要切实评价各方对研究成果的贡献程度，写明权利归属和持有比例，关于贡献度衡量问题有必要请专利专家进行评测。如果大学单独申请专利，需要对其减免手续费、专利费，企业可以支付给大学公正的专利使用费，这对双方都产生益处。如果企业不接受大学的让渡，大学可对企业要求不实施补偿，这都应该明确记录在共同专利申请协议中。

产学间的合作协议在谈判时，如果处理不好一般会有没有达成一致的部分，其会导致项目的推迟或被破坏。大学产业示范伙伴关系组织提供了协议文本以解决产学合作利益分配不协调问题。文本包括5个部分：工作陈述、赔偿、出版、其他研究成果和版权、产权背景（UIDP，2009）。

为确保产学签约的顺利进行，有必要由精通签约业务的人才，完善签约指导手册，构筑大学和研究机构可以共同管理的良好体制，以及研究状况弹性处理（文部科学省，2007）。内勒（Kneller，2007）指出，产学间的利益冲突是影响效率的主要障碍，大学应该长期雇佣至少1~2名专家来处理利益冲突和研究项目保护的相关事宜。

（二）通过政府规制和政策平衡各方利益

产学合作中，把大学知识转移给私人部门往往是国家研究基金的一个目标，其可以给社会带来益处。重要的技术转移的增加也增进了产学间彼此的关系，带来了利益，但也增加了学术研究的风险，会导致个体财政利益冲突和组织财政利益冲突。个体财政利益冲突可以凭借提升现存管理体系和放缓规制来解决，组织财政利益冲突可以靠政策和规则的制定来解决（AAU，2001）。

梅雷特等（Merete et al.，2008）指出，一些欧洲国家仿照美国拜杜法案的改革，通过专利许可协议，对产学合作的利益分配进行了规制。由于产权的解决和合作研究之间存在独立性,一些欧洲国家已经把研发人员的发明所有权转移给其所在的大学,并且也赋予了产业伙伴可以接触到这些发明的机会。这样一种制度安排就意味着产学的关系已转移为以市场为基础。

阿扎格拉—卡罗(Azagra-Caro et al., 2005)指出,通过政策推动产学合作及利益分配是非常可取的,但重要的是要区分哪些利益分配可以由政策控制?哪些内容具有重要影响?以及强度如何?

内勒(2007)指出,1998~2004年日本仿照美国的拜杜法案体系对日本技术转移体系进行改革,技术转移办公室(TLOs)的专利和许可数量及新建企业的数量都已接近美国,但日本技术转移办公室的能力参差不齐,平均专利收入较低。这种新的日本技术转移体系最大的特点就是合作研究异军突起,主要原因是日本绕着专利所有权及管理进行改革。发明权共有的项目应该多样化,主张的最基础部分应该有明确的记录,应该去除限制国立大学从新建企业中获得股权的规定。

黑川等(黑川 et al., 2002)指出,尽管日本对于产学合作的必要性有了很高认识,但是依然有仅凭论文评价研究内容的倾向,对于专利的取得和产学合作的业绩评价较低。由于论文至上,获得专利对于研究者而言成为负刺激,使得即使牺牲自身的研究时间从事产学活动也很难获得相应评价。大学研究者通过参加产学活动可以更好地了解产业需求,认识到应该解决的问题,产生革命性独创的概念,这样一种良好循环对研究者也有利益,这却没有被充分宣传。国立大学由于没有法人资格,发明归属个人,可是个人很难支付专利申请和维护的费用,自然就不会申请专利而直接无偿让渡给企业。为了防止发明死亡的状况,确保对大学和发明者的激励,各国立大学纷纷建立了技术转移机构(TLO)。私立大学的情况是如果是职务发明,权利归属大学,但大学很难处理好大量的专利申请文书及费用负担问题,有必要建立发明者可以自由选择专利申请形态的机制。在生物领域里大学的基础研究非常重要,在大学里研究者和技术转移办公室间也存在利益冲突,这都需要相关制度进行规范。

(三) 加深对产权的理解

内勒等(2014)认为,在产学合作的背景下经常会出现关于产权和出版自由的复杂情况。公司和社会作为一个整体将非常受益于与大学的合作,但要从整体上平衡好大学、企业和社会的利益却非常困难。

洛迪克(Rodrik,2004)指出,产学合作需要的不是产业政策而是跨界对研发的支持、对产权的理解和保护。当政府干预过多或过少时市场都很难发挥应有功能,很多关于产学合作的政策都提出政府不能选择胜利者,发展中国家缺乏能够胜任的产学管理机构,因此很难有较高的效率。大学与商业部门、政府、其他大学等签订许可协议时,必须考虑和强调利益冲突,保证技术许可被使用,产权被商业化。大学必须尽可能与产业合作,但必须有效率地平衡好无数的问题及适当地管理好产权。凯斯西储大学通过其员工每年产生了大量新的专利,尽管大学本身也有限制产权商业化的问题,但通过把发明专利转移给社会,凯斯西储大学和发明者都得到了金融回馈。凯斯西储大学应把管理产权与自身的学术任务、目的和政策相结合,按照专利、商标、版权法的要求,遵照拜杜法案运用政府资金创建产权(Case Western Reserve University,2010)。

对于产学合作期待的快速调整及双方对商业化和产权的良好理解有助于加速谈判,产学间关于技术方面的谈判进展顺利,如工作范围、可交付品的定义、项目的里程碑和时间框架都非常易于谈判,但成本分担、产权所有权、出版权、保险、保证书、赔偿事宜等易导致谈判的推迟,增加复杂性。这些棘手的问题根据项目不同而不同,必须一一谈判(Advisory Council on Intellectual Property,2012)。

参考文献

1. 大西宏一郎,枝树一磨,山内勇,2014,中小企業における共同研究の有効性と成果の権利帰属に関する実証分析—特許の共同発明・共同出願の観点から—,日本政策金融公庫論集,第 23 号.

2. 岡室博之,2003,中小企業の共同事業の成功要因:組織・契約構造の影響に関する分析,商工金融,53(1):21-31.

3. 黒川清,山田清志,宮田敏男,2002,バイオテクベンチャー:日本の現状と課題,バイオテクノロジーの進歩と特許,PP. 171-279.

4. 青山紘一,2006,産学連携と法的問題,第 8 回産学連携と共同特許出願契約について,産学官連携ジャーナル.

5. 塚本潤子,2007,発明者の認定要件、対価の配分,平成 18 年度技術移転人材育成プログラム調査研究報告書、参考資料編,参考資料 1.1.

6. 中澤真吾,2013,イギリスの大学における技術移転の現状について,*Tokugikon*,No. 270.

7. ライセンス委員会，第3小委員会，2007，産学連携成功化の鍵―契約の観点から―，知財管理，57（6）．

8. 日本貿易振興機構，2012，「知的財産権関連共同研究の留意点に関する調査」報告書．

9. 石田正泰，2009，産学間共有特許権活用促進のあり方―イノベーション促進の観点からの提案―，http：//www. motjp. com/patent/pdf/relay_09. pdf.

10. 経済産業省，2002，経済活性化に向けた今後の産学連携のあり方について（最終とりまとめ），http：//www. meti. go. jp/policy/innovation_corp/subcommission%28meti%29/14. 4. 25saisyu. pdf.

11. 経済産業省，2006，新たな産学連携に向けた取組（研究面における産学連携の在り方），資料3，http：//www. meti. go. jp/committee/materials/downloadfiles/g60502f03j. pdf.

12. 文部科学省，2007，イノベーションの創出に向けた産学官連携の戦略的な展開に向けて（審議まとめ）．

13. 文部科学省，2010，イノベーション促進のための産学官連携基本戦略―イノベーション・エコシステムの確立に向けて―．

14. AAU，2001，*Report on Individual and Institutional Financial Conflict of Interest*，Association of American Universities，http：//www. aau. edu/workarea/downloadasset. aspx?id=6358．

15. Advisory Council on Intellectual Property，2012，*Collaborations between the Public and Private Sectors：The Role of Intellectual Property*，Final Report，Canberra，http：//www. acip. gov. au/pdfs/ACIP_Final_Report_Collaborations_between_the_Public_and_Private_Sectors_Archived. pdf.

16. Anders Hanberger，Ingrid Schild，David Hamilton，2001，*Academy–Industry Collaboration Mid–term Evaluation of the Knowledge Foundation's Knowledge Exchange Programme*，Umeå Centre for Evaluation Research，Evaluation Reports，No. 7，https：//www. diva-portal. org/smash/get/diva2：576253/FULLTEXT01. pdf.

17. Azagra-Caro Joaquín，Juana Aznar Márquez，Juan M. Blanco，2005，The Allocation of Effort to University–Industry Interactive Activities by Faculty Members：A Theoretical and Empirical Approach，http：//digital. csic. es/bitstream/10261/10316/1/AC92_1_UI-IF1%2520-%2520RDMC05. pdf.

18. Bercovitz Janet and Maryann Feldman，2007，Fishing Upstream：Firm Innovation Strategy and University Research Alliances，*Research Policy*，36（7）：pp. 930–948．

19. Bronwyn H. Hall，2004，University–Industry Research Partnerships in the United States，*Kansai Conference Paper*，https：//eml. berkeley. edu/~bhhall/papers/BHH04_Kansai. pdf.

20. Case Western Reserve University, 2010, Laws, Policies and Practices Governing Commercialization of Intellectual Property, http://policy.uconn.edu/2015/10/08/intellectual-property-and-commercialization-policy/.

21. Du Julan, Yi Lu, Zhigang Tao, 2009, Property Rights Protection and Allocation of Investment: Evidence from China's Private Firms, Available at SSRN 1222842.

22. Ian Currie, 2011, Government Policies to Encourage University-Business Research Collaboration in Canada: Lessons from the US, the UK and Australia, *CSLS Research Report*, 2011 – 02, http://www.csls.ca/reports/csls2011 – 02.pdf.

23. Mark O. Sellenthin, 2004, Who Should Own University Research? An Exploratory Study of the Impact of Patent rights Regimes in Sweden and Germany on the Incentives to Patent Research Results, Swedish Institute For Growth Policy Studies, http://www.diva-portal.org/smash/get/diva2:244731/FULLTEXT01.pdf.

24. Kneller Robert, 2007, The Beginning of University Entrepreneurship in Japan: TLOs and Bioventures Lead the Way, *The Journal of Technology Transfer*, 32 (4): pp.435 – 456.

25. Kneller Robert, Mongeon Marcel, Cope Jeff, Garner Cathy and Ternouth Philip, 2014, Industry-University Collaborations in Canada, Japan, the UK and USA-With Emphasis on Publication Freedom and Managing the Intellectual Property Lock-Up Problem, *PloS one*, 9 (3).

26. Limei Zhao, Qingpu Zhang and Liang Wang, 2014, Benefit Distribution Mechanism in the Team Member's Scientific Research Collaboration Network, *Scientometrics*, 100: pp.363 – 389.

27. Merete Løwe Drewsen, Finn Valentin, 2008, The Allocation of IPR from Industry-University Collaboration in Explorative Research, Paper to be presented at the DRUID-DIME Academy Winter 2008 PhD Conference, http://www2.druid.dk/conferences/viewpaper.php?id = 2040&cf = 28.

28. Okamuro Hiroyuki, Junichi Nishimura, 2013, Impact of University Intellectual Property Policy on the Performance of University-industry Research Collaboration, *The Journal of Technology Transfer*, 38 (3): pp.273 – 301.

29. Piacentini Alessandro, 2013, The University-Industry Partnership A New Format to Promote Innovation, http://www.piar.it/report09today/piacentini.pdf.

30. Ren Duanyang, Wei Song and Guofeng Zhang, 2015, Research on the Benefits Allocation System of the Collaborative Innovation Center of China, *American Journal of Industrial and Business Management*, 5 (6): pp.376 – 382.

31. Ren Duanyang, Xiaoyan Song and Haibin Zhou, 2015, Research on Intellectual Property Benefits Allocation Mechanism—Using Case of Regional-Development Oriented Collaborative Innovation Center of China, *Open Journal of Applied Sciences*, 5 (8): pp.

428-433.

32. Nezu, R. , Chou Siaw, K. , Ganguli, P. , Nishio, K. , Tansinsin, L. and Hwa-Chom, Y. , 2005. Technology Transfer, Intellectual Property, and Effective University-Industry Partnerships: the Experience of China, India, Japan, Philippines, the Republic of Korea, Singapore, and Thailand, Genebra: World Intellectual Property Organization, http://www.wipo.int/edocs/pubdocs/en/intproperty/928/wipo_pub_928.pdf.

33. Robert Hauswald, Ulrich Hege, 2009, Ownership and Control in Joint Ventures, http://www1.american.edu/academic.depts/ksb/finance_realestate/rhauswald/papers/Ownership%20and%20Control%20in%20JVs.pdf.

34. Rodrik Dani, 2004, Industrial Policy for the Twenty-First Century, https://www.sss.ias.edu/files/pdfs/Rodrik/Research/industrial-policy-twenty-first-century.pdf.

35. SPRU, Mantell Building, 2001, The Economic Returns to Basic Research and the Benefits of University-Industry Relationships, http://documents.library.nsf.gov/edocs/HC110.H53-E139-2001-PDF_The-economic-returns-to-basic-research-and-the-benefits-of-univer sity-industry-relationships.pdf.

36. Tang Wen, 2014, Research on Interests Distribution Model of Industrial Technology Innovation Strategic Alliances, *International Journal of u-and e-Service, Science and Technology*, 7 (2): pp. 157-166.

37. UIDP, 2009, Contract Accords for University-Industry Sponsored Research Agreements, University-Industry Demonstration Partnership, https://research.utexas.edu/wp-content/uploads/sites/4/2015/10/Contract_Accords_Sponsored_Research_Agreements.pdf.

38. Wang Tao and You Jiang, 2014, Profit Distribution Model of Industry-University-Research Alliance Based on Shapley Algorithm, *Computer Modelling & New Thechnologies*, 18 (12C): pp. 504-508.

第十章 外商直接投资收入不平等效应研究的新进展

外商直接投资（FDI）企业由于其较高的生产率和利润率（John W. Budd et al.，2005；Hartmut Egger and Udo Kreickemeier，2013；Beata S. Javorcik，2014），以及出于防止技术外溢（Andrea Fosfuri et al.，2001）、吸引高质量劳动力（Lipsey and Sjoholm，2004）和迫于东道主国家制度压力树立良好公关形象（Robert E. Lipsey，2004）等目的，外资企业工资往往高于内资企业，这在发展中国家（Brian Aitken et al.，1996；Haddad and Ann Harrison，1993）和发达国家或地区（Eric D. Ramstetter，1999；Lipsey，1994；Rachel Griffith and Helen Simpson，2001）都得到了验证。然而，外商直接投资的高工资对东道国的收入不平等效应，却在学界存在广泛争议。

一、外商直接投资具有缩小收入不平等效应

经典 H-O 模型假定，贸易两国生产技术相同，两国商品与要素市场属完全竞争市场，不存在贸易壁垒，两国区别仅要素禀赋不同，一国存有丰富的资本存量，而另一国具有丰富的劳动存量，模型得出两国间贸易和资本的流动将有利于提高本国禀赋较高的生产要素其回报。由于发展中国家存在丰富的劳动力资源，因此对外开放和 FDI 会提高东道国低技术劳动者的相对收入水平，有利于提高发展中国家劳动者报酬（Roberson，2000），从而缩小收入差距。

在该理论框架下，曼苏尔·穆尔塔克等（Mansoor Mushtaq et al.，2014）认为，引入 FDI 的国家往往缺乏资本，FDI 的引入恰恰满足了东道国的资本需求，促进了东道国经济增长，带动劳动者收入提高。另外，

FDI 还会给东道主国家带来先进的技术，当地企业也可以通过学习吸收外资企业的先进技术与生产要素管理方式，提高工人的生产效率和工资水平。詹森等（Nathan M. Jensen and Guillermo Rosas, 2007）认为，引入外资与本地资本互相竞争，提高了本地工资水平与企业盈利能力的角度，降低了收入差距。班得瑞（Bornali Bhandari, 2007）立足于边际报酬递减规律对经典 H-O 模型进行了论证。如果 FDI 引入国劳动力数量远远超过资本拥有者，FDI 将会增加国内资本总量，根据边际报酬递减规律，资本回报将减少，劳动报酬将增加，因此资本与劳动力之间的收入不平等将被缓解。而如果前期资本总量远远大于工人数量，则引入 FDI 会增加收入不平等。保罗·菲吉尼等（Paolo Figini and Holger Gorg, 2011）对发达国家的实证研究对此作出了印证。

曼苏尔·穆尔塔克等（2014）应用孟加拉国、印度、尼泊尔、巴基斯坦、斯里兰卡 5 国 1980~2011 年的面板数据，使用固定效应模型进行回归分析也得出引入 FDI 显著降低了收入不平等程度。其他学者运用 1979~2006 年间中国的数据（Xiaofei Tian et al., 2008）、1972~2005 年间的巴基斯坦（S Hussain et al., 2009），1990~2000 年墨西哥的省级数据（Nathan M. Jensen and Guillermo Rosas, 2007）也都证实了这一点。

二、外商投资具有扩大收入不平等效应

（一）实证检验挑战 H-O 模型结论

与经典 H-O 模型彰显的收入分配效应不同，更多学者实证得出了外商直接投资加剧收入不平等的结论，且这一现象与东道国是发达国家还是发展中国家无关，从而对 H-O 模型提出了挑战。

1. 发达国家的实证检验

西姆·丁丁（Cem Tintin, 2012）以 1990~2010 年间 14 个 OECD 国家为样本的实证分析发现，FDI 整体提高了技术工与非技术工的工资水平，却也显著拉大了最低收入人群和中等收入人群之间的工资差距。马（Jai S. Mah, 2002）以 1975~1995 年间的韩国为样本的实证分析也发现，

韩国的基尼系数随着贸易自由化与 FDI 流入而上升，收入分配状况恶化。凯伦·泰勒（Karen Taylor and Nigel L. Driffield, 2009）利用英国 1983 ~ 1992 年间 101 个企业级面板数据，以技术工与非技术工之间的工资差距作为被解释变量构建随机效应模型，以及卡罗多克拉克等（Chatchai Chordokrak and Pandej Chintrakarn, 2011）以 1988 ~ 2003 年间美国 48 个州为样本，运用固定效应模型的实证研究均得到了 FDI 显著提高收入不平等的结论。

2. 发展中国家的实证检验

学者们对发展中国家 FDI 扩大收入不平等的实证检验更为充分。巴苏等（Parantap Basu et al., 2007）对 119 个发展中国家 1970 ~ 1999 年面板数据的实证分析得出，FDI 促进了收入不平等，净 FDI 流入占 GDP 的比重增加 10%，收入不平等程度将上升 0.11%。外资的引入有利于人力资本水平较高以运营现代制造企业的高收入人群，而不利于低收入人群，除非这部分人群能够及时学习利用现代技术。崔常宇（Changkyu Choi, 2006）通过对世界银行 2004 年世界发展指数数据库中 119 个发展中国家 1993 ~ 2002 年数据进行回归分析也发现，收入不平等程度随着 FDI 升高而上升，其中，拉丁美洲和加勒比地区国家收入不平等程度恶化更为严重。拉斐尔·鲁文尼等（Rafael Reuveny and Quan Li, 2003）研究 69 个发展中国家 1960 ~ 1996 年经济开放与民主化对收入不平等的影响也发现，FDI 显著提高了收入不平等程度。以收入最高的 20% 人群其收入份额作为被解释变量，利用固定效应和随机效应进行的稳健性检验均证实了这一点。巴基斯坦（Muhammad Shahbaz and Naveed Aamir, 2008）、东欧与中亚地区国家（Bornali Bhandari, 2007）的 FDI 也与收入不平等存在明显的正向关系。

（二）放松技术相同假定对扩大收入不平等效应的解释与验证

实证研究之所以得出与 H-O 模型不同的收入分配效应，原因在于 H-O 模型的很多假定过于严苛，与现实不符。比如，两个贸易国生产技术相同是经典 H-O 模型的基本假定之一，然而，实际上发达国家和发展中国家在技术水平上存在明显差异。

罗伯特·芬斯特拉和戈登·汉森（Robert C. Feenstra and Gordon

第十章 外商直接投资收入不平等效应研究的新进展

H. Hanson，1997）放松了经典 H-O 模型关于两国技术水平相同的假设前提，假定两国技术密集度不同，北方国家技术密集度较高，南方国家技术密集度较低。并将生产函数中劳动变量分解为高技术劳动者与低技术劳动者，构建两国家南北（South-North）模型。其中，北方 FDI 流出国家由于将相对低技术生产阶段外包，提高了本国高技术工人的相对需求和工资，南方 FDI 流入国家由于引入了相对高技术的生产阶段，提高了东道国高技术工人相对需求和工资。因此，自发达国家向欠发达国家的资本流动同时提高了两个地区对高技术劳动者的需求，导致两个地区高技术劳动者工资相对提升，收入差距扩大，从而得出了与经典 H-O 模型不同的结论。

在两国生产技术差异假设前提下，FDI 为东道国带来了新技术，导致技术工相对需求增加（James M. Cypher and James L. Dietz，2008），发达国家低技术密集度产业与发展中国家高技术密集度产业外包（Raymond Robertson，2000），拉大了技术工与非技术工之间的工资差距，使得 FDI 与收入不平等存在正向关系。

格里马尔德等（Grimalda et al.，2010）将后苏联时代的中欧与东欧国家分为两类：欧盟新成员国和独联体（Commonwealth of Independent States）与欧洲东南部国家。研究发现，FDI 提高收入不平等程度的作用在欧盟新成员国更加明显，原因在于欧盟新成员国存在由于结构变化引起的技术赶超与生产率提升现象，证实了 FDI 通过引入先进生产技术引起东道国收入差距扩大的理论假设。

大量实证研究基于两国生产技术差异前提进一步验证了外商投资的收入不平等扩大效应。罗伯特·芬斯特拉和戈登·汉森（Robert C. Feenstra and Gordon H. Hanson，1997）对 1975~1988 年间墨西哥的实证研究表明，FDI 增长解释了 20 世纪 80 年代晚期高技术劳动者工资份额增长的 50% 以上。墨西哥加入北美自由贸易总协定（NAFTA）后，由于引入 FDI 的负向工资溢出效应，不同技术禀赋劳动者之间收入不断扩大（Gordon H. Hanson，2003）。在中国，FDI 也是拉大收入不平等程度的重要因素（Zhang and Zhang，2003），但这种影响是结构性的，2001 年中国 1 500 个企业的数据显示，FDI 间接提高了私有企业技术工人的工资水平，而对普通工人与国有企业工人则无影响（G. Hale and C. Long，2011）。

FDI 带来的性别工资差异也充分说明了由于两国技术差异 FDI 引发了劳动力市场需求变化。比如，乔杜里等（Sarbajit Chaudhuri et al.，2014）认为，女性工人大多集中于劳动密集型制造业与服务行业，男性工人相对集中于资本密集度较高领域，FDI 挤压了东道国制造业部门的工资水平，这一现象在女性工人身上尤甚，从而拉大了性别间的工资差距。利用跨国数据（Ramya M. Vijaya and Linda Kaltani，2007）、中国台湾地区数据（Stephanie Seguino，2000）、韩国数据（Berik，G.，Rodgers，Y.，Zveglich，J.，2004）的实证研究也都验证了这一点。瑞姆科·奥斯滕多普（Remco H. Oostendorp，2009）突破笼统研究性别工资差距的思维，对 1983~1999 年 80 个国家 160 种职业进行细分分析得出，无论在发达国家还是发展中国家，FDI 都缩小了低技术部门的性别工资差距；在发达国家，FDI 缩小了高技术部门的性别间工资差距；在贫穷国家，FDI 拉大了高技术部门的性别间差距。

跨国公司作为 FDI 非常重要的一种形式，其总部的技术密集度要高于跨国公司分部，更高于东道国国内公司，如拉丁美洲地区由于其国内跨国公司总部较少，以 FDI 方式引入其他国家的跨国公司分部会提高国内的技术密集度，提高对国内技术工的需求，拉大技术工与非技术工之间的收入差距（Dierk Herzer et al.，2014；Gordon H. Hanson，2003）。拉斐尔·鲁文尼等（2003）认为，跨国公司通过建立一种少量高端企业，大量下游企业的产业组织扭曲收入分配格局，引入资本密集型技术导致非技术工人的失业。迈克尔·克莱因等（Michael U. Klein et al.，2001）也发现，跨国公司倾向于给高技术工人支付更高的工资，FDI 通过提高技术工与非技术工之间的工资差距以恶化收入不平等程度。

（三）引入政治与市场力量对扩大收入不平等效应的解释

拉斐尔·鲁文尼等（2003）从政治与市场力量角度对 FDI 扩大收入不平等的效应进行了解释。他们认为，跨国公司形式的 FDI 可通过以下几个途径恶化东道国的收入不平等情况：第一，跨国公司往往具有充足的政治力量，以离岸为威胁左右当地政府控制当地工会组织，保障其拥有廉价的劳动力资源，并利用解雇威胁雇佣劳动者的谈判能力；第二，跨国企业也会推动当地企业降低工资以降低成本，跨国公司倾向于对劳动密集型企业的工人支付较低工资，并推动国内供应商效仿以降低成本；第三，由于跨国企业相对当地企业纳税较少，因此会影响东道主国家的福利支出。

三、外商直接投资与收入不平等之间存在倒"U"型关系

将时间变量引入分析模型,FDI 在不同时期对劳动力市场的影响不同,导致收入不平等状况表现为先扩大后缩小的倒"U"型。

(一) 放松市场完全竞争假设的 FDI 收入不平等效应

关于外商直接投资与收入不平等之间的倒"U"型关系,研究的一个视角是对经典 H-O 模型关于两国商品与要素市场完全竞争的基本假定给予修正。萨提亚·达斯(Satya P Das,2002)认为罗伯特·芬斯特拉和戈登·汉森(1997)的模型忽略了发展中存在非完全竞争市场结构的现实,从而突破经典 H-O 模型的完全竞争市场假设,将市场垄断引入分析模型。他们假定,经济存在两部门,X 与 Y,Y 为对照组,完全竞争,其自身劳动力完全是低技术的;X 部门为实验组,存在寡头垄断,也同时有外资企业与内资企业,自身劳动力有高技术与低技术之分,通过模型推导发现,FDI 虽然短期内提高了高技术密集度部门的工资差距,发生负向的工资溢出效应。长期内由于 FDI 引起产出由国内低效率企业向外资高效率企业转移,再加上 FDI 挤出国内企业家,导致大量高技术劳动者进入劳动力市场,高技术劳动者的需求减少,供给增加,因此降低了不同技术禀赋劳动者之间的工资差距,但也降低了整体的劳动收入。

(二) 二元经济框架下的 FDI 收入不平等效应

巴苏等(2007)针对发展中国的二元经济特征,在二元经济框架下研究了 FDI 的收入不平等效应。他们假定,经济中传统部门与现代部门两部门,传统部门利用原始劳动力、人力资本与土地生产食物,由于土地供给有限,因此传统产业边际回报率递减。现代部门利用原始劳动力、人力资本和国外资本进行生产,其中,外资是现代部门生产的一个重要因素。假定现代部门生产需要一个最低的人力资本需求,通过引入初始人力资本、投资、国外资本、效用偏好以及资源限制等因素,考察 FDI 与收入不

平等之间的关系发现，短期内 FDI 会加剧收入不平等，而短期内 FDI 在 GDP 中的比重将达到一个上限，因此基尼系数也会达到一个上限，但没有发现长期内 FDI 会导致收入不平等程度下降的现象，从而将 FDI 的收入不平等效应停留在了倒"U"型曲线的前半段。

（三）劳动力市场供需变化导致 FDI 倒"U"型收入不平等效应

曹等（Hyungsun Chloe Cho et al.，2015）从劳动力市场高技术劳动者供给变化角度分析认为，短期内，高技术劳动者供给固定，FDI 先进的生产技术和管理模式对该群体需求巨大，引发这一群体相对工资上涨，收入差距扩大。但是，长期内，高技术劳动者供给将会增加，收入不平等随之下降。他们将 FDI 的平方项作为解释变量，实证分析了 7 个东南亚国家 1990~2013 年引入 FDI 对基尼系数的影响发现，短期内 FDI 提升了收入不平等，长期内则降低了基尼系数，在 FDI 占 GDP 比重达到 0.56 时，基尼系数开始下降。

保罗·菲吉尼等（Paolo Figini and Holger Gorg，2011）从劳动力市场需求变化角度分析认为，发展中国家 FDI 与工资不平等之间存在倒"U"型关系。第一阶段，FDI 进入增加了少量技术工人需求并带动了这些人的收入提高，但是由于东道国对新技术不熟悉，大量企业仍然采用原有技术进行生产，FDI 对劳动力市场影响较小，技术工和非技术工都主要就业于原有技术行业，因此工资差距变化不大；第二阶段，随着东道国企业不断学习新技术，国内大部分产出逐步采用新技术，短期内对技术工需求大幅上涨，带动技术工相对工资上涨，收入差距扩大；第三阶段，随着所有企业全部开始采用新技术，对非技术工人的需求将逐渐减少并趋于零，最终使得工资差距缩小。其他学者对土耳其（Meltem Ucal et al.，2014）和欧洲国家（Dierk Herzer et al.，2013）的实证研究也都印证了 FDI 的这一效应。

劳动收入份额变化也常常用来说明收入不平等变化，一般认为，劳动收入份额提高，缩小了与资本所得差距，收入不平等状况改善，因此，部分学者从劳动收入份额角度研究了 FDI 的收入不平等效应，并也得出了二者的倒"U"型关系。布鲁诺等（Bruno Decreusey and Paul Maarek，2008）从劳动力市场竞争角度分析认为，短期内，FDI 通过提高市场垄断力量和引入先进生产技术压低劳动收入份额，长期来看，随着外资企业的技术外溢，企业在劳动力市场上的竞争增加，劳动者的谈判能力增强，劳动收入份额提高。布鲁诺等（2008）通过实证分析1980~2000年间94个发展中国家引入FDI对本国劳动收入份额的影响发现FDI与劳动收入份额之间存在"U"型关系。FDI短期内降低了劳动收入份额，加剧了收入不平等，但随着FDI的不断累积，劳动收入份额将会提升，收入不平等缩小。现阶段大部分国家都处于"U"型曲线的下降段，即处于FDI降低劳动收入份额扩大收入不平等阶段。

四、外商直接投资的收入不平等效应存在争议的原因

从目前的研究来看，关于外商直接投资的收入不平等效应，存在着缩小收入不平等、扩大收入不平等和倒"U"型关系三种主要的观点，除此以外，甚至还有学者的实证研究并没有发展FDI与收入不平等之间存在明显（Kevin Sylwester，2005；Chiara Franco and Elisa Gerussi，2013；David Barlow et al.，2009）。之所以存在如此明显的分歧，可能的原因在于：

（一）假定前提不同

已有研究表明，随着不断打破经典H-O模型基本假定，得到的结果与经典H-O模型结论大相径庭。比如，罗伯特·芬斯特拉和戈登·汉森（1997）对两国技术水平相同假定的放松，萨提亚·达斯（2002）对完善竞争市场的放松，巴苏等（2007）引入的二元经济分析框架等。除此以外，随着贸易自由化、要素禀赋假设和部门特征的改变，FDI的收入不平等效应结构也将会随之改变。

以贸易自由化为例，萨提亚·达斯（2002）指出，得益于北美自由贸易协定（North American Free Trade Agreement），墨西哥贸易相对自由化，其FDI属于垂直式FDI，引入的FDI主要集中于技术密集度较高的生产阶段，提高了高技术劳动者的相对工资水平。但是，拉丁美洲其他地区存在贸易壁垒，FDI不一定发生于技术密集度较高的生产阶段，因此FDI扩大收入差距的作用在拉丁美洲以外的国家不一定会出现。

以要素禀赋为例，一般学者都认为墨西哥存在大量的低技术工人，因此在国际贸易中大量廉价的低技术工会获益，然而雷蒙德·罗伯森（Raymond Robertson，2000）则认为，在中国与其他低工资水平国家加入国际贸易体系后，墨西哥与其他拉丁美洲国家并非如一般认为的那样具有丰富的低技术劳动力优势。

以部门特征为例，乔杜里等（2014）假定经济存在三个部门：第一部门使用男性工人、女性工人与低技术资本生产农业商品；第二部门采用女性工人与低技术资本生产制造业产品；第三部门使用男性工人与高技术资本生产制造业商品。这一假设与瑞姆科·奥斯滕多普（Remco H. Oostendorp，2009）认为制造业部门男性与女性工人往往在同部门应用相同的资本进行生产不同，因此其所得结论也就不同。

（二）变量选取不同

在实证分析中，由于变量选取的不同，必然会带来结果的差异。比如，林德特和威廉姆森（Lindert and Williamson，2001）认为，之前的实证研究往往局限于工业部门的工资不平等，忽略了FDI在服务业部门占据重要地位的事实，没有将自雇佣收入、财产收入、利润、管理人员补贴等收入考虑在内。拉斐尔·鲁文尼等（2003）认为，由于基尼系数介于0～100之间，简单运用OLS回归会产生偏误。

第一，自变量选取不同。大多数学者采用两种衡量FDI的指标：流量FDI与存量FDI。选用FDI存量为指标更能有效分析FDI累积的长期影响。如FDI存量在GDP中的比重（Dierk Herzer et al.，2014；Changkyu Choi，2006；Mansoor Mushtaq et al.，2014；Paolo Figini et al.，2011；Cem Tintin，2012；Dierk Herzer et al.，2013）。而选用FDI流量为指标则更倾向于分析FDI流入的短期影响，如FDI流量占当年GDP的比重（Basu P. et al.，2003；Jai S. Mah，2002；Kevin Sylwester，2005；Remco H. Oostendorp，2009），或者FDI流量占固定资本形成总值的比重（Meltem Ucal et al.，2014）。还有一些学者采用其他变量衡量FDI的水平，比如选择外资企业的雇佣劳动者比重和跨国公司的资本支出作为衡量指标（Karen Taylor and Nigel L. Driffield，2009），以及将FDI的平方项引入实证模型当中（Paolo Figini and Holger Gorg，2011）。

第二，因变量选取不同。衡量收入不平等程度常常以基尼系数（Dierk Herzer et al.，2014，Changkyu Choi，2006；Parantap Basu et al.，2007；Mushtaq, M. et al.，2014；Rafael Reuveny and Quan Li，2003；Pa-

第十章 外商直接投资收入不平等效应研究的新进展

olo Figini and Holger Gorg，2011；Muhammad Shahbaz and Naveed Aamir，2008；Xiaofei Tian et al.，2008；S Hussain et al.，2009；Kevin Sylwester，2005）或泰尔系数（Paolo Figini and Holger Gorg，2011）衡量家庭收入不平等，或者以高收入阶层收入份额（收入前10%，Pandej Chintrakarn et al.，2012；收入前1%，Chatchai Chordokrak and Pandej Chintrakarn，2011）衡量收入差距。一些学者还以高技术劳动者工资在总工资收入中的比重（Karen Taylor and Nigel L. Driffield，2009；Cem Tintin，2012）衡量不同技术禀赋工人之间的工资不平等。

参考文献

1. Andrea Fosfuri, Massimo Motta and Thomas Ronde, 2001, Foreign Direct Investments and Spillovers through Workers' Mobility, *Journal of International Economics*, 53 (1): pp. 205 – 222.

2. Beata S. Javorcik, 2015, Does FDI Bring Good Jobs to Host Countries?, *World Bank Research Observer*, 30 (1): pp. 74 – 94.

3. Bornali Bhandari, 2007, Effect of Inward Foreign Direct Investment on Income Inequality in Transition Countries, *Journal of Economic Integration*, Vol. 22, Issue 4, pp. 888 – 928.

4. Brian Aitken, Ann E. Harrison and Robert E. Lipsey, 1996, Wages and Foreign Ownership: A Comparative Study of Mexico, Venezuela, and the United States. *Journal of International Economics*, Vol. 40, Issue 3 – 4, pp. 345 – 71.

5. Bruno Decreuse and Paul Maarek, 2008, FDI and the Labor Share in Developing Countries: A Theory and Some Evidence. *MPRA paper*. No. 11224.

6. Cem Tintin, 2012, Foreign Direct Investment, Labor Income and Inequality: Evidence from OECD Countries, http://fsaraceno.free.fr/INEQ/tintin.pdf. pp. 1 – 23.

7. Changkyu Choi, 2006, Does Foreign Direct Investment Affect Domestic Income Inequality?, *Applied Economics Letters*, 13 (12): pp. 811 – 814.

8. Chatchai Chordokrak and Pandej Chintrakarn, 2011, Globalization, Technology, and Income Inequality: New Evidence, *International Research Journal of Finance and Economics*, 6: pp. 7 – 14.

9. Chiara Franco and Elisa Gerussi, 2013, Trade, Foreign Direct Investments (FDI) and Income Inequality: Empirical Evidence from Transition Countries, *The Journal of International Trade & Economic Development*, 22 (8): pp. 1131 – 1160.

10. Chris Manning, 1998, *Indonesian Labour in Transition: An East Asian Success Story*, Cambridge: Cambridge University Press.

11. David Barlow, Gianluca Grimalda and Elena Meschi, 2009, Globalisation vs Inter-

nal Reforms as Factors of Inequality in Transition Economies. *International Review of Applied Economics*, 23 (3): pp. 265 –287.

12. Dierk Herzer and Peter Nunnenkamp, 2013, Inward and Outward FDI and Income Inequality: Evidence from Europe, *Review of World Economics*, 149 (2): pp. 395 –422.

13. Dierk Herzer, Philipp Hühne and Peter Nunnenkamp, 2014, FDI and Income Inequality—Evidence from Latin American Economies, *Review of Development Economics*, 18 (4): pp. 778 –793.

14. Eric D. Ramstetter, 1999, Comparisons of Foreign Multinationals and Local Firms in Asian Manufacturing Over Time, *Asian Economic Journal*, 13 (2): pp. 163 –203.

15. Galina Hale and Cheryl Long, 2011, Did Foreign Direct Investment Put an Upward Pressure on Wages in China?, *IMF Economic Review*, 59 (3): pp. 404 –430.

16. Gianluca Grimalda, David Barlow and Elena Meschi, 2010, Varieties of Capitalisms and Varieties of Performances: Accounting for Inequality in Post-Soviet Union Transition Economies, *International Review of Applied Economics*, 24 (3): pp. 379 –403.

17. Gordon H. Hanson, 2003, What has Happened to Wages in Mexico since NAFTA?, *NBER Working Paper No. 9563*.

18. Gunseli Berik, Yana van der Meulen Rodgers and Joseph E. Zveglich, 2004, International Trade and Gender Wage Discrimination: Evidence from East Asia, *Review of Development Economics*, Vol. 8, Issue 2, pp. 237 –254.

19. Hartmut Egger and Udo Kreickemeier, 2013, Why Foreign Ownership May Be Good for You, *International Economic Review*, 54 (2): 693 –716.

20. Hyungsun Chloe Cho and Miguel Ramirez, 2015, *Foreign Direct Investment and Income Inequality in Southeast Asia: A Panel Unit Root and Panel Cointegration Analysis*, 1990 –2013, Department of Economics, Trinity College Working paper.

21. Jai S. Mah, 2002, The Impact of Globalization on Income Distribution: The Korean Experience, *Applied Economics Letters*, 9 (15): pp. 1007 –1009.

22. James M. Cypher and James L. Dietz, 2008, *The Process of Economic Development*. Routledge.

23. John W. Budd, Jozef Konings and Matthew J. Slaughter, 2005, International Rent Sharing in Multinational Firms, *Review of Economics and Statistics*, 87 (1): pp. 73 –84.

24. Karen Taylor and Nigel L. Driffield, 2009, *Wage Dispersion and the Role of Multinationals: Evidence from UK Panel Data*, Cardiff Business School, Cardiff University, http://clahrendl.nihr.ac.uk/gep/documents/conferences/2000/july2000conf/taylor – 2000.pdf. pp. 1 –23.

25. Kathryn Kopinak, 2003, Maquiladora Industrialization of the Baja California Peninsula: The Coexistence of Thick and Thin Globalization, *International Journal of Urban and*

Regional Studies, 27 (2), pp. 319 – 336.

26. Kevin Sylwester, 2005, Foreign Direct Investment, Growth and Income Inequality in Less Developed Countries, *International Review of Applied Economics*, 19 (3): pp. 289 – 300.

27. Laura Alfaro, Areendam Chanda, Sebnem Kalemli-Ozcan and Selin Sayek, 2010, Does Foreign Direct Investment Promote Growth? Exploring the Role of Financial Markets on Linkages, *Journal of Development Economics*, 91 (2): pp. 242 – 256.

28. Mansoor Mushtaq, K. Ahmad and S. Ahmed, 2014, Impact of FDI on Income Distribution in Selected SAARC Countries, *Journal of Applied Environmental and Biological Sciences*, 4 (7S): pp. 1 – 10.

29. Meltem Ucal, Mehmet Hüseyin Bilgin and Alfred A. Haug, 2014, Income Inequality and FDI: Evidence with Turkish Data, *MPRA paper*, No. 61104.

30. Michael U. Klein, Carl Aaron and Bita Hadjimichael, 2001, Foreign Direct Investment and Poverty Reduction, *Macro Economics & Growth*: *Stabilization*, *Monetary/Fiscal Policy Papers No*. 2613.

31. Mona Haddad and Ann Harrison, 1993, Are There Positive Spillovers from Direct Foreign Investment?, *Journal of Development Economics*, 42 (1): pp. 51 – 74.

32. Muhammad Shahbaz and Naveed Aamir, 2008, Direct Foreign Investment and Income Distribution: A Case Study for Pakistan, *International Research Journal of Finance and Economics*, 21 (3): pp. 1450 – 2887.

33. Nathan M. Jensen and Guillermo Rosas, 2007, Foreign Direct Investment and Income Inequality in Mexico, 1990 – 2000, *International Organization*, 61 (3): pp. 467 – 487.

34. Pandej Chintrakarn, Dierk Herzer and Peter Nunnenkamp, 2012, FDI and Income Inequality: Evidence from a Panel of US States, *Economic Inquiry*, 50 (3): pp. 788 – 801.

35. Paolo Figini and Holger Gorg, 2011, Does Foreign Direct Investment Affect Wage Inequality? An Empirical Investigation, *The World Economy*, 34 (9): pp. 1455 – 1475.

36. Parantap Basu and Alessandra Guariglia, 2007, Foreign Direct Investment, Inequality, and Growth, *Journal of Macroeconomics*, 29 (4): pp. 824 – 839.

37. Peter H. Lindert and Jeffrey G. Williamson, 2003, Does Globalization Make the World More Unequal?, *Globalization in Historical Perspective*, University of Chicago Press, pp. 227 – 276.

38. Rachel Griffith and Helen Simpson, 2001, Characteristics of Foreign-Owned Firms in British Manufacturing, *NBER Working Paper No*. 9573.

39. Rafael Reuveny and Quan Li, 2003, Economic Openness, Democracy, and Income Inequality an Empirical Analysis, *Comparative Political Studies*, 36 (5): pp. 575 – 601.

40. Ramya M. Vijaya and Linda Kaltani, 2007, Foreign Direct Investment and Wages: A Bargaining Power Approach, *Journal of World-Systems Research*, 13 (1): pp. 83 – 95.

41. Raymond Robertson, 2000, Trade Liberalisation and Wage Inequality: Lessons from the Mexican Experience, *The World Economy*, 23 (6): pp. 827 – 849.

42. Remco H. Oostendorp, 2009, Globalization and the Gender Wage Gap, *The World Bank Economic Review*, 23 (1): pp. 141 – 161.

43. Robert C. Feenstra and Gordon H. Hanson, 1997, Foreign Direct Investment and Relative Wages: Evidence from Mexico's Maquiladoras, *Journal of International Economics*, 42 (3): pp. 371 – 393.

44. Robert E. Lipsey, 1994, Foreign-Owned Firms and U. S. Wages, *NBER Working Paper No.* 4927.

45. Robert E. Lipsey, 2004, Home-and Host-Country Effects of Foreign Direct Investment, *Challenges to Globalization: Analyzing the Economics*, University of Chicago Press, pp. 333 – 382.

46. Robert E. Lipsey and Fredrik Sjoholm, 2004, Foreign Direct Investment, Education and Wages in Indonesian Manufacturing, *Journal of Development Economics*, 73 (1): pp. 415 – 422.

47. Sarbajit Chaudhuri and Ujjaini Mukhopadhyay, 2014, FDI and Gender Wage Inequality, *Foreign Direct Investment in Developing Countries*, Springer India, pp. 139 – 160.

48. Satya P. Das, 2002, Foreign Direct Investment and the Relative Wage in a Developing Economy, *Journal of Development Economics*, 67 (1): pp. 55 – 77.

49. Shahzad Hussain, I. S. Chaudhry and M. Hassan, 2009, Globalization and Income Distribution: Evidence from Pakistan, *European Journal of Social Sciences*, 8 (4): pp. 683 – 691.

50. Stephanie Seguino, 2000, The Effects of Structural Change and Economic Liberalization on Gender Wage Differentials in South Korea and Taiwan, *Cambridge Journal of Economics*, 24 (4): pp. 437 – 459.

51. W. N. W. Azman-Saini, Siong Hook Law and Abd Halim Ahmad, 2010, FDI and Economic Growth: New Evidence on the Role of Financial Markets, *Economics Letters*, 107 (2): pp. 211 – 213.

52. Xiaofei Tian, Baotai Wang and Ajit Dayanandan, 2008, The Impact of Economic Globalization on Income Distribution: Empirical Evidence in China, *Economics Bulletin*, 4 (35): pp. 1 – 8.

第十一章 消费平滑理论研究的新进展

消费理论始于20世纪30年代凯恩斯（Keynes，1936）提出的绝对收入假说，开创了确定性消费理论，凯恩斯强调消费与当前收入之间的关系，认为存在边际消费倾向递减规律，但是库兹涅茨（Kuznets，1942）利用实证分析发现随着国民收入的增加，长期平均消费倾向稳定在一个固定的水平，"库兹涅茨悖论"否定了凯恩斯绝对收入假说中的消费倾向递减规律。之后杜森伯里（Duesenberry，1952）提出相对收入假说，认为消费过程存在棘轮效应与示范效应，从消费者行为着手，解释一定条件下消费与当期收入之间的关系。随着理性预期假说的出现，不确定性条件下的消费理论形成，其中以生命周期假说（Modigliani and Brumberg，1954；Ando & Modigliani，1963；Modigliani，1986）和持久收入假说（Friedman，1957）为代表。前者从储蓄动机出发，探究储蓄与经济增长之间的关系，认为消费者一段时期的消费取决于其一生的收入预期；后者将消费、收入特性按照时间长短划分为持久性、暂时性，认为消费者的消费支出决策应根据持久性收入来决定，即在收入波动中维持稳定的消费水平。消费平滑理论建立在生命周期假说和持久收入假说的基础上，并且不断在理论与实证两个角度对其进行完善。

一、经典消费理论

（一）绝对收入理论与"库兹涅茨悖论"

凯恩斯（1936）提出绝对收入假说（Absolute Income Hypothesis，AIH）：

$$C = f(y) \tag{1}$$

其中，C 表示消费支出；y 表示可支配收入。即消费支出是可支配收入的稳定函数，除此之外，收入与可支配收入的差额、不可预测的财产货币价值变动、利息率、政策与预期收入这五个因素在短期内对消费支出影响甚微。凯恩斯还认为随着可支配收入的增加，消费支出随之增加，但是消费支出占可支配收入的比例不断下降，这被称为"边际消费倾向递减规律"。

在此基础上，凯恩斯将模型表示为简单的线性形式：

$$C = \alpha + \beta y + \mu, \ (\alpha > 0, \ 1 > \beta > 0) \tag{2}$$

其中，α 表示维持生计的基本消费支出；β 表示消费支出与可支配收入的变化率，即边际消费倾向（Marginal Propensity to Consumption，MPC，$MPC = \partial C/\partial y$，$0 < MPC < 1$）；$\mu$ 为误差项。长期来看，平均消费倾向（Average Propensity to Consumption，APC，$APC = C/y$）随着可支配收入的上升而下降。βy 表示由可支配收入引致的消费支出。

但是，库兹涅茨（1942）通过整理分析 1869～1938 年美国国民收入与个体消费资料发现，这一时期国民收入增长近 7 倍，但是长期内平均消费倾向稳定在 0.84～0.89 之间，始终维持在一个固定的水平，并不会呈现先上升后下降的趋势。因此长期消费函数应为：

$$C = Ky \tag{3}$$

"库兹涅茨悖论"否定了凯恩斯绝对收入假说中消费倾向递减规律。

（二）相对收入假说

杜森伯里（1952）提出相对收入假说（Raletive Income Hypothesis，RIH）。相对收入假说从消费的示范效应和棘轮效应两方面解释了短期消费函数和长期消费函数之间的矛盾。示范效应（Demonstration Effect）是指个体或者家庭的消费会受到外部环境的影响；棘轮效应（Ratcheting Effect）是指消费的习惯性，即消费习惯受到当期可支配收入和历史最高可支配收入的同时影响，个体或家庭会以减少储蓄的手段维持已有的高消费，长期消费函数在示范效应和棘轮效应的作用下使平均消费倾向始终保持稳定的比例关系。杜森伯里否定了凯恩斯的消费仅取决于可支配收入与消费倾向递减规律，提出了相对收入假说：

$$C_{it} = \alpha y_{it} + \beta \bar{y}_t + \gamma y_{i0} + \mu \tag{4}$$

其中，C_{it} 表示第 i 个个体 t 期的消费支出；y_{it} 表示第 i 个个体 t 期的可支配收入；$\bar{y}_t = \sum y_{it}/n$ 表示 t 期个体所属群体的平均可支配收入，$y_{i t0}$ 表示第 i 个个体的历史最高可支配收入，且 $\alpha, \beta, \gamma > 0$，$\alpha + \beta + \gamma \leq 1$，$\mu$ 为误差项为误差项。

短期内，在示范效应的作用下，个体在群体收入中所占份额越低，平均消费倾向就越高。给定时期 t 时，式（4）简化为：

$$C_i = \alpha y_i + \beta \bar{y} \tag{5}$$

式（5）具有典型的短期消费函数形式。

反映消费者 i 棘轮效应的消费函数为：

$$C_t = \alpha y_t + \beta y_0 \tag{6}$$

由此，相对收入假说表明消费支出主要取决于相对收入水平。

为调和绝对收入假说及相对收入假说，莫迪利安尼、布伦伯格和安东（Modigliani and Brumberg, 1954; Ando and Modigliani, 1963; Modigliani, 1986）、弗里德曼（Friedman, 1957）分别提出生命周期假说（Life Cycle Hypothesis, LCH）和持久收入假说（Permanent Income Hypothesis, PIH）。

（三）生命周期假说

莫迪利安尼和布伦伯格（Modigliani and Brumberg, 1954）从个体消费者的效用函数出发，对消费函数的研究建立理论分析框架——生命周期假说。他们将消费定义为对非耐用消费品与劳务的当期支出以及耐用消费品在当期使用后的折旧之和。区分了消费与支出两个概念，即消费只等于消费品支出的一部分，并非全部。他们认为消费者在消费产品或服务时，都是为了获取效用。因此每个消费者一生的总效用可以视作消费者当前与未来的总的消费函数，消费者总能够通过自身的终身收入使之在终身的消费达到最佳配置，从而达到一生效用最大化。此理论与凯恩斯绝对收入假说的关键不同点在于与消费支出相关的收入是即期收入还是终身预期收入加总。

生命周期假说认为，一个时期的消费取决于对一生收入的预期，而不取决于当期收入。代表性个体在其所拥有的总资源约束下追求一生消费的平滑，根据一生的全部预期收入来分配消费与储蓄，已达到跨期最优配置。

基本的生命周期假说是指对于某一特定年龄层的人来说，他们的消费与其一生收入成比例，即：

$$C = \alpha y \tag{7}$$

处在年轻阶段的代表性个体收入低，消费可能高于收入，消费倾向较高；随着年龄增长，他们的收入增加，收入高于消费，除去偿还年轻时期的债务以外还能为日后的养老积攒继续，消费倾向日益下降；当代表性个体进入退休阶段之后，由收入降低导致利用往日的积蓄进行消费，消费倾向再次提升。所以，消费与代表性个体所处的生命阶段息息相关。

莫迪利安尼和布伦伯格（1954）假设效用函数是其次的，并且个人效用只取决于当前和未来的消费，以效用最大化为目标函数，用收入、财富等作为约束条件推导消费函数，认为总消费函数与个体效用函数特征、人口年龄结构有关。对消费函数提出如下假设：（1）消费品价格在代表性个体的生命周期内不变，消费支出能够用消费数量来衡量；（2）利率在代表性个体的生命周期内不变；（3）代表性个体没有继承遗产和进行遗产馈赠。

用 C_t、Y_t、A_t、V_t 分别表示年龄为 t 的消费者当年的消费、收入、净财富和生命周期资源的现值（包括当年的财富、收入以及生命周期中以后各年预期收入的现值）；r_t 表示 t 年当年的利率；N 表示消费者的工作年限；L 表示消费者的生命年限。

消费者第 t 年的资源约束为从当年开始整个生命周期的消费支出的现值等于该年的生命周期资源的现值，即：

$$\sum_{k=t}^{L} \frac{C_k}{(1+r)^{k-t}} = V_t = A_t + Y_t + \sum_{k=t+1}^{N} \frac{Y_k}{(1+r)^{k-t}} \tag{8}$$

则效用最大化问题即为：

$$\max U = U(C_t, C_{t+1}, \cdots, C_L) \tag{9}$$

$$\text{s.t.} \sum_{k=t}^{L} \frac{C_k}{(1+r)^{k-t}} = A_t + Y_t + \sum_{k=t+1}^{N} \frac{Y_k}{(1+r)^{k-t}} \tag{10}$$

式（9）、式（10）的解 $(C_t, C_{t+1}, \cdots, C_L)$ 即为最优消费向量。

由式（8）可知，最优消费向量取决于生命周期资源 V_t，式（10）可被简化为：

$$C_t = f(V_t) \tag{11}$$

由于假定效用函数是齐次的，也就是说，消费者会把整个生命周期资源按照一定比例分配给各个不同时期的消费，这个比例不随资源的改变而变化。生命周期假说提高了收入、财富和年龄分布在影响消费的因素中的重要性，解释了长期消费稳定及短期消费波动的原因，对金融政策、税收政策的制定提供理论依据。

(四) 持久收入假说

弗里德曼(1957)在继承传统货币数量论中"现金余额数量说"的同时,受到凯恩斯流动性偏好理论的影响,认为仅由当前收入确定消费过于片面,应对持久收入与持久消费进行研究以得到更为全面的消费行为理论。通过运用大量统计资料,在分析影响货币需求的因素同时,强调持久性收入对货币需求的主导作用。持久收入假说认为家庭消费很大程度上是由长期预期(即持久收入)所决定,因此应对持久收入与持久消费进行研究以得到更为全面的消费行为理论。

弗里德曼(1957)将能够被记录到的收入消费称为可测收入(Measured Income)与可测消费(Measured Consumption),将消费者的消费行为与其相适应的收入称为持久性收入(Permanent Income),对应的消费为持久性消费(Permanent Consumption)。消费者可以预期到的长期收入,实际上是个人上期收入的一个平均值,是消费者使其消费与之相一致的稳定性收入。弗里德曼认为这个持久期限至少应是3年。假定持久消费与暂时消费无关、持久收入与暂时收入无关、暂时消费与暂时收入无关,持久消费与持久收入成正比,则有:

$$C_p = k(i, w, u) Y_p, \ k > 0 \tag{12}$$

$$Y = Y_p + Y_t \tag{13}$$

$$C = C_p + C_t \tag{14}$$

其中,Y、Y_p、Y_t分别表示全部当期收入、持久收入与暂时收入;C、C_p、C_t分别表示全部当期消费、具有经常性消费开支的持久消费、具有非经常性消费开支的暂时消费。以上就是持久收入假说的消费函数,随着可测收入的增加,消费收入比下降。

弗里德曼(1957)还认为总消费与总收入不仅与个别消费单位的消费函数有关,还与影响消费单位行为的变量在消费单位间的分布有关,即总消费函数并非个体消费函数的简单加总,还得考虑家庭构成、年龄等因素。

二、家庭资产持有、自身特征对消费平滑的影响

基于以上经典消费理论,学者们对消费平滑的实现过程、如何通过风险分担机制规避风险等问题展开大量研究,其中,微观家庭领域多集中在以发展中国家农户可能会面临的各种风险冲击为切入点,如家庭资本资产、生产资料、转移支付等角度进行研究,利用微观面板调查数据,研究农户的消费平滑方式、应对风险的有效性等几个方面。主要包括:

(一)消费平滑与资产持有

1. 消费平滑与收入情况

阿尔德曼(Alderman,1996)、加兰和拉瓦雷(Jalan and Ravallion,1999)分别对巴基斯坦和中国的研究发现,高收入家庭能够比低收入家庭实现更完全的消费平滑,从事低收入工作的劳动力由于收入问题使其家庭难以实现消费平滑。齐默曼和卡特(Zimmerman and Carter,2003)通过建立一个将资本价格风险视为内生变量的动态随机规划模型,研究风险和生存约束下资源匮乏环境中的储蓄和投资决策,通过将研究对象分为富有与贫困两个维度,发现富有的家庭要求高收益的投资组合,追求传统的消费平滑,即利用资产应对收入冲击保障消费水平;较穷的家庭期望一个较低收益的投资组合,追求资产平滑而非消费平滑,相较于富有家庭,更加追求一个稳健的投资策略。欧诺(Ohno,2015)在世代交叠经济中设定储蓄阶段,构建完全的消费平滑模式,后代能够承接代际间的风险分担,而金融中介能在信息非对称的情况下能够提供代际间的风险分担。经验数据表明,居民家庭消费敏感度与其收入以及预期收入变化有关,但是带有流动性约束的模型中却未明确体现这一点。

2. 消费平滑与金融资产持有

金融体系风险分担是由金融市场横向风险分担和银行的纵向风险分担两部分组成,这里的金融市场是指非银行的金融市场,主要包括长期债券市场、股票市场以及衍生金融工具市场等。金融市场利用提供给投

资者的金融工具分散风险，从而实现横向风险分担机制；银行作为金融中介向投资者提供储蓄机会进而利用跨期消费实现消费平滑（Allen and Gale，2004）。

（1）家庭储蓄对消费平滑的影响。迪顿（Deaton，1990）认为，只要家庭的储蓄为正，不可预见的短期收入下降或者大额消费支出就可以通过储蓄实现消费平滑。孟昕（Meng，2003）发现，中国城镇家庭有能力进行高效的消费平滑，并且带有强的预防性储蓄动机，却没有经济能力进行教育经费的平滑。中国家庭过去收入的不确定性增加了家庭的储蓄倾向，储蓄对于有可能遭受不确定因素冲击的家庭来说，可以使之免受未来收入冲击的影响，因此，中国家庭往往具有非常强的预防性储蓄动机，尽管如此，教育支出却不能被有效平滑，因为对于面临较大收入不确定性的家庭或者是有失业成员的家庭来说，教育支出非常高。但是，教育支出作为对下一代的投资，要减少极其困难，所以教育支出平滑程度较低是一个值得关注的问题。班齐等（Bazzi et al.，2014）发现，临近银行与一定的储蓄都可以作为消费平滑的可行手段。首先，临近银行可以抵消政府现金转移支付的延迟拨款对短期收入的负向冲击；其次，接受拨款并且离银行较近家庭的消费支出略微高于那些相较于远离银行的家庭。在保险市场不完善的条件下，家庭多利用信贷和储蓄交易应对收入和需求的风险。简单的生命周期—持久收入假说描述了个体基于当前消费量的总和、金融资产和未来预期劳动收入的折现值的考量，使其消费的预期值将在他们的一生中恒定不变（Zeldes，1989）。佩尔松（Persson，2015）发现瑞典信贷市场控制对消费平滑起重要作用。

（2）家庭金融市场投资对消费平滑的影响。迪顿（1990）研究发现，即使家庭无法利用信贷市场，他们仍旧能够利用资产作为收入波动的减震器实现有效的跨期消费平滑。思科法斯（Skoufias，2003）发现，俄罗斯家庭所持有的金融资产（包括保险投资等）能够作为一项重要的风险管理工具应对异质性收入。伊斯兰和梅特（Islam and Maitra，2012）认为，孟加拉共和国农村地区的居民利用小额贷款而不是自身已持有的资产实现消费平滑，他们首次发现包含小额信贷的信贷市场在家庭应对收入风险方面发挥了重要的保险作用，该地居民大多利用小额贷款而不是自身已持有的资产实现消费平滑。阿雷木和汤森（Alem & Townsend，2014）将不同金融机构的评估和金融机构对客户的实际影响综合起来，得到关于风险与生产活动的消费、投资方程，研究发现，无论是经营农场或是从事商业活动的家庭，都能够从金融机构获益，实现消费平滑与投资平滑。

3. 农户通过变卖生产工具、农作物实现消费平滑

罗森茨威格和沃尔平（Rosenzwig and Wolpin, 1993）通过对印度农村的信用市场和租赁市场进行研究，提出存货调整模型，当预期会出现收入冲击时，农户对下一期生产中生产工具的重要程度、价格以及成本等因素进行评估，选择出售农业工具以换取现金，保障实现最低消费水平；当低收入农户遇到干旱天气时，能够通过卖牛换取现金实现消费平滑，但是频繁的买卖会打断他们的资产积累过程进而难以使他们走出贫困。通常认为拯救贫困农业社的主要动力是利用资产存量来稳定消费，以应对收入的不确定性，即当农业家庭遇到不可估量的冲击时减少储蓄，当遇到正面冲击时增加储蓄，通过调整资产中的储蓄，使之不受报酬递减的影响，进而实现消费平滑。伍德里（Udry, 1995）通过检验尼日利亚北部的农户遇到风险冲击时，牲畜、谷物销售量和现金储蓄数额的变化情况，发现谷物、现金储蓄与风险冲击、冲击持续天数有关，但是牲畜销售量无显著变化。因此，储蓄额与预期风险有直接关系，即家庭应对风险并非是被动反应，而是"事前"储蓄。罗森茨维格和沃尔平（1993）、伍德里（1995）的研究结果不同的原因主要在于研究的地区不同，前者所研究的区域具有较为完善的牲畜交易市场，而后者所研究区域谷物价格变动较为频繁，农户可通过贮藏谷物进而赚取差价。

（二）农户从事雇佣劳动以平滑消费

科查（Kochar, 1999）提出，家庭遇到冲击后的劳动力供给模型，劳动力供给与家庭消费平滑呈正向关系，因此，建立较为完善的劳动力市场能够促使农户将劳动力供给作为消费平滑的手段（Skoufias, 2003）。戴维斯（Davis, 2015）利用坦桑尼亚国家面板调查数据（Tanzania National Panel Survey）和全球大宗商品数据（Global Commodity Price Data），首先估计了全球商品价格对当地农产品的价格、农户总支出和食品开支的影响；其次以收获时期作为有利冲击，测度劳动工资对农业收入波动的敏感度和收入冲击对消费支出的影响，研究发现，农户能够利用劳动力供给分配决策应对不可预计的农业收入波动，家庭以工资和工作时间为条件对可从事工作进行筛选,择其最优作为应对不利收入冲击的手段,而有利的收入冲击对劳动工资和工作时间存在消极影响。也就是说,由收入冲击所引起的消费问题能够被作为非正式保险机制的劳动工资所抵消,即这种获取工资的劳动可以被视为务农劳动的一种替代,从事间歇性的雇佣劳动可作为消费平滑的一种途径。

(三) 家庭自身特征会导致难以实现消费平滑

以下三个原因会使得家庭难以实现消费平滑:第一,临时的流动性较差的金融产品投资能够导致低的消费平滑。正如带有借贷约束的生命周期/持续收入模型(LCPIH)所述(Zeldest, 1989; Deaton, 1989; Carroll, 1996),收入冲击不足或者临时投资组合流动性不足可能导致较低的消费平滑。家庭投资昂贵的高收益、相对缺乏流动性的金融产品也会造成同样的结果(Kaplan and Violante, 2014)。第二,如果个体或者家庭缺乏耐心,那么也会呈现低消费平滑(Campbell and Mankiw, 1989; Krusell and Smith, 1998; Hurst, 2003)。第三,有限理性或者各经济行为的复杂性都可能导致低消费平滑。例如,对各类资产缺少关注、缺乏规划或者较低的自制能力等原因都可能导致低消费平滑(Caballero, 1992; Angeletos et al., 2001; Gul et al., 2004a, 2004b; Ameriks, 2002)。

三、非正式风险分担对消费平滑的影响

(一) 非正式风险分担的条件

家庭间的转移支付等非正式风险分担机制可以帮助家庭实现消费平滑。

1. 乡村间面临的冲击不同,可以通过乡村间的风险分担实现消费平滑

汤森(Townsend, 1994, 1995)对戴蒙德(Diamond, 1967)的风险分担模型进行了发展,汤森在1994年和1995年分别对印度农村和泰国各地区的消费情况进行研究,发现同一地区不同村所面临的冲击不同,能够为乡村间的风险分担提供条件;各村中的家庭收入来源不同所引起的收入风险差异或者所面临同一类型的风险发生在不同时期,也能够为家庭间的风险分担提供条件。

2. 居住距离、收入差距与个体财富显著影响消费平滑

法福查普斯和格鲁伯(Fafchamps and Guber,2007)利用菲律宾的调查数据发现,借贷双方居住距离较近有利于对非正式风险分担的实施与监督,因此非正式的风险分担的主要决定因素是地理距离,除此之外还包括个体年龄和拥有财富的差距,但是收入状况与职业并不会对非正式的风险分担产生显著影响。

3. 非正式风险分担也取决于个体在社会网络中所处的位置以及信誉问题

科莫拉(Comola,2008)从网络角度研究发展中国家农村家庭如何形成非正式风险分担的社会网络,假设以朋友的朋友作为间接接触关系形成网络模型,研究发现,非正式风险分担中的借贷关系是否发生还取决于个体在社会网络中的位置,即 A 与 B 建立风险分担关系之前会考虑 B 已与哪些个体建立了同样的关系。并且,非正式的风险分担一般不会发生在任意的两个或者两个以上的家庭之间,更为常见的情况是发生在亲戚、朋友之间的关系网中。

(二) 非正式风险分担主要形式

在发展中国家,由于其不完善的信贷市场与保险市场,非正式风险分担成为收入较低家庭应对收入风险保障消费平滑的主要方式,主要包括非正规的信贷交易、互相提供劳动力、实物馈赠等形式。戴蒙德(1967)提出了消费平滑的风险分担模型。伍德里(1990)通过研究尼日利亚农户之间的信贷网络,发现从事过贷款行为的家庭占 75%,经历过借款行为的家庭有 65%,既借过款又贷过款的家庭占到 50%,且这类非正规的信贷交易并不是发生在村庄层面,而是在朋友、亲戚等一定的关系网内(Udry,1990;Fafchamps and Lund,2003)。同样,法福查普斯和隆德(Fafchamps and Lund,2003)以菲律宾的贫困人口之间的新一代网络为研究对象进行调查,发现给其他家庭贷过款的家庭占 61%,向其他家庭借过钱的家庭占 92%,经历过贷款与借款两种行为的家庭占到 50% 以上,上述行为均为非正规的信贷交易。类似的情况印度的贫困家庭也存在

(Munshi and Rosenzweig, 2009)。沈（Shim, 2014）利用墨西哥农村数据，建立一个非正式的学生择校的风险分担模型。家庭为规避风险、平滑消费、降低教育成本，存在参与风险分担的正向激励，非正式风险分担能够促进孩子的入学率，帮助家庭应对收入冲击实现消费平滑。思科法斯（2003）也发现非正式的风险分担是一项重要的风险管理工具，进而可以对实现消费平滑产生影响。

四、财政政策对消费平滑的作用机制

（一）宽松的宏观政策促进消费平滑，紧缩的财政政策降低风险分担

宽松的宏观政策有利于实现消费平滑，紧缩的财政政策在危机时期起到了降低风险的作用。于利耶等（L'Huillier et al., 2015）将消费平滑和宏观谨慎规制引入预期标准模型，研究发现，宽松的宏观政策管制有利于消费平滑，但却增加了系统性危机下福利损失的严重程度。统计数据结果表明，25%的财政刺激支出被家庭用于非耐用品的消费。但是，卡拉里欧斯干等（Kalemli-Ozcan et al., 2014）的研究就已经解释了这个现象，他们通过建立一个家庭可持有两种资产的经济结构模型：低回报的流动性资产，包括现金和支票；带有交易成本的高回报的非流动性资产，包括房产和退休账户，等等。投资组合的最优生命周期模式表明，多数家庭都能以一种较为富裕的状态解决温饱问题，往往这类家庭都拥有较少或者没有流动资产，同时拥有大量的非流动性资产。通过量化国际要素收入、国际转移支付以及欧洲金融危机中为达到风险分担进行的储蓄，分解政府与个人存款产生的风险，研究发现，财政紧缩政策在主权债务危机期间起到了降低分担风险的作用。阿雷亚萨等（Arreaza et al., 1998）发现在 OECD 和 EU 成员国中，具有有效财政目标的国家，往往能够通过政府转移支付实现较高程度的消费平滑。

(二) 转移支付制度对消费平滑的影响

转移支付制度对消费平滑的影响存在分歧，可能帮助家庭实现消费平滑，也可能由于转移支付存在一定的限制致使消费平滑效果不明显。

1. 转移支付等正式风险分担机制可以帮助家庭实现消费平滑

转移支付是一种平衡经济发展水平和解决贫富差距的财务方法，包括政府的转移支付、企业的转移支付和政府间的转移支付。因此，转移支付可以视作一种潜在的激励或者维持家庭消费的工具，经常被用在政策改变或者经济下行时期。其中墨西哥政府为提高贫困家庭人力资本水平而实施的 PROGRESA 项目具有一定的代表性，该项目直接针对农村和在城市边缘地区的特困人群，通过向每个贫困家庭中的母亲提供现金转移支付来缓减即期和长期贫困。由于教育被视作打破贫困恶性循环的一个战略措施，投资于教育被视为既能促进经济增长，同时又能缓减不平等与贫困的一个途径，因此该项目通过两种渠道实现人力资本的积累以缓解贫困：一种是对儿童的小学、中学入学提供有条件的现金转移支付；另一种是对儿童营养补充和当地健康卫生设施建设提供有条件的现金转移支付。该项目的受助目标包括孕妇、哺乳期的妇女以及 5 岁以下的儿童（Angelucci et al.，2010）。2004 年，PROGRESA 项目覆盖了约 500 万个家庭，2500 万人口。安杰卢奇等（Angelucci et al.，2010）发现，如果家庭能够扩展自身所在村中的社交网络，稳固邻里关系，那么 PROGRESA 项目能够利用家庭间的转移支付有效应对异质性收入冲击，实现消费平滑与孩子入学率的提升。沈（2014）认为，将有条件的现金转移支付（Conditional Cash Transfer，CCT）加入 PROGRESA 项目中，不仅能够通过降低入学的机会成本提高教育的净收益，而且还减轻家庭消费与教育方面的负收入冲击，实现消费平滑，从正面肯定了 PROGRESA 的意义。除了已获取的转移支付资金能够影响家庭消费行为、促使消费平滑实现外，家庭对未来能够获得的转移支付数额的期望值也能影响消费平滑。阿塔纳西奥等（Attanasio et al.，2011）证明，如果对消费平滑的研究不考虑此期望，则有可能低估实际政策的实施效应。

2. 转移支付等正式风险分担机制存在一定的限制致使其消费平滑效果不明显

转移支付等正式风险分担形式对消费平滑的作用机制方面的研究存在分歧。班齐等（2014）利用准实验误差的方法研究了转移支付计划对消费平滑行为的影响发现，适时获得现金转移支付的家庭与没有获得的家庭消费支出并无区别，而延期获得的家庭的支出降低了7.5%。接受两次拨款的家庭与未接受拨款的家庭的支出增长无差异。除此之外，他们还从银行储蓄额对消费平滑与转移支付效率的影响角度作了进一步分析，表明临近银行与一定的储蓄都可以作为平滑消费的可行手段，金融机构能够在一定程度上削弱现金转移支出的效率。汤森（1994）发现风险分担机制对某些特定风险相当有效，对另一些难以观察到的风险冲击却难以获得有效的分担。进一步，风险分担机制只有在农户遇到极端生存风险的危机中才能起作用，而在其他风险冲击中的作用十分有限。风险分担机制的效果与社区居民的信息情况、道德风险和事后惩罚机制有关。一般情况下，风险分担只是对个别消费领域起一定的作用，而对于农户的消费平滑实现仅有较低的保障作用。

（三）预算制度能够实现消费平滑

佩尔松（Persson，2015）研究了瑞典城市在平衡预算规则下的政府消费平滑发现，瑞典城市对消费具有较高的敏感度。在均衡预算制度实施的第一阶段，城市消费超过当年预算收入的87.5%；在该项制度实施的第二阶段，消费超出当期预算收入的76.3%。正规预算制度作为平衡预算制度能够增加城市的消费敏感度。同时，尽管均衡预算制度对消费平滑起重要作用，但是由政府跨期消费行为导致的消费平滑仍与较高程度的消费平滑存在偏差。信贷市场与均衡预算制度两者对消费平滑影响的区别在于界限不同。阿雷亚萨等（Arreaza et al.，1998）发现，有效的预算机构能够利用政府财政赤字支出实现高效的消费平滑。

五、社会福利对消费平滑的影响

除上述财政政策能够影响消费平滑以外,相应的公共政策可以影响家庭、区域,乃至国家的消费平滑。公共部门可进一步发展成为风险防范的"防疫系统",有效阻挡和隔断贫困与风险的联系。但是这种系统在发展中国家发展较为不健全(Persson,2015)。

(一)社会福利网对消费平滑的作用存在争议

多数学者认为,如果收入冲击没有引起大的消费波动,那么风险福利费用和社会保险福利就会维持在一个较低的水平(Morduch,1995)。但是切蒂和鲁尼(Chetty and Looney,2006)则认为消费对冲击不敏感时,需要进行社会福利网建设。发展中国家的个体及其风险偏好多为高度风险厌恶型,所以他们大多期望实现较高效率的消费平滑,当消费对冲击并不是特别敏感时,建设社会福利网以保障低收入国家个体的日常消费是十分必要的。在发展中国家,消费波动幅度较小并不意味着已存在的社会保险是充足、完善的,相反,消费被平滑可能是由于消费波动的福利成本高。詹曾和卡特(Janzen and Carter,2013)通过检验保险能否作为一个社会福利网进行资源保护和消费平滑时发现,在干旱时期,保险赔付为被保险人的家庭提供了直接好处,平均而言,得到保险费用的被保险家庭不大可能通过出售牲畜的方式改善贫困状况,而是利用保险费用维持目前的食品消费,也就是说,某种意义上保险可以作为一种社会保险网,促进消费平滑。由于不同家庭都有能力使之免受各种冲击的影响,那就可能存在一个社会保障网,不仅能保障贫困家庭免受冲击,还能使家庭和社区都能够更好地进行风险管理。社会保障网的建设并不需要基于当前贫困家庭的现状,或是基于对家庭产生不利影响的冲击,其目标应是保障家庭能够在各种冲击之下维持并补充家庭应对冲击的能力,而不仅仅是保障家庭的食品消费(Skoufias,2003)。

（二）社会保险对消费平滑的作用不确定

阿塔纳西奥和里奥斯鲁利（Attanasio and Rios-Rull, 2000）在一个小经济体中引入社会公共义务保险，假设这个经济体的个体都会面临不可预计的风险和总风险，通过研究有限规定下总保险对总冲击的影响发现，总保险可能会优化个人的福利状况，但也可能会使其恶化。失业保险显著平滑个体消费，如果不存在失业保险，那么失业者的消费将会下降22%，但是失业保险仅对消费平滑起有限作用而非永久作用（Gruber, 1994）。对于抚养儿童家庭计划来说，该计划可平滑离婚妇女的抚养性消费，具体来说每1美元的资助使得离婚妇女在食品与住房消费方面的消费提高了28美分，仅食品消费方面来说提高了51美分，但在一定程度上却排挤了其他项目的资助。但是不可否认的是，这一重要的保险机制能够平滑离婚妇女单独抚养儿童的消费（Gruber, 2000）。工人赔偿方案（Worker's Compensation, WC）是社会保险的一种，由于家庭成员在工作时受伤或者生病，导致家庭面临不可预计的收入冲击，工人赔偿方案的受助目标主要是这类家庭，布隆切蒂（Bronchetti, 2012）研究发现，对于这类家庭每增加10%的补助，其家庭由于工人受伤所导致的消费下降将被抵消3%~5%；如果工人赔偿方案的福利非常低，那么家庭的消费量将下降30%左右。所以关于工人赔偿福利的最佳社会保险收益率将取决于消费平滑参数的经验估计，并认为当前工人的薪酬福利水平略高于最优值。

六、估值效应、全球化对消费平滑的影响

（一）估值效应可作为消费平滑的实现路径

估值效应是指给定国际投资的资产，负债结构和规模不变，由汇率、资产价格和收益率变化所引起的国际净投资头寸的变化，是各国便于外部调整的国际风险分担的一种重要途径。德弗罗和萨瑟兰（Devereux and Sutherland, 2010）论述估值渠道在国际风险分担中所起的作用，由于国内国外信息非对称，各国就可选择最优国际投资组合促使消费风险完全分

担，实现消费平滑。对于新兴经济体来说，当这种相关性为负时，由于估值渠道的增加，风险分担得以改善，这证明估值效应可作为风险分担、消费平滑的渠道；当消费增长和估值效应呈正相关时，估值调整的规模越大，风险分担的程度就越差（Schroder，2015）。

（二）全球化与国家间的风险分担对消费平滑的影响存在争议

理论上认为全球化能够实现高效的国际风险分担，但实际中由于各国经济发展程度与制度安排不同，全球化对跨国风险分担的影响存在争议。

1. 全球化与跨境风险分担有利于实现消费平滑

索罗森等（Sørensen et al.，2007）研究发现，20世纪90年代末期，国际、国内债务股权持有的误差有所下降，同时国际风险分担有所增加，并且国内误差越小，国际风险分担就越高；国外资产占国内生产总值比重越高，风险分担程度越高；各国之间的风险分担程度随全球化的深化而提高。即使各国都能通过适当调整资产规模获得更加有效的风险分担，但是索罗森等（2007）还是更提倡各国利用增加国际资产和负债而不是储蓄来增加净资产，实现风险分担。

2. 金融一体化对消费平滑的影响

宏观角度的金融一体化是指从跨境资本的流动性为出发点，利用跨境资本流动的数量变化与制度安排衡量金融一体化。金融一体化能够通过跨境风险分散、跨期投资与消费，缩小经济波动，呈现消费平滑。跨境投资增加金融资产的种类、降低投资风险，跨境投资缩小各国消费波动，实现消费平滑。温克普（Wincoop，1999）发现，OECD国家利用金融一体化进行风险分担实现消费平滑获取的消费福利是 1.1% ~ 3.5%，随后，他和阿萨纳索里斯一同计算出发展中国家从消费平滑获益的消费福利为 6.5%（Athanasoulis and Wincoop，2000）。铃木（Suzuki，2014）通过对理性预期和持久收入假说（Rational Expectation and Permanent Income Hypothesis，RE/PIH）的联合检验发现，通过消费平滑与风险分担，跨境持有金融资产有利于提高OECD国家与非OECD国际的社会福利，即国际金融一体化有利于提高消费平滑、促进风险分担。

3. 货币一体化对于消费平滑、经济稳定的作用受到质疑

蒙代尔（Mundell，1961）开创第一代货币理论，提出最优货币区的标准、创建条件等（Mckinnon，1963）。此后，蒙代尔在最优货币区的概念之上提出共同货币，麦金农称之为蒙代尔Ⅱ模型（Mckinnon，2004）。其中，蒙代尔（1973）认为流通范围更广的共同货币能够更好地进行国际的风险分担，即货币一体化情况下，一国能够通过国际收支赤字的方式分散风险，进而保障本国的消费，达到消费平滑。蒙代尔（1973）所提出的国际风险分担机制的概念，是指利用国际金融活动，促使国家间的经济波动趋于平滑，实现降低经济运行风险的经济金融方法。具体来说，当一国国际收入因各种冲击受损之时，共同货币能够使该国货币持有量减少，利用同一货币区下的其他国家的资源，降低冲击造成的损失并将其分散到各个时期各个地区。但是，由希腊主权债务危机转化成的全面的银行、主权债务危机，加之欧元区各国经济、政治状况的差异，导致政策失效，因此货币一体化对消费平滑、经济稳定作用受到质疑。

4. 国际风险分担受到一定因素的限制

因不同国家内部经济发展程度、制度安排与资本市场一体化程度不同，国际风险分担效果不明显。阿斯德鲁巴里和金（Asdrubali and Kim，2008）采用23个OECD国家1955~2005年间的数据，实证研究发现国际风险分担很小；高斯等（Kose et al.，2009）也发现，尽管发展中国家降低了资本控制，在跨国资本流动方面也有了很大发展，但国家间的风险分担方面没有太大起色。以上结论分歧的根源可能在于发展中国家其国内家庭在面临外生经济冲击时，能否对消费进行风险分担是有条件的，与本地区的经济发展程度、制度安排等因素有重要关系。索罗森和亚沙（Sørensen and Yosha，1998）考察欧盟各国及OECD国家之间的风险分担发现，各国之间的要素收入流动并没有起到风险分担作用的原因，是欧盟国家的资本市场与美国的资本市场相比，一体化程度较低。

（三）出口对消费平滑影响方面的研究存在差异

阿斯德鲁巴里等（Asdrubali et al.，1996）研究发现，一国资本市场的发展对消费平滑的影响依赖于其相对出口对消费的影响。克里斯托弗

(Christev, 2013) 从最大化带有消费边际效用递减的跨期效用方程开始分析，研究出口冲击、偏好冲击以及相对价格冲击对消费产生的影响，发现出口冲击没有直接导致相应的消费波动，约有32%的出口行为没有对消费产生影响，出口冲击没有直接导致相应的消费波动，但是，出口冲击却导致了显著的平滑现象。高希和奥斯特里（Ghosh and Ostry, 1995）研究发现，经常项目的波动表明发展中国家的有效资本流动相对较高，经常项目在国家现金流的风险冲击中起到缓冲作用，有利于实现消费平滑。

参考文献

1. Alderman, H., 1996, Saving and Economic Shocks in Rural Pakistan, *Journal of Development Economics*, 51 (2): pp. 343 – 365.

2. Alem, M. and Townsend, R. M., 2014, An Evaluation of Financial Institutions: Impact on Consumption and Investment Ssing Panel Data and the Theory of Risk – bearing, *Journal of Econometrics*, 183 (1): pp. 91 – 103.

3. Allen, F. and Gale, D., 2004, Financial Intermediaries and Markets, *Econometrica*, 72 (4): pp. 1023 – 1061.

4. Ameriks, J., Caplin, A. and Leahy, J., 2002, Wealth Accumulation and the Propensity to Plan, *NBER Working Paper*, No. w8920.

5. Ando, A. and Modigliani, F., 1963, The 'Life Cycle' Hypothesis of Saving: Aggregate Implications and Tests, *The American Economic Review*, 53 (1): pp. 55 – 84.

6. Angeletos, G. M., Laibson, D., Repetto, A., Tobacman, J. and Weinberg, S., 2001, The Hyperbolic Consumption Model: Calibration, Simulation, and Empirical Evaluation, *Journal of Economic Perspectives*, 15 (3): pp. 47 – 68.

7. Angelucci, M., De Giorgi, G., Rangel, M. A. and Rasul, I., 2010, Family Networks and School Enrolment: Evidence from a Randomized Social Experiment, *Journal of Public Economics*, 94 (3): pp. 197 – 221.

8. Arreaza, A., Sorensen, B. E. and Yosha, O., 1998, Consumption Smoothing through Fiscal Policy in OECD and EU Countries, *NBER Working Paper*, No. w6372.

9. Asdrubali, P. and Kim, S., 2008, On the Empirics of International Smoothing, *Journal of Banking and Finance*, 32 (3): pp. 374 – 381.

10. Asdrubali, P., Sorensen, B. E. and Yosha, O., 1996, Channels of Interstate Risk Sharing: United States 1963 – 1990, *The Quarterly Journal of Economics*, 111 (4): pp. 1081 – 1110.

11. Athanasoulis, S. G. and Wincoop, E. V, 2000, Growth Uncertainty and Risksharing, *Journal of Monetary Economics*, 45 (3): pp. 477 – 505.

12. Attanasio, O. and Ríos-Rull, J. V., 2000, Consumption Smoothing in Island Economies: Can Public Insurance Reduce Welfare?, *European Economic Review*, 44 (7): pp. 1225 – 1258.

13. Attanasio, O. P., Meghir, C. and Santiago, A., 2011, Education Choices in Mexico: Using a Structural Model and a Randomized Experiment to Evaluate PROGRESA, *Review of Economic Studies*, 79 (1): pp. 37 – 66.

14. Bazzi, S., Sumarto, S. and Suryahadi, A., 2014, It's All in the Timing: Cash Transfers and Consumption Smoothing in a Developing Country, *Unpublished Manuscript*.

15. Bronchetti, E. T., 2012, Workers' Compensation and Consumption Smoothing, *Journal of Public Economics*, .96 (s5 – 6): pp. 495 – 508.

16. Caballero, R. J., 1992, Near-Rationality, Heterogeneity and Aggregate Consumption, *NBER Working Paper*, No. w4035.

17. Campbell, J. Y. and Mankiw, N. G., 1989, Consumption, Income and Interest Rates: Reinterpreting the Time Series Evidence, *In NBER Macroeconomics Annual* 1989, 4: 185 – 246, MIT Press.

18. Carroll, C. D., 1996, Buffer-Stock Saving and the Life Cycle/Permanent Income Hypothesis, *NBER Working Paper*, No. w5788.

19. Chetty, R. and Looney, A., 2006, Consumption Smoothing and the Welfare Consequences of Social Insurance in Developing Economies, *Journal of Public Economics*, 90 (12): pp. 2351 – 2356.

20. Christev, A. and Melitz, J., 2013, EMU, EU, Market Integration and Consumption Smoothing, *Open Economies Review*, 24 (5): pp. 789 – 818.

21. Comola, M., 2008, The Network Structure of Informal Arrangements: Evidence from Rural Tanzania, *Laboratoire D'economie Appliquee Working Paper*.

22. Davis, D., 2015, Consumption Smoothing and Labor Supply Allocation Decisions: Evidence from Tanzania, *University of San Francisco*, *Master's Theses*, *Paper* 142.

23. Deaton, A., 1989, Saving and Liquidity Constraints, *NBER Working Paper*, No. w3196.

24. Deaton, A., 1990, On Risk, *Insurance and Intra-Village Consumption Smoothing*, Preliminary Draft, Research Program in Development Studies, Princeton University.

25. Devereux, M. B. and Sutherland, A., 2010, Valuation Effects and the Dynamics of Net External Assets, *Journal of International Economics*, 80 (1): pp. 129 – 143.

26. Diamond, P. A., 1967, The Role of a Stock Market in a General Equilibrium Model with Technological Uncertainty, *The American Economic Review*, 57 (4): pp. 759 – 776.

27. Duesenberry, J. S., 1952, *Income*, *Saving and the Theory of Consumer Behavior*, Cambridge, MA: Harvard University Press.

28. Fafchamps, M. and Gubert, F., 2007, The Formation of Risk Sharing Networks, *Journal of Development Economics*, 83 (2): pp. 326 – 350.

29. Fafchamps, M. and Lund, S., 2003, Risk – Sharing Networks in Rural Philippines, *Journal of Development Economics*, 71 (2): pp. 261 – 287.

30. Friedman, M., 1957, *A Theory of the Consumption Function*, Princeton, NJ: Princeton University Press.

31. Ghosh, A. R. and Ostry, J. D., 1995, The Current Account in Developing Countries: A Perspective from the Consumption-Smoothing Approach, *The World Bank Economic Review*, 9 (2): pp. 305 – 333.

32. Gruber, J., 1994, The Consumption Smoothing Benefits of Unemployment Insurance, *NBER Working Paper*, No. w4750.

33. Gruber, J., 2000, Cash Welfare as A Consumption Smoothing Mechanism for Divorced Mothers, *Journal of Public Economics*, 75 (2): pp. 157 – 182.

34. Gul, F. and Pesendorfer, W., 2004a, Self-Control and the Theory of Consumption, *Econometrica*, 72 (1): pp. 119 – 158.

35. Gul, F. and Pesendorfer, W., 2004b, Self – Control, Revealed Preference and Consumption Choice, *Review of Economic Dynamics*, 7 (2): pp. 243 – 264.

36. Hurst, E., 2003, Grasshoppers, Ants, and Pre – Retirement Wealth: A Test of Permanent Income, *NBER Working Paper*, No. w10098.

37. Islam, A. and Maitra, P., 2012, Health Shocks and Consumption Smoothing in Rural Households: Does Microcredit have a Role to Play? *Journal of Development Economics*, 97 (2): pp. 232 – 243.

38. Jalan, J. and Ravallion, M., 1999, Are the Poor Less Well Insured? Evidence on Vulnerability to Income Risk in Rural China, *Journal of Development Economics*, 58 (1): pp. 61 – 81.

39. Janzen, S. A. and Carter, M. R., 2013, The Impact of Microinsurance on Consumption Smoothing and Asset Protection: Evidence from a Drought in Kenya, *Microinsurance Innovation Facility Research Paper*, No. 31.

40. Kalemli-Ozcan, S., Luttini, E. and Sørensen, B., 2014, Debt Crises and Risk-Sharing: The Role of Markets versus Sovereigns, *The Scandinavian Journal of Economics*, 116 (1): pp. 253 – 276.

41. Kaplan, G. and Violante, G. L, 2014, A Model of the Consumption Response to Fiscal Stimulus Payments, *Econometrica*, 82 (4): pp. 1199 – 1239.

42. Keynes, J. M., 1936, General Theory of Employment, Interest and Money, *Atlantic Publishers & Dist*, 2006 Edition.

43. Kochar, A., 1999, Smoothing Consumption by Smoothing Income: Hours – of –

Work Responses to Idiosyncratic Agricultural Ahocks in Rural India, *Review of Economics and Statistics*, 81 (1): pp. 50 – 61.

44. Kose, M. A., Prasad, E. S. and Terrones, M. E., 2009, Does Financial Globalization Promote Risksharing? *Journal of Development Economics*, 89 (2): pp. 258 – 270.

45. Krusell, P. and Smith, Jr, A. A., 1998, Income and Wealth Heterogeneity in the Macroeconomy, *Journal of Political Economy*, 106 (5): pp. 867 – 896.

46. Kuznets, S., 1942, Uses of National Income in Peace and War, *NBER Working Paper*, No. c 9339.

47. L'Huillier, J. P., Piguillem, F. and Flemming, J., 2015, The Optimal Tradeoff Between Consumption Smoothing and Macroprudential Regulation, *In* 2015 *Meeting Papers*, No. 492, Society for Economic Dynamics.

48. McKinnon, R. I., 1963, Optimum Currency Areas, *The American Economic Review*, 53 (4): pp. 717 – 725.

49. McKinnon, R., 2004, Optimum Currency Areas and Key Currencies: Mundell I versus Mundell II, *Journal of Common Market Studies*, 42 (4): pp. 689 – 715.

50. Meng, X., 2003, Unemployment, Consumption Smoothing, and Precautionary Saving in Urban China, *Journal of Comparative Economics*, 31 (3): pp. 465 – 485.

51. Modigliani, F., 1986, Life Cycle, Individual Thrift, and the Wealth of Nations, *The American Economic Review*, 76 (3): pp. 297 – 313.

52. Modigliani, F. and Brumberg, R., 1954, Utility Analysis and the Consumption Function: An Interpretation of Cross-Section Data, *the Collected Papers of Franco Modigliani*, *Vol.* 2, MIT Press.

53. Morduch, J., 1995, Income Smoothing and Consumption Smoothing, *The Journal of Economic Perspectives*, 9 (3): pp. 103 – 114.

54. Mundell, R. A., 1961, A Theory of Optimum Currency Areas, *The American Economic Review*, 51 (4): pp. 657 – 665.

55. Mundell, R. A., 1973, Uncommon Arguments for Common Currencies, in H. G. Johnson, A. K. Swoboda, eds: *The Economics of Common Currencies*, Allen & Unwin: pp. 114 – 132.

56. Munshi, K. and Rosenzweig, M., 2009, Why is mobility in India so low? *Social Insurance, Inequality, and Growth*, NBER Working Paper, No. w14850.

57. Ohno, H., 2015, Limited Market Participation, Financial Intermediation, and Consumption Smoothing, *International Journal of Economics and Finance*, 7 (3): pp. 36 – 44.

58. Persson, L., 2015, Government Consumption Smoothing in A Balanced Budget Regime, *International Tax and Public Finance*, pp. 1 – 27, http://link.springer.com/article/10.1007/s10797 – 015 – 9358 – z.

59. Rosenzweig, M. R. and Wolpin, K. I., 1993, Credit Market Constraints, Consumption Smoothing, and the Accumulation of Durable Production Assets in Low-Income Countries: Investments in Bullocks in India, *Journal of Political Economy*, 101 (2): pp. 223-244.

60. Schroder, M., 2015, Valuation Effects, Risk Sharing, and Consumption Smoothing, *The Australian National University*, *Arndt-Corden Department of Economics*, *Working Paper*, No. 2015-03.

61. Shim, E. Y., 2014, *The Impact of Conditional Cash Transfer Programs under Risk-Sharing Arrangements: Schooling and Consumption Smoothing in Rural Mexico*, Doctoral dissertation, University of Pennsylvania.

62. Skoufias, E., 2003, Consumption Smoothing in Russia, *Economics of Transition*, 11 (1): pp. 67-91.

63. Sørensen, E. and Yosha O., 1998, International Risk Sharing and European Monetary Unification, *Journal of International Economics*, 45 (2): pp. 211-238.

64. Sørensen, E., Yosha, O., Wu, Yi-Tsung and Zhu, Yu., 2007, Home Bias and International Risk Sharing: Twin Puzzles Separated at Birth, *Journal of International Money and Finance*, 26 (4): pp. 587-605.

65. Suzuki, Y., 2014, Financial Integration and Consumption Risk Sharing and Smoothing, *International Review of Economics & Finance*, 29: pp. 585-598.

66. Townsend, R. M., 1994, Risk and Insurance in Village India, *Econometrica*, 62 (3): pp. 539-591.

67. Townsend, R. M., 1995, Consumption Insurance: An Evaluation of Risk-Bearing Systems in Low-Income Economies, *The Journal of Economic Perspectives*, 9 (3): pp. 83-102.

68. Udry, C., 1990, Credit Markets in Northern Nigeria: Credit as Insurance in A Rural Economy, *The World Bank Economic Review*, 4 (3): pp. 251-269.

69. Udry, C., 1995, Risk and Saving in Northern Nigeria, *The American Economic Review*, 85 (5): pp. 1287-1300.

70. Wincoop, E. V., 1999, How Big are Potential Welfare Gains from International Risksharing?, *Journal of International Economics*, 47 (1): pp. 109-135.

71. Zeldes, S. P., 1989, Optimal Consumption with Stochastic Income: Deviations from Certainty Equivalence, *The Quarterly Journal of Economics*, 104 (2): pp. 275-298.

72. Zimmerman, F. J. and Carter, M. R., 2003, Asset Smoothing, Consumption Smoothing and the Reproduction of Inequality under Risk and Subsistence Constraints, *Journal of Development Economics*, 71 (2): pp. 233-260.

第十二章 城镇化进程中土地用途转变问题研究的新进展[①]

城镇化至少包括土地城镇化、人口城镇化和产业城镇化三层含义（黄泰岩、石腾超，2013）。其中土地城镇化是城镇化最为重要的含义，简单而言，土地城镇化就是农业用途土地转变为城市非农业用途，进而导致城市在空间意义上的扩张。那么城镇化水平的提高如何影响农业用地保护？土地用途转变会产生哪些影响？本章主要就这些问题进行探讨。

一、城镇化造成农业用地流失

虽然关于城镇化水平提高与农业用地保护的关系，有观点认为，农村—城市转型过程的背景下，大量空心化村庄的存在使得农村土地整理的潜质巨大（LiuYansui，Yang Ren and Li Yuheng，2013），以及城镇化和随之而来的从农业部门转变为非农业部分的人口将会在提高耕地保护中发挥着积极作用（Huang et al.，2005）。然而，更多学者则认为，城镇化的发展造成了耕地流失（Deng et al.，2009；Liu et al.，2014；Tan et al.，2005），并给予了大量关注。

（一）印度的印证

对于农业土地面积变化的测度有国家统计年鉴的数据和遥感数据两种方法，但统计年鉴和遥感数据分别存在空间和时间信息问题（Kaufmann

---

[①] 本文是国家社科基金重大项目（11&ZD146）、2015年辽宁省教育厅人文社会科学研究一般项目（W2015182）和2013年度辽宁大学青年科研基金项目（2013LDQN27）的阶段性成果。

and Seto, 2001; Seto et al., 2000; Boucher and Seto, 2009; Kaufmann and Seto, 2001)。有学者（Bhartendu Pandey, Karen C. Seto, 2015）利用从传感器中获得粗分辨率的高频数据分析了印度 2001~2010 年间城镇化对农业土地流失的影响，这种分析方法很好体现了土地用途的改变，既体现了空间性又体现了时间性。研究发现，印度城镇化水平较高（经济发展水平较高）导致了农业土地的流失，具体特征有：

（1）2001~2010 年间，印度每个邦（State）农业土地转变为城市用地的面积小于 1%。在 2001 年 6 月到 2002 年 5 月年间，农业土地转变为城市用地的土地面积最高。2002 年 6 月到 2006 年呈现出下降趋势，但 2006 年之后又呈现出上升的趋势。

（2）相比于其他邦而言，东北地区的邦农业土地流失数量最少。印度东北部的 7 个邦占土地流失总量的 4%，其中阿萨姆邦（Assam）就占到土地流失总量的 3.25%，其他 6 个邦仅占到 0.75%。阿萨姆邦土地流失总量较高的原因在于：①东北地区其他 6 个邦人口涌入阿萨姆邦；②印度城市规模发展较快的古瓦哈提（Guwahati）位于阿萨姆邦，而且研究数据表明阿萨姆邦农业土地流失的大部分都发生在古瓦哈提；③2001~2011 年间，阿萨姆邦人口净增长要远高于印度东北部的其他 6 个邦。

（3）农业土地流失与正在开展的经济特区（SEZs）正相关。已经被批准的经济特区的农业土地流失要高于正在开展的经济特区。经济特区的政策吸引了大量的国内外投资，进而提供了更多的就业机会、更好的基础设施以及产品的出口等，较高的经济发展水平需要更多的土地来支撑。

（4）农业土地转变为城市用地只发生在某些区域和邦。2001~2010 年间，有一些发展较快但是土地用途转变（农业用地转变为城市用地）较少的城市，包括那格浦尔（Nagpur）、勒克瑙（Lucknow）、斋浦尔（Jaipur）等。而孟买（Mumbai）（属于马哈拉施特拉邦，Maharashtra）和海得拉巴（Hyderabad）（属于安得拉邦，Andhra Pradesh）是农业土地流失较大的两个城市。

（5）农业土地的流失主要发生在具有较高土地适宜性的邦。通过研究发现，农业土地的流失与农业土地的适宜性有较强的正相关性。进一步地，不同邦的农业土地流失面积与粮食生产正相关。这也就意味着具有良好土地适应性、有较高粮食产量的地区也是农业土地流失的主要地区。

第十二章 城镇化进程中土地用途转变问题研究的新进展

（6）通过时间和空间测度视角研究发现，农业土地的流失在一些邦（诸如马哈拉施特拉邦等7个邦）较为显著。有着较高的城市水平的邦往往有着较高的农业土地流失。

（二）中国的印证

邓等（Deng et al., 2009）对1996~2006年间中国土地利用变化的时空特征进行分析表明，城镇化使得土地用途发生变化，较高的城镇化发展速度会导致土地地形的变化，即在一定程度上造成农业用地的流失。

邓祥征等（Xiangzheng Deng, Jikun Huang, Scott Rozelle, Jipeng Zhang and Zhihui Li, 2015）对中国东部的研究也得到了类似的结论。他们区分乡村（Village）、城镇（Town）、城市（City）不同城镇化模型，研究了不同城镇化模型对耕地变化的不同影响。研究发现：（1）1995~2000年间，当以乡村模型为基准模型时，城镇模型和城市模型对耕地用途转变的影响小于乡村模型。原因在于在城市和城镇中的土地利用的集约水平高于农村区域。相比于农村区域的建设用地而言，城镇和城市模型中土地区域更集约，在减少耕地流失方面起着重要的作用。20世纪80年代优先发展中小城市的政策，导致2000年之前乡村模型对耕地流失影响更大。（2）2000~2008年间，城镇模型和城市模型中被建设用地占用的耕地要高于乡村模型。这与1995~2000年间的分析正好相反，造成这种现象的原因在于中国政府改变了城市发展的政策。与之前优先发展小城镇政策不同，2000年之后主要以发展大城市为中心，协调发展城市群与城市带，这导致了城镇化水平的快速提高。这种城市发展政策鼓励人们流向城市进而加速了对耕地的占用。

还有学者（Qingshui Lu, Fuyuan Liang, Xiaoli Bi, Rodney Duffy and Zhiping Zhao, 2011）对传统农业区域山东半岛进行了分析，该地区较高水平的城镇化和工业化水平导致了土地利用/土地覆盖的变化。通过对1978年、1999年和2006年的单种、复种和其他土地利用/土地覆盖的不同类型空间分析表明，城镇化和工业化导致了耕地和其他土地利用/土地覆盖的显著改变。最可能的原因是政府政策的持续调整和农民经济利益的转变。从这个研究中得到结论能够帮助政府在近几年制定更为宽泛的政策来减缓城市扩张和工业化发展，而保持足够的农业生产。

二、土地用途转变对农民福利的影响

农业土地转变为城市用地一般是通过土地征用的方式,这可能导致农民失去土地,进而影响他们的福利水平。从实证研究来看,土地用途转变对农民福利的影响主要体现在两个方面:

(一)农民福利水平增加

李环等(Huan Li, Xianjin Huang, Mei-Po Kwan, Helen X. H. Bao and Steven Jefferson, 2015)建立了一个包括福利功能、福利差距以及福利能力(Welfare Capability)的分析框架来估计和分析浙江省648个失地农民的福利变化。从分析研究来看,失地农民的福利水平从0.47上升到0.53,这意味着农民在土地征用过程中福利水平增加了11.8%,福利水平的变化主要体现在:(1)经济条件(Economic Conditions)。从整体上而言,失地农民的经济条件增加了34.9%。特别是财产性收入水平增加了126.1%。(2)居住条件(Dwelling Conditions)。失地农民的居住条件提高了32.6%。土地征用之前,每户农民都有一处或者多处、混合结构、较好的通风和照明条件、较大的空间的房产。给予失地农民的安置房并不具备上述优势,但是安置房提供更好的水、电以及卫生条件。而且安置房是建立在国有土地上以及区域优势(更靠近城市中心),可以在市场上进行交易,进而提高了经济价值。(3)社区环境(Community Surroundings)。从整体上而言,社区环境指数增加了13%。其中交通条件提升了69%,绿化条件和基础设施分别提升了52.5%和62.6%,安全条件指数下降了37.4%。空气质量、噪声污染、自然景观的破坏导致污染水平指数下降了43%。(4)社会保障(Social Security)。失地农民的社会保障条件变差,下降了12.6%。土地被征用之前,土地是农民生存的最基本和可靠的保障。但土地被征用之后,土地发展权、生存权和保障权都被国有化了,使得农民失去了生存的最基本方式。由于农民不能再通过农业获得食物,使得土地保障指数下降了63.3%。土地被征用之后,农民的失业风险指数下降了36.3%。此外,教育保障指数、养老金指数以及医疗保障指数分别上升了27.2%、22.2%和26.4%。(5)心理状况(Psychological Conditions)。从整体上而言，失地农民的心理状况指数下降了16.3%。土地被征用之前，家庭内部的分工相对明确，家庭成员之间的关系比较和谐。但是土地被征用之后，各个家庭都一次性获得了较高的补偿款，导致了家庭内部成员之间关系的紧张，这是导致家庭关系指数下降11%的主要原因。此外，失地土地的农民还要承受经济、文化、环境以及其他方面的压力。其中经济压力主要是来自生活支出和失业风险的增加，社区环境以及城市文化生活对于农民来说也是陌生的。

（二）福利差距扩大

李环等（2015）通过加权基尼系数、传统基尼系数和修正基尼系数的分析发现，土地被征用后，福利差距进一步加大，主要的原因在于：（1）在土地征用款等福利分配时，村干部有优先分配权。如在分配安置房时，村干部的居住条件比普通村民要更好。（2）在土地征用过程中，少数村民有寻租行为。例如，一户农民应该只有一处宅基地，但是很多农民通过一些手段拥有多处宅基地。所以这部分农民获得了更高的土地补偿。（3）不同人对土地补偿款的使用方式不同。那些把补偿款用于投资的人所能获得的收益要高于那些把补偿款存在银行的农民。

三、土地用途改变对环境的影响

城镇化导致土地利用/覆盖（LUCC）的变化已经开始影响环境，并成为推动整体变化的一个重要影响因素。喀斯特是非常脆弱的环境，LUCC能够导致较大的环境变化。通过对1996~2000年间中国生态修复问题的研究表明：这些区域的耕地、草地、水域和未利用土地下降了243.04平方公里，22.96平方公里、2.06平方公里和13.61平方公里，然而林地和建设用地分别增加了153.85平方公里和127.82平方公里。通过环境质量指数测度的整体环境质量提高了。然而，这种提高仅仅发生在城市郊区。人均牧场（绿地）、林地和草地的变化是环境的主要原因。城镇化导致环境的进一步恶化和LUCC可能会在未来的几十年持续下去，因此在喀斯特地区环境保护是最主要的（Yan Liu, Xianjin Huang, Hong Yang and Taiyang Zhong, 2014）。

有学者（Zhi-Fang Qi, Xin-Yue Ye, Hao Zhang and Zi-Long Yu, 2014）通过地理信息系统和遥感技术的集成分析泰州 1995~2010 年间的土地用途/土地覆盖变化，土地细碎化和生态系统服务功能（ESV）的变化。结果表明，建设用地面积增加了 3.72 倍，农地、森林以及未利用土地的流失分别占新将设用地的 18.52%、34.80% 和 28.94%。正如我们所观察到的，这些土地都主要用于交通网络以及建设用地的扩张。不同的土地用途对生态系统服务价值会产生不同影响，通过 1976 年、1989 年、1999 年和 2008 年陆地卫星 MSS/TM/ETM+ 的图像来分析基于土地用途的生态系统服务价值发现，生态系统服务价值的下降主要由草地的减少造成的，而耕地减少并非是主要原因。特别地，建设用地的向外扩张表明了人类不断的侵犯自然以及半自然生态系统，进一步导致所研究的生态服务功能的降低。从整体上来看，主要地形的重大变化，特别是森林的减少，社会经济的显著发展都引起了快速城镇化中 ESV 降低了 36.29%。因此，可持续发展政策应该强调 ESV 的下降。

四、土地用途改变对粮食生产的影响

城镇化的不断扩张使得农业用地转变为工业用地和住宅用地等，那么农业土地面积的减少是否会影响粮食安全呢？

很多学者认为，（中国）农业土地的流失对粮食的持续充足供给造成了威胁，特别是那些农业最为发达的地区，进而提出了一系列旨在保护农业用地（特别是那些农业生产力较高的耕地）的措施。中国提出了许多为保护粮食安全的耕地保护政策，农业土地转变为非农业用地受到了很多限制，但是耕地面积还是呈现出持续下降的趋势。

然而，实证研究却没有支持该观点。邓祥征等（2005）通过卫星图像数据发现，1986~2000 年间，中国农业土地的面积并没有减少，反而有 1.9% 的净增长。进一步的研究还发现，农业土地用途的转变并没有对中国的粮食安全产生影响。当然，农业用地转变为非农业用地造成了耕地面积的减少，但是可能会由于草原的开垦和森林的砍伐而导致耕地面积的增加。但是耕地面积的变化呈现出区域差异性，东北和西北地区的耕地增加了，然而北部和东南地区的耕地减少了。不过，流失耕地中的大部分都是有较高生产能力的高土质的土地，但是大部分增加的耕地都是有较低可

第十二章 城镇化进程中土地用途转变问题研究的新进展

持续性的低质量土地（Jiyuan Liu, Mingliang Liu, Hanqin Tian, Dafang Zhuanga, Zengxiang Zhang, Wen Zhang, Xianming Tang and Xiangzheng Deng, 2005）。

另外，耕地土地面积的减少并不一定意味着粮食生产能力的减少。粮食生产能力的高低与土地利用效率相关，现有的制度和政策结构会出现耕地保留不足和农地过度非农化的激励，导致土地利用效率的低下（Erik Lichtenberg and Chengri Ding, 2008）。

正如农业土地流失并一定意味着粮食生产减少类似，农业用地的减少可能会影响农业土地的利用强度。有学者（Li Jiang, Xiangzheng Deng and Karen C. Seto, 2013）通过对1 670个县固定效应分析发现，城市扩张与农业土地利用强度的下降相关。如果农业土地的持续被城市扩张所占用，假设其他地区的农业土地面积不变，那么粮食产量可能会因为农业土地利用强度的下降而减少。

参考文献

1. A. Boucher and K. C. Seto, 2009, Methods and Challenges for Using High-Temporal Resolution Data to Monitor Urban Growth, in Paolo Gamba, Marin Herold ed., *Global Mapping of Human Settlement*, CRC Press.

2. Bhartendu Pandey and Karen C. Seto, 2015, Urbanization and Agricultural Land Loss in India: Comparing Satellite Estimates with Census Data, *Journal of Environmental Management*, 148: pp. 53 – 66.

3. Erik Lichtenberg and Chengri Ding, 2008, Assessing Farmland Protection Policy in China, *Land Use Policy*, 25: pp. 59 – 68.

4. Hongping Lian and Raul P. Lejano, 2014, Interpreting Institutional Fit: Urbanizatio, Development, and China's Land-Lost, *World Development*, 204 (61): pp. 1 – 10.

5. Huan Li, Xianjin Huanga, Mei-Po Kwan, Helen X. H. Bao and Steven Jefferson, 2015, Changes in Farmers'Welfare from Land Requisition in the Process of Rapid Urbanization, *Land Use Policy*, 42: pp. 635 – 641.

6. JikunHuang, Lifen Zhu, Xiangzheng Deng and Scott Rozelle, 2005, Cultivated Land Changes in China: The Impacts of Urbanization and Industrialization, Proc. SPIE 5884, *Remote Sensing and Modeling of Ecosystems for Sustainability* II, 58840I, http://dx.doi.org/10.1117/12.613882.

7. Jin S. Deng, Ke Wang, Yang Hong and Jia G. Qic, 2009, Spatio-Temporal Dynamics and Evolution of Land Use Change and Landscape Pattern in Response to Rapid Urbanization, *Landscape and Urban Planning*, 92: pp. 187 – 198.

8. R. K. Kaufmann and K. C. Seto, 2001, Change Detection, Accuracy, and Bias in a Sequential Analysis of Landsat Imagery in the Pearl River Delta, China: Econometric Techniques, *Agriculture, Ecosystem & Environment*, 85: pp. 95 – 105.

9. Li Jiang, Xiangzheng Deng and Karen C. Seto, 2013, The Impact of Urban Expansion on Agricultural Land Use Intensity in China, *Land Use Policy*, 35: pp. 33 – 39.

10. LiuYansui, Yang Ren and Li Yuheng, 2013, Potential of Land Consolidation of Hollowed Villages under Different Urbanization Scenarios in China, *Journal of Geographical Sciences*, 23: pp. 503 – 512.

11. Minghong Tan, Xiubin Lia, Hui Xie and Changhe Lu, 2005, Urban Land Expansion and Arable Land Loss in China—A Case Study of Beijing-Tianjin-Hebei Region, *Land Use Policy*, 22: pp. 187 – 196.

12. Qingshui Lu, Fuyuan Liang, Xiaoli Bi, Rodney Duffy and Zhiping Zhao, 2011, Effects of Urbanization and Industrialization on Agricultural Land Use in Shandong Peninsula of China, *Ecological Indicators*, 11: pp. 1710 – 1714.

13. Seto, K. C., Kaufmann, R. K. and Woodcock, C. E, 2000, Landsat Reveals China's Farmland Reserves, But They're Vanishing Fast, *Nature*, 406: P. 121.

14. Xiangzheng Deng, Jikun Huang, Scott Rozelle and Emi Uchida, 2006, Cultivated Land Conversion and Potential Agricultural Productivity in China, *Land Use Policy*, 23: pp. 372 – 384.

15. Yan Liu, Xianjin Huang, Hong Yang and Taiyang Zhong, 2014, Environmental Effects of Land-Use/Cover Change Caused by Urbanization and Policies in Southwest China Karst area—A Case Study of Guiyang, *Habitat International*, 44: 339 – 348.

16. Yansui Liu, Fang Fang and Yuheng Li, 2014, Key Issues of Land Use in China and Implications for Policy Making, *Land Use Policy*, 40: pp. 6 – 12.

17. Zhi-Fang Qi, Xin-Yue Ye, Hao Zhang and Zi-Long Yu, 2014, Land Fragmentation and Variation of Ecosystem Services in the Context of Rapid Urbanization: The Case of Taizhou City, China, *Stochastic Environmental Research and Risk Assessment*, 28: pp. 843 – 855.

18. Zhengzhou Deng, kun Huang, Scott Rozelle, Jipeng Zhang and Zhihui Li, 2015, Impact of Urbanization on Cultivated Land Changes in China, *Land Use Policy*, 45: pp. 1 – 7.

第十三章 自然资源定价研究的新进展

关于自然资源价格，国外的经典研究始于霍太林于1931年发表的"可耗尽资源经济学"（*The Economics of Exhaustible Resources*）一文。他认为可耗尽资源的价格必须满足自然资源的补偿费增长同利率增长相等的条件，并得出了可耗竭自然资源的 t 期价格，即 $P_t = P_0 \cdot e^{It}$（其中 I 为利率，P_0 为基期自然资源的价格）（Hotelling，1931）。自此很长一段时间里，对自然资源的价格研究一直都集中在已经进入到市场进行交易的自然资源上，对不能在市场上交易的自然资源没有重视。直到韦斯特曼（Westman，1977）提出"自然的服务"的概念，并指出自然资源的总价值由直接使用价值、间接使用价值、选择价值、遗传价值和存在价值构成。其中，直接使用价值来自可直接消费的产品，间接使用价值来自功能效益（如生态功能）；选择价值由将来的直接使用价值或间接使用价值构成（如生物多样性）；遗传价值是为后代保留使用价值和准使用价值的价值（如生态环境）；存在价值是认识到继续存在的价值（如濒危物种）。自然资源的价值内容之所以得到不断的丰富，是因为考虑了可再生的生态系统服务。科斯坦萨等（Costanza et al.，1997）利用已有的研究方法对16个生物群落提供的17种生态服务进行经济价值现值估计后发现，对于整个生物圈，估值为（大多数在市场外）每年 $16 \sim 54 \times 10^{12}$ 美元，均值为每年 33×10^{12} 美元。

关于自然资源不可交易的生态服务价值估算，主要是通过捕获社会对生态服务的需求偏好来进行的。国外关于生态服务需求偏好显示技术的研究主要从20世纪70年代开始，这些技术可分为间接显示方法、直接显示方法和实验方法。间接显示方法包括享乐价格法、旅行费用法，直接显示方法又叫条件价值法。一般而言，在自然资源的定价方法上，主要存在影子价格定价、边际机会成本定价、可计算的一般均衡价格、李金昌定价法、能量定价和能值定价法等（Alpizar et al.，2001；Kjær，2005；Vega and Alpizar，2011）。总体而言，这些价格主要可以分为两类：一类价格是市场外生给定的，主要取决于自然资源产品的市场价格，本章称之为可交易的自然资源定价方法；另一类价格是依附于相关属性或载体的市场价格，不能直接获得，本章称之为不可交易的自然资源定价方法。

一、可交易的自然资源定价方法

可交易的自然资源价格由市场机制决定，即由供给和需求双方决定。然而，由于市场特征存在差异，价格形成机制也存在差别。不同的市场，针对对象的重点不同，价格也不同；同样的市场，决定价格的因素不同或定价方法不同，价格也会不同。大体而言，在市场上可交易的自然资源的定价方法主要包括影子价格法和地租定价法两类。

（一）影子价格法

影子价格模型是20世纪30年代由荷兰的简·庭伯根（Jan Tinbergen）和苏联的坎托夫维奇（Kantofovitch）提出的，后经美国经济学家萨缪尔森发展而成。自然资源的影子价格是静态价格，反映的是资源的稀缺程度。资源的利用存在：

$$Z_{max} = \sum_{i=1}^{n} p_i q_i \tag{1}$$

$$b_{j1}q_1 + b_{j2}q_2 + \cdots + b_{mn}q_n \leq x_i \tag{2}$$

$$Y_{min} = \sum_{j=1}^{m} x_j s_j \tag{3}$$

$$b_{1i}s_1 + b_{2i}s_2 + \cdots + b_{ji}s_i + \cdots + b_{mi}s_m \geq p_i s_j \geq 0 \tag{4}$$

在式（1）中，Z为生态或经济效益等目标值；p_i为第i类自然资源单位数量的收益系数；q_i为第i类自然资源的数量。式（2）为自然资源利用的约束式，b_{ji}为第i类自然资源的约束系数；x_i为第i类自然资源总量。式（3）为利用自然资源的生产总成本式，其中s_j即为自然资源的影子价格。式（4）为生产面临的约束。

（二）地租定价法

地租理论是 1777 年安德森在《谷物条例的性质研究——并附论英格兰谷物案》中首次叙述的，即不是土地地租决定土地生产物的价格，而是土地生产物的价格决定土地的地租。地租还有第二要义，即以较多或较少的劳动或资本投入同一部分的土地中，生产物的增加，不同比例于劳动量的增加。麦克库洛赫在补充注解《国富论》时指出，最不生产的支出部分提供资本的普通利润，其他各部分支出提供的普通利润以上的剩余，即为地租。地租即为投于土地效果较大的其他各部分资本所提供的报酬与效果最小的一部分资本所提供的报酬的差（杰文斯，1984）。正常的地租形式有两种：土地所有权产生的绝对地租和土地生产率差异产生的级差地租。

二、不可交易的生态服务定价方法

由于许多环境产品没有需求曲线和市场价格，一些非市场方法被设计出来对它们进行价值估计（Pearce and Turner, 1990）。非市场方法的关键是获得替代价格，通过转换间接获得不可交易自然资源的价格。替代价格的标准存在差异，它可能以自然界存在的对象为标准，如能值；也可能以消费者需求为标准，如偏好。

（一）能值定价法

能值（Emergy）是指某种流动或贮存的能量包含另一种流动或贮存的能量的数量。20 世纪 80 年代后期，美国著名生态学家奥德姆（H. T. Odum）提出了能值转换率（Transformity）概念。

能值分析是以能值为比较基准，把定价系统中不同种类和不可比较的能量转换成同一标准的能值，再进行定量分析。一般是根据太阳能值转换率进行转换。能值定价法一般包括两个步骤：一是确定分析对象的空间尺度和生态类型；二是确定分析手段，如能值转换率和各种能值指标的计算分析。奥德姆建立了一些能值分析的基本指标，如能值/货币比率、能值—货币价值、能值投资率、能值产出率、能值交换率、能值扩大率、能值自给率、能值密度、人均能值用量、环境负载率和能值可持续指标。

能值/货币比率是指总能值使用量与国内生产总值的比重,其大小表示一个地区农业、工业的发展程度。高的比值表示每单位经济活动获取的能质量高,使用的自然资源对经济的贡献大。能值—货币价值或宏观经济价值,是将能值在数量上换算成市场货币价值的方法,即用能值量除以能值/货币比率。能值投资率是指社会经济反馈投入不可更新资源能值和可更新资源能值之和,与自然环境投入不可更新资源和可更新资源的和的比值,比值大说明经济发展水平高、对环境的依赖性低。能值产出率是将产出能值除以社会经济投入不可更新资源能值和可更新资源能值的和的比值,如果比值大于1,则具有经济效率。能值交换率又称能值受益率,指商品的能值与支付的货币能值的比值。能值扩大率是指能值投入增加,产出能值增加的比率,比率越高说明效率越高。能值自给率是衡量一个地区对外交流程度。能值密度是指单位国土面积的能值利用量。人均能值用量是衡量人民生活水平的指标,是用总能值利用量除以总人口量。环境负载率是一个比值,分母是来自环境的可更新资源,分子是三部分之和:社会经济反馈投入的不可更新资源能值、可更新资源能值和环境的不可更新资源能值,比率越高说明经济发展水平高、环境压力大。能值可持续指标是能值产出率与环境负载率的比值,比率小于1为发达国家,比率在1和10之间为发展中国家。

(二) 偏好估值方法

偏好估值方法由于其测算各种价值的能力不同,具有各自的优缺点,因而在不同领域运用的程度不同。在卫生保健方面运用较多的估值方法是成本效率分析和成本效用分析,它们只能测量与健康相关的好处。成本收益分析首次用于20世纪50年代美国公共项目生产要素投入的净经济价值评价上,它除了可以测算研究对象带来的好处,还可以考察不健康、后悔和失望等带来的效用。而对于不能在市场上交易的物品,要测算它们的经济价值,必须要窥探消费者偏好,从而对货物属性价值化。总体而言,已经形成了两大类方法:一类是显示性偏好方法,它是通过研究一个极其相关市场上的实际行为来获得非市场交易物品的价值,代表性方法是旅行费用法和享乐价格法,它们能测算物品具有的使用价值或选择价值;

另一类是陈述性偏好方法，它是通过研究假设背景下个体的陈述性行为来获得非市场交易物品的价值，代表性方法是条件价值法和选择性实验，它们不仅可以测算物品的使用价值和选择价值，还能测算非使用价值（Kjær，2005）。

1. 显示性偏好方法

（1）旅行费用法。旅行费用法是通过旅行费用来估算消费者对资源的需求及价格，计算消费者剩余和消费者支出而估算出生态系统提供的在市场上不可交易服务的价值的方法。目前主要发展出分区模型、个体模型和随机效用模型。分区模型首先是由克劳森（M. Clawson）提出，后经尼奇（J. L. Knetsch）等加以完善与推广。该模型存在四个假设条件：全部旅行者使用生态系统服务的总效益都等于边际旅行者的旅行费用；全部旅行者的需求曲线的斜率相同；边际旅行者的支付意愿正好等于他的旅行费用；旅行费用是一种替代价格。实际应用上，共分为四步：根据旅行者来源地与生态系统所在地的距离进行划区、对旅行者的费用和旅行率等社会经济特征进行调查、通过将旅行费用等社会经济特征变量对旅行率回归得到需求曲线、采用积分求值方法计算生态系统服务价值。1973年，布朗（Brown）对分区模型进行了修正，得到了个体模型。他不再以区域来划分旅行者，而是以个体旅行者的数据来获得需求曲线。1993年，针对旅行者面临许多可替代旅行地的问题，弗里曼（Freeman）提出了随机效用模型，将生态系统服务的特点引入了模型。旅行费用法虽然在操作和数据获取上较简单，但也存在许多问题，如多目的地的旅行、当地居民与旅行者差异、距离成本的计算、时间价值和统计问题等。

（2）享乐价格法。尽管部分生态服务没有直接交易市场，但这些服务可能附着在其他商品或服务上。因此，社会对这些生态服务的需求偏好可间接度量。罗森（Rosen，1974）认为，所谓不同的产品即是物品不同的特征，在完全竞争市场条件下，任何一个物品特征都对应着一个价格，不可交易的产品实际上存在一个由隐形市场决定的价格。罗森将隐形价格称之为享乐价格，认为享乐价格同样调节着生产和消费行为。如风景优美的地区可以吸引旅游者观光，空气清新、有山有水的地区的房价较高，旅游成本及房价差额便是度量景色、新鲜空气的享乐价格，显示了社会对这类生态服务的需求偏好。

享乐价格法主要用于研究社会对水、空气、生物多样性、或其他综合性生态服务的需求偏好。布朗和门德尔松（Brown and Mendelsohn, 1984）通过回归美国多个地点提供的某项消遣服务与旅游成本的关系来为该项服务定价，并用他们的模型计算了华盛州河流中虹鳟鱼应保持的密度。史密斯和德武斯革斯（Smith and Desvousges, 1986）运用旅行成本法研究了水质改善给水上运动、垂钓带来的收益。布罗姆奎斯特、博杰和霍茵（Blomquist, Berger and Hoehn, 1988）认为，如果一个地区气候适宜、社会治安、教育等居住环境良好，更多的人将前往定居，这将导致地租上涨和工资下降。因此，存在一个度量地区宜居性的隐形市场。他们根据地区之间的地租和工资建立了一个享乐方程，并对美国253个城区县的宜居性进行了等级排名。布罗姆奎斯特（1974）研究发现，在伊利诺伊州的温内卡，自从温内卡发电厂兴建后，周边房产价格开始下降。在发电厂周围11 500英尺内，距离每靠近发电厂10%，房产价格下降0.9%，发电厂导致周边地区居住不适宜性的价值损失为202 804美元。

享乐价格法只是需求偏好间接显示的一种，它利用了生态服务与某种有交易价格产品的互补性来测量社会需求偏好。其他需求偏好间接显示技术同样利用了生态服务与某类产品的互补或替代性。如科普和科鲁普尼克（Kopp and Krupnick, 1987）研究发现，1977年美国颁发的《清洁空气法修正案》由于控制了臭氧排放，从而减少了农业生产损失，1986年提高社会福利7亿美元。这间接显示了控制臭氧排放的效益和社会需求。布鲁克希尔等（Brookshire et al., 1985）的研究是替代性的很好例子。他们发现，在洛杉矶和旧金山，居民根据地震当局发布的信息推测不同区域发生地震的概率，导致不同地区的房价出现差别。根据这种房价差别可以为人身安全定价。尽管他们研究的不是生态服务，但方法论上是有借鉴意义的。

享乐价格等间接显示技术说明，部分无交易的生态服务是可以定价的，其需求偏好是可以显示的，这一技术在发达国家生态环境项目评估中得到广泛应用。当然间接显示技术仍待完善。毕肖普和赫柏林（Bishop and Herblein, 1979）指出，如果消费者之间的偏好明显有差异，并且拥有的替代消费品不同，用旅游成本估计某类生态服务价格就容易产生偏误。而且，距离不同，消费者花在路上的时间也不同，旅游成本必须考虑时间成本。卡拉帕、德克和麦康奈尔（Cropper, Deck and McConnel, 1988）认为，享乐价格法的有效性取决于数据的完整性及函数形式。当估计物品某一属性增加或减少导致价格的边际变化时，如果该物品所有的属性都可以观察，采用线性和二次 Box-Cox 函数形式产生的误差最少。相反，如果该物品的部分属性不可观察或只能用代理变量替代，线性或线性的 Box-Cox 函数形式产生的误差最少。爱普尔（Epple，1987）则提出了如何从供给和需求两方面改进享乐价格法估计的建议。

2. 陈述性偏好方法

（1）条件价值法。由于生态系统的复杂性、影响的长期性，部分生态服务不仅没有交易市场，而且对社会、经济的间接影响数据也不易获得。生态服务需求偏好直接显示技术是指，通过问卷调查的方式询问个人对某类生态服务的评价，然后用计量经济模型估计社会对该类生态服务的意愿支付额（WTP）和意愿补偿额（WTA）。直接显示技术又称条件价值（CVM）法。

布鲁克希尔、兰德尔和斯托尔（Brookshire，Randall and Stoll，1980）利用 CVM 法研究了怀俄明州拉拿米尔地区麋鹿数量增加和减少的 WTP 和 WTA，他们发现 CVM 是揭示社会偏好的一种有效的方法。由于狩猎者经历过麋鹿数量减少的事实，能直接把麋鹿数量减少对自己福利水平的影响联系起来，因此 WTP 的数据是比较准确的。卡森和米切尔（Carson and Mitchell，1988）研究了当河流水质改善、可以游泳和垂钓时的服务价值。鲍克和斯托尔（Bowker and Stoll，1988）利用两分的 CVM 法评估了美洲鸣鹤的保存价值。同时他们发现，即使是相同的资料，采用不同的评估模型得出的价值大相径庭，最高的意愿支付达 149 美元，而最低的只有 5 美元。

CVM 法主要由三项关键技术构成：①准确、清楚地描述被评估的生态服务或提供服务的产品；②合适的出价技术；③合适的揭示答卷人真实评价的手段。萨普尔斯、迪克逊和高文（Samples，Dixon and Gowen，1986）在关于濒临灭绝的驼背鲸保护的 WTP 研究中发现，如何描述驼背鲸的形态、特征、目前面临灭绝的危险程度等，显著影响着 WTP 高低。

通常，条件价值法在评估一项物品的价值时，问卷常采用是或否这样一种二分法，结果容易造成假设偏误，夸大答卷者的支付意愿。布卢门沙因等（Blumenschein et al.，1997）通过实验控制证实了这种偏误。但与此同时他们也证实，那些问卷中回答有购买意向的人确实作出了真实购买的决策。卡明斯、甘顿和麦古金（Cummings，Gandrton and McGuckin，

1994）发现，CVM法中的答卷者由于未能考虑该产品的替代品而使支付意愿产生偏误。卡明斯和泰勒（Cummings and Taylor，1998）通过实验发现，要使问卷者真实披露自己的偏好，必须提高其获得支付报酬的可能性。

CVM法由于询问的是答卷人的主观价值判断，其有效性经常受到质疑。舒尔策、德阿格和布鲁克希尔（Schulze，d'Arge and Brookshire，1981）认为，CVM这种直接揭示社会偏好的方法容易产生偏误。其一是策略性偏误。如果答卷者认为提供某项物品的成本由社会其他成员承担，他可能故意夸大该物品的价值和自己的支付意愿。相反，如果答卷者认为某项物品的成本将由自己承担时，他可能低估该物品的价值，降低自己的支付意愿；其二是信息偏误，即答卷者对评价物品的数量和质量有不同的信息和判断；其三是工具偏误，即调查中意在揭示社会偏好的机制产生的偏误。实验表明，征税方式得到的支付意愿明显不同于直接收费这种方式。此外，调查问卷中一般暗含有支付的起点和范围；其四是假设偏误，即答卷者可能并不相信问卷中关于某物品或资源的增加和减少趋势，也不相信自己的付出能改变这种增加或减少趋势。

然而，布鲁克希尔等（1982）比较了CVM和享乐价格法在评估公共物品价值上的差别后发现，如果答卷人有过评估物品价值变动的经历，或对该物品有比较充分的了解，问卷调查与享乐价格法得出的估价基本一致。迪基、费雪和格金（Dickie，Fisher and Gerking，1987）利用对数似然比检验发现，对同一需求关系的两组数据，一组来自真实的市场交易，另一组来自问卷调查，在1%显著水平上两组数据是一致的。

对于CVM法中WTA和WTP的巨大差异，尼奇和辛登（Knetsch and Sinden，1984）认为需要进一步改进评估损害的手段，并对个人的无差异曲线作进一步解释。哈内曼（Hanemann，1984）提出了如何用logit模型解释CVM中的离散型数据，分析答卷者的愿意出售某一产品的价值。哈内曼（1991）认为WTA和WTP之所以差别这么大，并不说明CVM这一方法是错误的，而是由于WTP和WTA针对的公共品仅是部分可以被私人物品替代的。因此，WTA远远大于WTP是正常的。

（2）选择实验方法。20世纪80年代，随着实验经济学的兴起，生态经济学家开始采用实验技术揭示社会的生态服务需求偏好。布鲁克希尔等（1983）将模拟交易市场置入一般的条件价值法，估计了在未来供给不确定的情况下，美国怀俄明州灰熊和大角羊的选择价值和存在价值。库西、霍维斯和舒尔策（Coursey, Hovis and Schulze, 1987）利用实验持续术发现，如果拍卖只是一次，WTA 大大高于 WTP。然而随着拍卖次数增加，两者最终趋于一致。他们认为，用 WTA 得出的物品估价容易出现向上估计偏误，用 WTP 得出的物品估价可能更真实一致。此外，参加实验的人的市场交易经验对评估物品的价格准确性极其重要。Brookshire 等和 Coursey 等分别采取假设的条件价值法、田野史密斯拍卖程序和实验室史密斯拍卖三种方法，对美国科罗拉多福特科林斯一个供居民休闲娱乐的公园植树的价值进行了评估。他们发现，采取假设的条件价值法，WTA 高出 WTP 估价的 75 倍；田野史密斯拍卖程序得出的结果与条件价值法一致，两者同样差额巨大；而采用实验室史密斯拍卖法，WTA 的估价仅高出 WTP 估价的 4 倍。在实验室史密斯拍卖程序中，随着拍卖次数的增加，WTA 明显减少，而 WTP 则增加。

运用选择实验对市场上不可交易物品估值的典型研究是阿达莫维茨等（Adamowicz et al., 1994），他们将选择实验应用到环境管理问题上，对环境带来的舒适感进行估值，同时还对选择试验和条件估值方法进行了比较。他们的研究表明，与条件估值方法相比，选择实验具有一些优点：①可以减少条件估值方法中的一些潜在偏误；②可以发掘出更多的信息；③可以检测内在连续性。在发展的初期，选择实验主要应用于环境经济学领域中，而后逐渐扩散到交通、健康经济学等领域中。如汉利等（Hanley et al., 1998）使用选择实验，从实验设计、目前经验和未来发展的角度，以英国一个森林景观为例，对环境进行了估值分析。卡尔森等（Carlsson et al., 2003）将选择实验运用到湿地属性的估值上，使用随机变量 logit 模型，以生物多样性、鱼类、小龙虾等为属性，考察了湿地带来的福利变化，研究表明，生物多样性和步行设施会增加福利，小龙虾会降低福利。贾罗德等（Garrod et al., 2002）运用选择实验，使用条件 logit 和混合 logit 估计，研究英国三个镇的居民对交通减速措施的支付意愿，这些措施可以带来减速、减噪和减少行人等待过马路的时间。分析结果显示，居民愿意支付更多去减少道路交通的负效应。卡伊尔（Kjær, 2005）从理论的角度，介绍了离散型选择实验的背景、理论基础、使用方法、可能遇到的问题以及它在健康护理上的应用。同时，选择实验还可以运用到考察消费者需求的市场营销中，如汉利等通过带有场所特征和登山者特征的函数，运用选择实验估计了登山者对于登山场所选择的偏好；阿尔福尼斯等（Alfnes et al., 2006）运用选择实验，使用混合 logit 模型分析了消费者对大马哈鱼颜色的偏好。另外，对于实施的项目和政策的影响，也可以通过选择实验进行估算。如斯卡尔帕等（Scarpa et al., 2007）运用选择实验，评估了爱尔兰农村环境保护计划实施所带来的非市场性好处，如提高农村景观美感、提高水的质量等。维格和阿尔皮萨尔（Vega and Alpizar, 2011）用选择实验方法评价了哥斯达黎加 Toro 3 工程建设带来的河流量减少对雷克雷奥·贝尔德（Recreo Verde）游客中心的影响，并为补偿方案提供指导。克里斯托斯和西澳诺（Christos and Theano, 2013）通过选择实验获取了一些陈述性偏好数据，对风能、太阳能、水能和生物质能等可更新能源项目的社会成本和收益进行了价值估计。由于选择性实验方法相比其他方法具有一些明显的优势，如能够估算单个属性的价值、解决共线性问题、同时对多个属性进行估值、能够估算非使用价值等（Hanley et al., 1998；Kjær, 2005；Vega and Alpizar, 2011），已经被运用到多个学科领域中。

三、评述性总结

对于在市场上可以交易的自然资源，定价的方法都是通过自然资源产品的市场价格揭示自然资源的市场价格，即揭示个体在自然资源上的支付意愿。这种思路在方向上是科学的，但是具体的问题出在揭示的过程上。影子价格法只能作为理论上的价格，即当市场中存在外部性时，市场价格无效率，通过影子价格法可以在理论上计算出有效率的价格，可操作性不强；资产定价法在定价过程中难以真实捕捉住个体偏好的变化，有待进一步完善；地租定价法相对而言，科学性更强。其实，定价的关键是如何找到与自然资源直接相关的市场价格。

国外关于生态服务需求偏好的显示技术有三种，分别是间接显示技术、直接显示技术和实验显示技术。间接显示技术比较成熟，应用普遍，但应用范围受到数据的可获得性限制，其准确性则取决于计量模型的选择。直接显示技术（CVM）不受经验数据的限制，应用范围广。但由于属于主观判断，没有实际数据检验，CVM 的准确性取决于问卷设计、研究者和答卷人的经历、调查的方式和计量模型的选取等。实验显示技术通过控制交易规则，更容易辨别偏好的真假。重复实验给了参加实验者学习的机会，而灵活的激励手段也有助于实验者显示自己的真实偏好。但如何

第十三章 自然资源定价研究的新进展

设计好实验交易规则、如何正确选择生态服务产品种类进行交易等，对使用实验显示技术存在巨大挑战。

评估生态服务价值的关键点是如何确定各类生态服务的价格。到目前为止，已有的方法大体上可归为两类：其一是简单地寻找一个替代品价格，如用工业制氧成本作为森林释放氧气的价格、以国际市场上的碳税作为森林固定二氧化碳的价格，以市场上的化肥价格作为草地固定营养物质的价格，等等；其二是通过专家打分，以农田的食物生产为1，确定各生态系统中各类生态服务的当量因子，然后基于农田的地租折算出各类生态服务的价值。方法一中植物释放氧气与工业制氧的成本不一样，而碳税也只是部分国家暂时作的政策试验，并不真正反映二氧化碳的价格；方法二中，生态学家的偏好并不能代表社会其他成员的偏好，且生态学家出于职业偏好可能会夸大生态系统的服务价值。在经济学的价值化上，上面的两类方法都是可以被证伪的。实质上，这些方法都是想找到一个替代属性来揭示消费者个体在生态服务上的支付意愿，从而实现生态服务价值化。这种思路是对的，但是在确定替代属性上，他们的做法有待完善。这主要是因为：他们不是根据消费者个体的偏好来确定替代属性，而是根据他们自己的偏好来进行这一过程。科学的方法是，寻找一个由市场决定的成本属性，并揭示生态服务与成本属性在消费者个体偏好上的相关性。

对于不可交易的生态服务，由于其具有移动性，相对于自然资源产品，其产权的界定更难以实施（Dasgupta，2009）。要预测生态服务在长期上的变化难度很大。如果根据通过变化的生态服务存量和流量来进行价值界定，那么经济落后而自然资源都未开发利用的国家应该是最富有的，这不就是认可自然资源资本与人力、物质资本是可以相互替代的吗？达斯古普塔（Dasgupta，2013）认为，这是一个误解。价值是市场交换的结果，是消费者支付意愿在市场上的实现，是人的需求下的效用价值在市场上的边际变化。因此，要对不可交易的生态服务长期价格进行分析，必须有一种方法能够客观地揭示人类在不可交易的生态服务上的长期支付意愿趋势。在不同的时间点，个体的社会人口统计学特征会有差异，需求因而会不同。具有市场价格的成本属性在时间维度上的序列数据可以揭示一部分变化趋势，但更关键的是个体在成本属性与生态服务属性相关性上的偏好发生了什么样的变化，而这恰恰是难以确定的。如果这种偏好不变，那么长期价格可以确定；否则，只有成功地捕捉了这一偏好的趋势，长期价格才是科学的。关于捕捉这一趋势的方法，是未来进一步的研究方向。

总之，国外关于自然资源价格的研究首先在内容上还欠缺一个统一的核算范围标准，这使得自然资源在国际市场上不能形成一个有效的市场价格体系；其次，虽然对自然资源的可交易部分和不可交易生态服务的价值估算研究都已经存在，但还没有形成一个良好的价格机制能够共同体现自然资源的市场价值和非市场价值；再次，自然资源像资本一样，也存在着折旧，但是，自然资源折旧与资本折旧存在着差别，如何在自然资源价格中体现时间尺度上的折现是人类在众多因素影响下对现在和未来的考虑后的选择（Weitzman，1994，1998，2012），这在目前研究中比较欠缺；最后，关于自然资源不可交易生态服务的定价，目前还不存在发展成熟的方法，具有比较优势的是选择实验方法，如何运用选择实验对不可交易自然资源的价值进行估算仍是一个现实挑战。

参考文献

1. Adamowicz, W., Louviere, J. J. and Williams, M., 1994, Combining Revealed and Stated Preference Methods for Valuing Environmental Amenities, *Journal of Environmental Economics and Management*, 26 (3): pp. 271 – 292.

2. Bishop R. C. and Heberlein T. A., 1979, Measuring Values of Extramarket Goods: Are Indirect Measures Biased?, *American Journal of Agrucultural Economics*, 61 (5): pp. 926 – 930.

3. Blomquist, Glenn C., Mark C. Berger and John P. Hoehn, 1988, New Estimates of Quality of Life in Urban Areas, *American Economic Review*, 78 (1): pp. 89 – 107.

4. Blomquist, G. C., 1974, The Effect of Electric Utility Power Plant Location on Area Property Value, *Land Economics*, 50: pp. 97 – 100.

5. Blumenschein, K., Johannesson, M., Blomquist, G. C., Liljas, B. and O'Conor, R. M., 1997, Hypothetical Versus Real Payments in Vickrey Auctions, *Economics Letters*, 56 (2): pp. 177 – 180.

6. Bowker, J. Michael and John Raymond Stoll, 1988, Use of Dichotomous Choice Nonmarket Methods to Value the Whooping Crane Resources, *American Journal of Agricultural Economics*, 70 (2): pp. 372 – 381.

7. Brookshire D. S., Eubanks L. S. and Randall A., 1983, Estimating Option Prices and Existence Values for Wildlife Resources, *Land Economics*, 59 (1): pp. 1 – 15.

8. D. Brookshire, M. Thayer, J. Tschirhart and W. Schulze, 1985, A Test of the Expected Utility Model: Evidence from Earthquake Risks, *Journal of Political Economy*, 93 (2): pp. 369 – 389.

9. Brookshire, D., Randall, A. and Stoll, J., 1980, Valuing Increments and Decrements in Natural Resources Flows, *American Journal of Agricultural Economics*, 56: pp. 478 – 488.

10. Brookshire, D. S., Thayer, M. A., Schulze, W. D. and D'Arge, R. C., 1982, An Evaluation of the Validity of Survey Methods in Economics, In *Environmental Policy: Air Quality*, ed. By George S. T., Philip E. G., Cohen A. S., Cambridge MA: Ballinger, pp. 171 – 193.

11. Browm, Gardner M. and Jr. Robert Mendelsohn, 1984, The Hedonic Travel Cost Method, *Review of Economics and Statistics*, 66 (3): pp. 427 – 433.

12. Christos J. Emmanouilides and Theano Sgouromalli, 2013, Renewable Energy Sources in Crete: Economic Valuation Results from a Stated Choice Experiment, *Procedia Technology*, 8: pp. 406 – 415.

13. Carlsson Fredrik, Peter Frykblom and Carolina Liljenstolpe, 2003, Valuing Wetland Attributes: An Application of Choice Experiments, *Ecological Economics*, 47 (1): pp. 95 – 103.

14. Cropper, M. L., L. Deck and K. E. McConnel, 1988, On the Choice of Functional Forms for Hedonic Price Functions, *Review of Economics and Statistics*, 70: pp. 668 – 675.

15. Coursey, D. L., Hovis, J. L. and Schulze, W. D., 1987, The Disparity between Willingness to Accept and Willingness to Pay Measures of Value, *The Quarterly Journal of Economics*, 102 (3): pp. 679 – 690.

16. Cummings, R. G. and Taylor, L. O., 1998, Does Realism Matter in Contingent Valuation Surveys?, *Land Economics*, 74 (2): pp. 203 – 215.

17. Dasgupta Partha, 2009, The Place of Nature in Economic Development, Prepared for the Handbook of Development Economics, Vol. 5, edited by Dani Rodrik and Mark Rosenzweig (Amsterdam: North Holland), Forthcoming.

18. Dasgupta Partha, 2013, Sustainability and the Determinants of Personal Consumption, in *Sustainable Consumption: Multi-Dischiplinary Perspectives in honor of Professor Sir Partha Dasgupta*, ed. by Alistair Ulph, Dale Southerton, Oxford University Press, pp. 3 – 63.

19. David W. Pearce and R. Kerry Turner, 1990, *Economics of Natural Resources and the Environment*, Baltimore: The Johns Hopkins University Press.

20. Dickie M. T., Fisher A. N. and Gerking S., 1987, Market Transactions and Hypothetical Demand Data: A Comparative Study, *Journal of the American Statistical Association*, 82 (397): pp. 69 – 75.

21. Dora Carias Vega and Francisco Alpizar, 2011, Choice Experiments in Environmental Impact Assessment: The Toro 3 Hydoelectric Project and the Recreo Verde Tourist Center in

Costa Rica, Environment for Development, *Discussion Paper Series*, EfD DP 11 - 04.

22. Epple and Dennis, 1987, Hedonic Prices and Implicit Markets: Estimating Demand and Supply Functions for Differentiated Products, *Journal of Political Economy*, 95 (1): pp. 59 - 80.

23. Francisco Alpizar, Fredrik Carlsson and Peter Martinsson, 2001, Using Choice Experiments for Non-Market Valuation, *Working Papers in Economics no. 52. Department of Economics*, Goteborg University.

24. Frode Alfnes, Atle G. Guttormsen, Gro Steine and Kari Kolstad, 2006, Consumers' Willingness to Pay for the Color of Salmon: A Choice Experiment with Real Economic Incentives, *American Journal of Agricultural Economics*, 88 (4): pp. 1050 - 1061.

25. Guy D. Garrod, Riccardo Scarpa and Kenneth G. Willis, 2002, Estimating the Benefits of Traffic Calming on Through Routes: A Choice Experiment Approach, *Journal of Transport Economics and Policy*, 36 (2): pp. 211 - 231.

26. Hanemann, W. M., 1984, Welfare Evaluations in Contingent Valuation Experiments with Discrete Responses, *American Journal of Agricultural Economics*, 66 (3): pp. 332 - 341.

27. Hanemann M. W., 1991, Willingness to Pay and Willingness to Accept: How Much can They Differ?, *American Economic Review*, 81 (3): pp. 635 - 647.

28. Hotelling, H., 1931, The Economics of Exhaustible Resources, Journal of Political Economy, 39 (2): pp. 137 - 175.

29. Knetsch, J. L. and Sinden, J. A., 1984, Willingness to Pay and Compensation Demanded: Experimental Evidence of an Unexpected Disparity in Measures of Values, *Quarterly Journal of Economics*, 99 (3): pp. 507 - 521.

30. Kopp, R. J. and Krupnick, A. J., 1987, Agricultural Policy and the Benefits of Ozone Controls, *American Journal of Agricultural Economics*, 69 (5): pp. 966 - 969.

31. Martin L. Weitzman, 1994, On the 'Environmental' Discount Rate, *Journal of Environmental Economics and Management*, 26: pp. 200 - 209.

32. Martin L. Weitzman, 1998, Why the Far-Distant Future Should Be Discounted at Its Lowest Possible Rate, *Journal of Environmental Economics and Management*, 36: pp. 201 - 208.

33. Martin L. Weitzman, 2012, The Ramsey Discounting Formula for a Hidden-State Stochastic Growth Process, Environmental Resource Economics, 53: pp. 309 - 321.

34. Mitchell, Robert Cameron and Richard T. Carson, 1988, Towards a Methodology for Using Contingent Valuation to Value Air Visibility Benefits, Draft Report to the Electric Power Institute, Washington DC: Resources for the Future.

35. Neill, H. R., Cummings, R. G., Ganderton, P. T., Harrison, G. W. and McGuck-

in, T., 1994, Hypothetical Surveys and Real Economic Commitments, *Land Economics*, 70 (2): pp. 145 – 154.

36. Nick Hanley, Robert E. Wright and Vic Adamowicz, 1998, Using Choice Experiment to Value the Environment: Design Issues, Current Experience and Future Prospects, *Environmental and Resource Economics*, 11 (3 – 4): pp. 413 – 428.

37. Robert Costanza, Ralph d'Arge, Rudolf de Groots, Stephen Farber, Monica Grasso, Bruce Hannon, Karin Limburg, Shahid Naeem, Robert V. O'Neill, Jose Paruelo, Robert G. Raskin, Paul Sutton and Marjan van den Belt, 1997, The Value of the World's Ecosystem Services and Natural Capital, *Nature*, 387: pp. 253 – 260.

38. Samples, Karl C., John A. Dixon, Marcia M. Gowen, 1986, Information Disclosure and Endangered Species Valuation, *Land Economics*, 62 (3): pp. 306 – 312.

39. Scarpa Riccardo, Danny Campbell and W. George Hutchinson, 2007, Benefit Estimates for Landscape Improvements: Sequential Bayesian Design and Respondents' Rationality in a Choice Experiment, *Land Economics*, 83 (4): pp. 617 – 634.

40. Schulze W. D., Brookshire D. S., d'Arge R. C. and Thayer M. A., 1981, Experiments in Valuing Public Goods, in *Advances in Applied Microeconomics*, ed. By V. Kerry Smith, Greenwich CT: JAI Press, pp. 123 – 172.

41. Rosen, S., 1974, Hedonic Prices and Implicit Markets: Product Differentiation in Pure Competition, *Journal of Political Economy*, 82 (1).

42. Trine Kjær, 2005, A Review of the Discrete Choice Experiment with Emphasis on Its Application in Health Care, *Health Economics Papers*.

43. Westman W., 1977, How Much are Nature's Services Worth?, *Science*, 197: pp. 960 – 964.

44. [英] 斯坦利·杰文斯，郭大力译：《政治经济学通论》，商务印书馆1984年版。

第十四章 小企业就业问题研究的新进展

近年来,我国在 GDP 增速逐渐下滑的同时,就业却创造了新世纪以来的最高值。这其中,中小企业的就业创造成为重要的推动力量。然而,国内现有文献却罕有对这一问题的深入研究。本章梳理国外中小企业就业创造问题的经典文献和最新研究成果,并从就业创造主体、经济危机下中小企业的就业吸纳能力、中小企业就业的脆弱性和相关政策及其效果四个方面进行较为系统的回顾。

一、小企业就业创造功能的比较研究

不同类型企业的就业创造功能比较一直是劳动经济学的一个研究焦点,从近年来的研究趋势看,研究热点主要集中于两个方面,即企业规模的比较和存续年限的影响。

(一) 小企业与大企业的就业创造功能比较

国外对于就业创造问题的研究由来已久,但在 1979 年之前,学者大都认为大型企业是多数就业机会的创造者。1979 年,美国学者伯奇(Birch,1979)在其著作《工作创造进程》(*The Job Generation Process*)中首次提出"小企业是美国就业岗位的主要创造者"的观点,由此掀起了新的一波对于就业创造问题的讨论。通过对 1969~1976 年间的数据分析,伯奇(Birch,1987)发现,美国的新增就业岗位中,66% 来自于规模小于 20 人的微型企业,81.5% 来自于规模小于 100 人的小型企业。这一数据在 1981~1985 年间甚至上涨到了 88%。伯奇之后的相关研究也对其这

第十四章 小企业就业问题研究的新进展

一观点进行了证实,基尔霍夫(Kirchhoff,1988)发现,1985年,雇员少于100人的企业创造了美国大量新增就业,而雇员超过1 000人的大企业创造的新增就业只占全部新增就业的37%。

20世纪90年代以来,对于小企业就业创造能力的争议逐渐增多。一些学者开始认为,长期以来,中小企业的就业创造能力事实上是被高估的。其中最为著名的是戴维斯等(Davis et al.,1996)的观点,他们提出大型工厂和企业是就业创造的主要来源。他们认为,以伯奇为代表的传统观点中,对小企业就业创造能力的过誉来源于统计方法和过程中产生的一些问题,包括回归方法的谬误和一些概念的混淆,而这些问题导致了统计结果的向上的偏误。通过使用修正了的统计方法,戴维斯等使用1972~1988年美国制造业面板数据进行了实证分析,认为随着企业和雇员规模的扩大,制造业的岗位留存率也就越高,因而大型工厂和企业创造了更多的就业。丹尼斯(Dennis,1994)的研究也认为,小企业提供的新增就业本身并没有什么变化,它在整体新增就业份额中的变动是由于大型企业的扩张或收缩而产生的就业变动导致的。

一些学者对戴维斯的观点进行了反驳。凯瑞(Carree,1996)认为,戴维斯提出的传统研究方法中的回归谬误是被高估了的,它对研究结果没有很大的影响,概念混淆方面的问题更是不存在。戴维森(Davidsson,1998)通过进一步的研究证实了这一观点。瓦格纳(Wagner,1995)对戴维斯和伯奇的研究进行了比较分析,并使用1978~1993年德国的数据重新进行了实证分析后认为,如果按照伯奇的分类方法和基期标准,规模在250人以上的企业的平均工作净创造率为负,250人以下的企业的平均工作净创造率为正;而按照戴维斯提出的修正方法进行分析,则就业的净创造率和企业规模就没有系统的相关性了。这一结果表明,实证方法和数据对研究结果会有很大的影响。事实上,戴维斯(1996)自己也表示,他的观点是基于制造业的,如果使用非制造业数据或更为全局性的数据,结果可能会与传统观点更为一致。诺伊马克等(Neumark,2008)使用戴维斯的方法和伯奇的数据证实,工作创造和企业规模之间存在负相关关系,但是在制造业中并不明显;2011年,通过对数据的更新和方法的改进,他使用美国NETS数据,进一步证明了1992~2004年间,小企业创造了更多的净就业,这种情况同时存在于服务业和制造业中。如果以动态的视角研究这一问题可以看到,大多数就业的增长的确是由于小企业雇佣的增加而导致的,但另一方面,小企业由于雇佣的增加,很有可能在此之后的研究时期转变为大型企业，因而这些企业创造的就业有时就会被算作大企业的就业份额，从而影响了最后的分析结果（Helfand，2007）。

在此之后，关于企业规模与就业创造方面的研究结论在细节上有些许差异，但大多数研究都赞同中小企业是主要的就业创造者的观点。如鲍德温（Baldwin，1995）、多伊（Doi，1998）、劳利斯（Lawless，2014）、霍尔蒂万格（Haltiwanger，2014）分别使用加拿大、英国和日本、爱尔兰以及16个工业国家和新兴国家的数据证实了小企业"就业创造器"的作用。而欧克里（Okolie，2004）、布坦尼（Butani，2006）、诺伊马克（Neumark，2008）则更多地关注于对这一问题研究方法的改进，他们通过使用动态分类、双重差分等不同的方法进行了实证分析，也都得到了相同的结论。

（二）小企业与新企业的就业创造功能比较

这部分研究大多数是以约万诺维奇（Jovanovic，1982）提出的学习模型（Learning Model）为理论基础进而展开分析的。他认为，企业在建立之前，并不能对自身的潜在生产力水平有充分的认识，只有在开始生产之后才能了解自身的生产力水平。因而，新建立的企业在开始生产后面临两种选择：发现自身生产力低下而迅速退出市场，或是迅速扩张生产经营规模，使其达到满足生产力水平的稳态点。企业这种在短时期内的创立、扩张或退出的行为造成了新增就业的变化。

较早将企业存续年限与就业创造能力相结合进行分析的是基尔霍夫（Kirchhoff，1988）。他在研究美国就业增长快于其他国家的原因时，首先承认了小企业是最重要的净就业来源，但同时也提出，在每个净新增就业机会的背后，都有大约三个就业岗位的产生和两个的消失，新产生的就业机会中一半以上是由新企业创立而产生的。通过对美国的数据进行分析，他得出结论认为，企业数量的增加创造了74%的新增就业，而企业的退出造成了79%的就业减少。丹尼斯（Dennis，1994）则对这一问题进行了更为细致的研究，认为由于小企业的创立而能够衍生的新增就业，是已有的小企业通过扩张能够创造的就业数量的2~3倍，这一比例随着经济周期的变化而波动。类似地，在就业减少方面，小企业损失的就业主要是由倒闭造成的。他还首次将小型企业划分为"鼠类"和"羚类"："鼠类"是新进入市场的小型企业，"羚类"是增长速度相对较快的企业，这

第十四章 小企业就业问题研究的新进展

些企业在扩张的过程中创造了大量的新增就业。5%的小企业通过扩张，创造了近75%的新增就业；而10%的小企业的扩张，更是创造了90%的新增就业。

可以看出，这一阶段的研究中，学者们虽然增加了企业存续年限对就业创造影响的分析，但多数还是在中小企业的框架内进行的，即在不反对小企业是就业的主要创造者的前提下，将小企业的类型进行细分，研究不同生存阶段的小企业的就业创造能力。而近几年的研究则逐渐脱离了这一框架。霍尔蒂万格（Haltiwanger，2013）在控制了企业年限变量后遵循学习模型（Learning Model）进行实证研究发现，企业规模和就业增长之间并没有系统性联系，进而强调新企业的建立和年轻企业在职位创造方面的重要作用有着很强的"上升或退出"的动态性。他认为美国的净工作创造大部分是由年轻企业贡献的。

弗里奇（Fritsch，2008）认为，新企业的就业创造效应与地区的总体经济水平和生产效率相关，它对就业所产生的影响并不是一成不变的。比如，那些经济活动非常频繁的地区，新开办企业对工作创造的促进作用非常明显。但是在低生产率地区，新企业开办对工作创造的影响是负的。鼓励新企业开办并非对所有区域都能产生工作创造效应，经济环境中的因素，尤其是生产率和竞争程度，会直接影响新企业的工作创造效应。更多的学者倾向于认为，新建企业和年轻企业强有力的就业创造能力是小企业能够制造更多就业的重要原因。劳利斯（Lawless，2014）的最新研究表明，工作流转和企业成长的变化是与企业规模相关的，小企业可能对于新工作的创造有着更大的作用。

总的来说，新企业与就业增长之间有着正相关的关系，但这并不能说明鼓励开办企业用以促进就业的政策就是有效的。虽然新开办的企业有着可观的净就业创造量（Pergelova，2005）。更多的研究和证据还是倾向于认为小企业仍然是就业创造的引擎，即使是在控制了企业的年限之后，小企业仍然有着最大的就业创造份额、最高的销售增长率和就业增加率（Audretsch，2002；Kongolo，2010；Ayyagari，2014）。

二、衰退期小企业就业稳定器功能的内在机理

一般认为，在经济危机和衰退情况下，中小企业宽厚的就业吸纳能力

能够充当整个社会"就业稳定器",更为灵活的生产方式和报酬支付模式使中小企业更容易在危机时期做出适应和调整。除此之外,新企业的进入和自我雇佣的增加也扩充了一定的就业容量。

(一)灵活的组织形式

经济下滑对企业成长有负向影响。不管是在危机期间,还是危机刚刚结束之后,这样的负向影响对大企业来说会更大(Varum,2013)。中小企业强大的就业创造能力不仅表现在一般的经济环境中,在经济危机和经济下滑期间,中小企业具有就业稳定器的作用已经成为学术界的共识。相对于大企业,中企业的就业容量并不会大幅度减少,有时甚至会有所增加(Varum,2013;Doi,1998;Siemer,2014;Erixon,2009)。在失业率高于一般水平时,或是在典型衰退的末期,大企业产生了更多的就业净损失,这不仅是由于不同规模的企业的进入和退出机制不同而导致的,还源于企业运行模式和存续时间之间的差异(Moscarini,2012)。繁荣时期大企业所具有的很多优势在萧条期反而成为其适应经济形势的短板。莫斯卡瑞纳等(Moscarini et al.,2010)指出,经济繁荣时期,大企业由于具有更高的生产效率和更为优厚的待遇,能够吸引更多的员工来工作,这在经济扩张后期表现尤为突出,此时小企业就很有可能面临招工难的问题。然而,在经济下滑和萧条期间,大企业希望摆脱大量无法发挥生产能力的就业积累,因而会有就业释放。由于经济繁荣时期经历的增长和招工约束,小企业并不会在短期内进行规模的迅速收缩,就业也就不会有大幅度减少。此外,调整成本也使小企业不会像大企业那么频繁地调整就业规模(Hammermesh,1989),由于规模经济和范围经济效应的存在,大企业对就业进行调整可能产生的沉没成本比较低,而小企业调整就业容量可能产生的沉没成本则会相对较高(Fendel,1988)。一些更小的企业和增长速度处于分布函数顶端的企业的雇佣决策甚至基本不会受到经济周期的影响(Holzl,2014)。

与大企业相比,危机中的小企业有三点不同:首先,只有少数小企业是出口导向型的,国际市场需求的下降对这些企业的需求影响更小,对服务业而言,更是如此。其次,由于小企业的规模已经很小,再裁员难度更大,一般只能在保持现有雇员规模的情况下进行调整,比如通过调整工作时长来应对经济周期的影响。最后，很多小企业是家族企业，即使在危机期间，这些企业仍没有裁员的动力和激励（Erixon，2009）。

（二）柔性的工资调节机制

惯性小，是小企业应对经济衰退的一个重要法宝（Tan，2004）。除埃里克松（Erixon，2009）提到的对工作时长进行调整外，最为直接有效的方式莫过于对工资的调整。瓦瑞姆（Varum，2013）认为大公司更多地执行标准工资制，当遇到经济衰退时，很难通过工资调节来化解供求矛盾，只能通过裁员来应对危机。与此相反，小企业的工资机制更接近于边际原则，工资弹性更大，员工也更容易接受工资调整。小企业的灵活性还表现在他们对正规市场更低的依赖度（Berry，2001），这些因素使它们能有更快的反应和更多的变通。

（三）创新行为

创新与就业之间也有着微妙的关系。早在1912年，熊彼特就提出"创造性破坏理论"，用以解释经济周期中的失业问题。此后，多数学者也表明从宏观和长期的角度上看，创新对就业会产生负面影响。但短期内，创新对就业或许也会存在正面作用（Reenen，1997；Piva，2005；Harrison，2008）。罗珀（Roper，1997）使用英国、爱尔兰和德国的2721家小企业的调查数据进行研究后发现，小企业的创新行为，在提高生产率的同时，也增加了就业容量。尽管有时候技术进步引起的全要素生产率的提高在小企业中的传导可能会有更长的时滞（Nugent，2002），但从演化的视角来看，时滞导致的生产效率的静态损失会更多地被动态效率的提升所抵消。小企业对就业的最大贡献就在于其演化特征（Audretsch，2002）。

（四）新建与自我雇佣

基尔霍夫（Kirchhoff，1988）认为，在相同的经济环境下企业的退出率相对稳定，企业进入率的变化是净新增企业形成的主要原因，而创业活动和新企业的产生是企业数量净增加的主要来源。而新增企业中多为小企业。德克尔（Decker，2014）通过对美国经济进行分析后提出，新建企业和年轻企业对于工作创造的贡献是生产资源在公司间的再分配速度加快的重要影响因素。年轻企业展示了丰富的后发动态性：特定的低生产率的年轻企业收缩和退出，而高生产率的年轻企业迅速扩张。不论是在经济繁荣时期，还是在萧条期间，新成立的公司创造了美国20%的就业机会，高增速的企业（多为年轻企业）占到了总就业岗位的50%。

（五）衰退期需求结构的变化

另一些学者的研究表明，小企业在衰退期的就业效应，与当时消费者需求结构的变化有一定的关系。杰利内克（Jellinek，1999）利用印度尼西亚的数据分析发现，肇始于1997年的东南亚金融危机改变了消费者的消费模式，使其转向了更青睐于小企业提供的产品和服务，因而小企业有了更大的需求市场和更有利的生存环境。类似地，多伊（Doi，1998）也认为，英国小企业更强的就业创造能力，在相当程度上源于它们在满足消费者需求方面的竞争力。

三、小企业就业的脆弱性分析

小企业的就业创造功能虽然比较强，但也有一定的脆弱性，一旦其潜在的脆弱性因素被激发出来，就业功能就可能会崩溃。下面从小企业就业创造能力的波动性和不确定性、工作质量和合意度水平、面临的金融约束等方面，对这一问题进行了梳理和总结。

（一）更大的波动性和不确定性

如果将其细化，就业创造（Job Creation）的概念包括总就业创造（Gross Job Creation）和净就业创造（Net Job Creation），净就业创造描述的是新增加就业与新消亡就业的差（Davis，1993），就业创造和损失是就业动态性和稳态失业水平的核心驱动力（Mortensen，1999）。如果从这一角度看，就可以发现，小企业虽然有很高的就业创造率，但其岗位消亡率也很高。随着企业雇员规模的扩大，其就业留存度会上升，反之亦然，因而小企业在就业创造方面有着更大的波动性。赞同这一观点的学者很多，他们以就业损失为切入点进行研究后发现，小企业过高的就业消亡率增加了其就业波动性。海泽恩（Hijzen，2010）使用1997～2008年间英国所有部门企业层面的数据证实，小企业在就业创造和损失过程中占了非常大的比重，由小企业创造出的职位的持久性也远远低于大企业。霍尔蒂万格（Haltiwanger，2013）认为，年轻的小企业更有可能退出市场，并造成大面积的就业岗位消失。

相比于大企业，小企业的资本密集更低，而负债比率更高，因而有着更低的平均利润率水平和更高的经营失败率（Ballantine，1993）。帕加诺等（Pagano et al.，2003）通过将欧洲18个国家1994～1995年的数据进行回归分析后发现，企业规模与生产率增长之间呈正向相关关系，在技术水平飞速变化的时代，小企业的增长率受到的冲击更大，且存在更大的方差（Luttmer，2007），换言之，生产率低的企业比重可能很大。埃尤格瑞（Ayyagari，2014）运用106个发展中国家的数据进一步证实，小企业并没有出现系统性的生产率增长趋势。这是令人担忧的，一旦经济衰退加剧，它们原本不高的利润水平将会进一步降低，甚至会迫使其退出市场，相应地，也就会释放出大量的劳动力。

（二）较低的工作质量和合意度水平

衡量工作质量最为直接的指标就是工资水平及员工福利。在工资方面，人们一般认为，大企业的员工工资相对更高。如浩蒂（Hohti，2000）证实了平均工资水平与企业规模之间呈正相关关系，即小企业在有着更高的离职率和工作转换率的同时，平均工资也相对较低。但是对于产生这一现象的原因，学术界却没有达成共识（Winter-Ebmer，1999），一般有如下几种解释：大公司雇佣了更高技能的工人，因而工资较高（Brown，1989）；大企业用更高的工资水平作为糟糕的工作环境的补偿（Schmidt，1991）；大企业由于更高的盈利水平和市场控制能力而产生了超额利润（Main，1993）等。进入21世纪以来，拉雷曼德（Lallemand，2007）通过对1995年欧洲收入结构统计数据进行分析后发现，即使是在控制了人力资本、职位和性别因素之后，依然存在"企业规模工资溢价"的现象，即由于企业不同规模造成的工资不平等现象并没有日趋缩小，反而有恶化的趋势。一个明显的例证就是最低工资标准更多的是用来保护小企业工人工资（Falk，2006），尽管它有一定功用（Freeman，1996），但最低工资水平的上升仍然会反过来对就业容量产生负面影响（Deere，1995；Neumark，2006）。因而可以认为，对大多数小企业而言，大量就业的创造是以较低的工资水平为条件的，而这对很多从业者来讲显然不是一个最优选择，如果工资水平进一步下降或没有相对上升，这些从业者很可能选择离职。这也增加了小企业就业的不稳定性。

至于福利水平，传统上讲，"工作"意味着一个稳定的、长期的雇佣关系，并以员工拥有医疗保险和养老金计划作为交换（Kochan，2011）。因而医疗保险、养老金都是工作福利的组成部分。每个人对福利的定义是不同的，但包括医疗保险、养老金和工作环境等在内的一些共性的因素可以作为探讨企业福利水平的指标（Hohti，2000）。平均而言，更大的雇主能够提供更好的工作福利、工作条件、更多的技能提高机会和工作的稳定与安全性（Davis，1996），而小企业的附加福利，如健康保险、养老金计划和旅行等更少，因此就业的合意度水平更低（Brown，1990）。此外，小企业的工作环境更差，且没有完善的职业培训体系。利特温（Litwin，2013）也认为，小企业特别是新建的小企业，不太可能为自己的员工（甚至是全职员工）提供健康保险和养老金计划。

可见，相对于大企业，小企业的工资水平和福利水平都是比较低的，这会降低从业人员的忠诚度。当条件许可时，他们很可能会离职，这也增加了小企业就业的不稳定程度。

（三）面临更大的金融约束

在每一次经济危机中，由于诱发的原因不同，经济衰退对小企业的影响都有所不同。在2008年的金融危机中，小企业的就业能力出现萎靡。西蒙（Siemer，2014）利用美国数据和异质性企业模型研究后发现，此次危机中新企业进入速度下降，就业水平下降严重，且在危机后恢复缓慢。他认为这主要是由于小企业危机前后所面临的金融约束所造成的。

早在1931年麦克米伦（Macmillan）提交给英国政府的《麦克米伦报告》中首次提出了"麦克米伦缺口（Macmillan Gap）"，即小企业在发展过程中存在资金缺口，融资问题成为其发展的"瓶颈"。和大企业类似，小企业的融资也包括内源性和外源性两种，外部融资的途径更容易受到经济环境变化的影响。尤其是在萧条期间，金融约束对小企业的影响更为显著。

与拥有更广泛地进入资本市场途径的大企业不同，小企业更多地依赖于银行融资，任何种类的银行信贷的变化都将会对小企业及其劳动力市场产生显著的影响（Hurst，2011；Petersn，1994；Cole，1996；Berger，2001）。

埃里克松（Erixon，2009）认为，金融危机所导致的经济衰退更有可能会对小企业产生严重冲击。类似地，邦普（Duygan-Bump，2010）发现，在那些外部金融依赖度高的行业中的小企业员工更有可能失业。西蒙（2014）通过实证检验了金融约束是否会对企业的雇佣产生负面效果，结果发现，小企业和年轻企业在外部金融依赖更强的部门表现出了更低的就业增长率，而有着更低外部金融依赖性的部门则有着更高的就业增长率。2007~2009年间，金融约束最为直接地通过进入和退出机制影响了年轻企业的就业容纳能力。之后金融危机通过对小而年轻企业的金融约束实现了自我扩张，导致了企业数量减少和经济复苏速度的减缓。霍多罗夫（Chodorow-Reich，2014）更是证实了在雷曼兄弟银行破产的一年间，信贷退出确实是小企业就业减少的一个重要原因。邦普（2015）将美国最近三次萧条期间内的信贷供给因素和小企业的就业问题进行对比分析后发现，2001年美国萧条期内，企业规模和外部金融依存度并没有对不同规模的企业的失业影响产生很大的差异，那次萧条主要是由于技术而不是银行信贷冲击导致的。而1990~1991年和2007~2008年的萧条结果却很相似，在有着更高的外部金融依赖度的小企业的工人更可能会在金融危机期间失业。另一方面，在有着较低外部金融依赖程度的部门中，失业的动态性在小企业和大企业之间没有明显差异。这一结论与之前的众多学者的观点一致，进一步证实了在存在信贷供给冲击的经济危机中，小企业的就业能力具有更大的脆弱性。

一些学者更深入地研究了2007年经济危机中小企业的周期敏感性问题。福特（Fort，2013）认为，这次衰退对小企业的影响尤为巨大，其中的一个重要潜在原因在于房价的暴跌。在控制了地区经济情况对房价可能产生的影响之后发现，在房价下跌最多的地区，小企业经历了最猛烈的就业量下降。一个可能的原因在于家庭资产融资在新建立的企业和小企业中的资产担保作用受到冲击。

（四）其他因素的影响

可戈洛（Kongolo，2010）以南非为例，研究了发展中国家小企业的发展与就业问题，他认为，制约发展中国家小企业发展的因素是多方面的，比如，缺乏管理技能、资金、银行信贷、市场准入、适合的技术、大企业对小企业的认同和相关的支持政策。这些问题也直接制约了它们的就业吸纳能力。而在发达国家，这些问题并不是那么严重。

国家关于劳动力市场的政策也是不可忽视的影响因素。基尔霍夫（Kirchhoff，1988）的研究显示，在欧洲，政府控制劳动力市场的政策在熨平经济波动的同时，也减少了小企业从下降的实际工资中所获得的收益，并遏制了恢复期小企业的就业创造能力。而在美国，开放的劳动力市场产生了更多的就业机会和更高质量的增长。霍尔蒂万格（Haltiwanger，2014）使用双重差分的方法对16个工业化国家和新兴国家进行分析后进一步验证了上述观点。

四、提高小企业就业能力的扶持政策

为充分发挥小企业的就业能量，很多国家都对小企业进行扶持，比如，直接的就业补贴、间接补贴、融资支持、采购支持等。对于这些政策的效果，人们也进行了相应的研究。

（一）直接的就业补贴

补贴分直接和间接两种方式。就业补贴项目属于直接方式，而运用R&D等手段，通过影响企业生产能力的方式进行的补贴则属于间接方式（Castillo，2014）。

就业补贴的目的是减少雇主雇佣劳动所需的费用，包括直接工资补偿、社保基金信用和其他劳工税等方式（Betcherman，2010）。较早的此类补贴是美国在1977年推出的"新就业岗位税收抵免"计划（NJTC）和1979年的"特定人群就业税收抵免"计划（TJTC）。其中，"新就业岗位税收抵免"计划规定，如果私人企业当年的工资超过了上一年工资总额的105%，超过部分的50%可以用于抵免当年的公司所得税。1979年，这一计划被"特定人群就业税收抵免"（TJTC）所取代。根据新计划，企业如果雇佣了社会救济对象、残疾人等在就业市场中易受到冲击或者处于弱势地位的特定人员，那么在第一年内，企业可以用这些人员6 000美元以内工资成本的 50% 冲减企业的所得税，第二年这一比例为 25%。卡茨（Katz，1998）评估这一政策发现，这一政策至少增加了 7.7% 的净就业效果。

需要指出的是，就业补贴并不是对所有类型的失业都能产生效果，杰芬等（Gerfin et al.，2005）检验了两种促进失业人员再就业的暂时性就业补贴政策的效果后发现，针对长期失业者的补贴更为有效，而针对短期失业者的补贴效果似乎并不显著。

（二）间接补贴

间接补贴的一个典型代表就是 R&D 补贴。R&D 补贴可能通过提高企业的产品研发水平和生产能力而促使企业扩张，进而创造更多的就业岗位（Castillo，2014）。1982 年，美国出台了旨在资助中小企业创新的《小企业创新开发法》，为其在创新技术、产品和服务的起步与研发阶段提供资金支持。埃格（Ege，2009）的研究显示，这项计划同时刺激了小企业的销售增长和就业增长。在使用不同的控制变量进行验证后，这一结果仍是稳定的。艾伯斯伯格（Ebersberger，2004）运用芬兰 1994~2000 年间公司层面的面板数据和双重差分法进行分析后发现，R&D 补贴和就业之间确实存在着显著的正向相关的关系。克里斯等（Criscuoli et al.，2012）则对英国的情况进行了研究，他们分析了英国的一项名为"地区选择帮助项目（Regional Selective Assistance Program）"的政策在 20 年间的表现，发现这一项目在就业、投资等方面有着积极作用，并且对于小公司的效果更明显。

但与直接补贴类似，补贴的作用由于国别、时间、样本的不同，最终结果也会有所差异，如卡干沙瑞（Kangasharju，2002）使用芬兰 1995~1998 年间公司层面的数据进行研究后，并没有发现明显的就业增长情况。西索科（Sissoko，2011）通过双重差分的方法衡量了法国的 R&D 补贴在就业、资本和 R&D 支出等方面的作用，结果显示，一般来说，在补贴行为发生后的第三年，被补贴公司的全要素生产率要比控制组高出 15%，但没有证据显示 R&D 补贴对就业、资本和信用约束方面能够产生明显的作用。

（三）融资支持

企业的经营质量会对其产生直接影响。减少小企业负担，为其运营排忧解难，构成各国对小企业进行扶持的基本出发点。比如早在1964年，美国国会就颁布了《机会均等法》，规定向小企业提供特殊的资金支持，确保它们享有平等的贷款权利。

小企业融资难是各国面临的普遍问题。以美国为代表的发达国家主要通过直接信贷支持的方式来解决这一问题。在直接贷款方面，美国通过专门为小企业服务的小企业管理局（SBA），为相关企业在融资方面提供政策性贷款或担保。但根据一些学者的研究，这一方式的效果并不理想。一方面，这类贷款的可获取度很低，能够获得政府直接贷款的企业在需要贷款的企业中占比很小（Chilton，1984）。另一方面，伊丽莎白（Elizabeth，1995）的研究发现，在一些地区，由于这样的政策性贷款申请审核程序复杂，审批周期长，效率并不高。

除了直接信贷支持外，美国还通过一些金融政策激励商业银行向中小企业发放贷款。1977年，《社区再投资法》颁布，并在之后进行了多次修改，其核心目的就是为了鼓励商业银行和储蓄机构能更多地满足所在社区的信贷需求。此外，美国还通过建立社区银行的方式，对当地的小企业进行资金支持。这一系列措施取得了卓有成效的效果，津曼（Zinman，2002）的研究证实，《社区再投资法案》颁布后，受激励的银行对小企业的借贷额增加了12%~15%，这间接地提高了小企业的销售额，降低了破产倒闭率，同时也有效地维护了就业。

（四）采购支持

通过优先购买小企业的产品和服务，为小企业预留采购合同，并鼓励大企业将采购合同的一部分分包给小企业。这些做法有利于保护小企业的成长。以美国为例，通过制定专门的法律和详细的政府采购实施操作规则，确保小企业采购扶持政策的落实。美国还设立了专门机构来协助小企业获得这些合同。研究表明，这些做法卓有成效（Clark，2004）。

五、结论性评语

本章对国外关于小企业就业问题研究的最新文献进行了梳理,主要结论及启发如下:

(1) 在就业创造能力方面,虽然学术界没有完全达成共识,但多数学者倾向于认为,小企业是国民经济的就业海绵,承载了就业岗位创造的主要功能,同时对稳定就业发挥了重要作用。这一观点不仅适用于发达国家,也适用于多数发展中国家。

(2) 小企业的就业创造能力不仅表现在经济稳定时期,更突出地表现在经济萧条时期。它们之所以能在危机中起到"就业稳定器"的作用,主要是由其自身特征决定的。小企业对经济更小的惯性、更高的雇佣成本弹性和更低的市场准入门槛使其可以更及时地进行调整,适应性强。这种适应性典型地表现在工资柔性、组织形式灵活、内部人协议等方面。

(3) 虽然小企业的就业容量比较大,但其就业的脆弱性也比较大。这主要表现在就业的不确定性高、较低的工作质量和合意度水平、更易受到金融约束和一些其他因素的限制等。这种脆弱性一旦被引爆,它们将向社会排斥大量的劳动力,加剧劳动力市场的震动。

(4) 为了保护就业,很多国家都对小企业进行扶持。包括了直接就业补贴,对企业技术创新进行支持的间接 R&D 补贴、政策性信贷支持及融资政策支持、政府采购支持等。虽然存在一定争议,但多数研究表明它们确实起到了促进小企业发展及其就业扩张的作用。

参考文献

1. Audretsch, D. B. and Elston, J. A., 2002, Does Firm Size Matter? Evidence on the Impact of Liquidity Constraints on Firm Investment Behavior in Germany, *International Journal of Industrial Organization*, 20 (1): pp. 1 – 17.

2. Audretsch, D. B., 2002, The Dynamic Role of Small Firms: Evidence From the US, *Small Business Economics*, 18 (1): pp. 13 – 40.

3. Ayyagari, M., DemirgÜç-Kunt, A. and Maksimovic, V., 2011, Small Vs. Young Firms across The World: Contribution to Employment, Job Creation, and Growth, *World Bank Policy Research Working Paper* (5631).

4. Ayyagari, M., DemirgÜç-Kunt, A. and Maksimovic, V., 2014, Who Creates Jobs

in Developing Countries? *Small Business Economics*, 43 (1): pp. 75 – 99.

5. Baldwin, J. and Picot, G., 1995, Employment Generation by Small Producers in the Canadian Manufacturing Sector, *Small Business Economics*, 7 (4): pp. 317 – 331.

6. Ballantine, J. W., Cleveland, F. W. and Keller, C. T., 1993, Profitability, Uncertainty, and Firm Size, *Small Business Economics*, 5 (2): pp. 87 – 100.

7. Beck, N., Katz, J. N. and Tucker, R., 1998, Taking Time Seriously: Time – Series–Cross–Section Analysis with a Binary Dependent Variable, *American Journal of Political Science*, 42 (4): pp. 1260 – 1288.

8. Berger, A. N., Klapper, L. F. and Udell, G. F., 2001, The Ability of Banks to Lend to Information Ally Opaque Small Businesses, *Bank Finance*, 25 (12): pp. 2127 – 2167.

9. Berry, A., Rodriguez, E. and Sandee, H., 2001, Small and Medium Enterprise Dynamics in Indonesia, *Bulletin of Indonesian Economic Studies*, 37 (3): pp. 363 – 384.

10. Betcherman, G., Daysal, N. M. and PagÉs, C., 2010, Do Employment Subsidies Work? Evidence from Regionally Targeted Subsidies in Turkey, *Labor Economics*, 17 (4): pp. 710 – 722.

11. Birch, D. G. W., 1987, Job Creation in America: How Our Smallest Companies Put the Most People to Work, *University of Illinois at Urbana–Champaign's Academy for Entrepreneurial Leadership Historical Research Reference in Entrepreneurship*.

12. Birch, D. L., 1979, *The Job Generation Process*, Cambridge, Mass.: M. I. T. Program on Neighborhood and Regional Change.

13. Brown, C., 1990, *Employers Large and Small*, Harvard University Press.

14. Butani, S. J. et al., 2006, Business Employment Dynamics: Tabulations by Employer Size, *Monthly Labor Review*, Feberary: pp. 3 – 22.

15. Carree, M., Klomp, L., 1996, Small Business and Job Creation: A Comment, *Small Business Economics*, 8 (4): pp. 317 – 322.

16. Castillo, V., Maffioli, A., Rojo, S., E., 2014, The Effect of Innovation Policy on SMEs' Employment and Wages in Argentina, *Small Business Economics*, 42 (2): pp. 387 – 406.

17. Chilton, K. W., 1984, What Should Government Do for Small Business? *Journal of Small Business Management*, 22 (1): pp. 1 – 3.

18. Cole, R. A., Wolken, J. D. and Woodburn, R. L., 1996, Bank and Nonbank Competition for Small Business Credit: Evidence from the 1987 and 1993 National Surveys of Small Business Finances, *Federal Reserve Buletin*, 82: pp. 983 – 995.

19. Davidsson, Per, Leif Lindmark and Christer Olfsson, 1998, The Extent of Overestimation of Small Firm Job Creation – An Empirical Examination of the Regression Bias, *Small Business Economics*, 11: pp. 87 – 100.

20. Davis S. J., Haltiwanger J. and Schuh S., 1996, Small Business and Job Creation: Dissecting the Myth and Reassessing the Facts, *Small Business Economics*, 8 (4): pp. 297 – 315.

21. Davis, Steven J., John, C., Haltiwanger and Scott Schuh, 1996, *Job Creation and Destruction*, The MIT Press, Cambridge, MA, .

22. Davis, Steven J., John Haltiwanger and Scott Schuh, 1996, Small Business and Job Creation: Dissecting the Myth and Reassessing the Facts, *Small Business Economics*, 8: pp. 297 – 315.

23. Decker, R., Haltiwanger, J. and Jarmin, R., 2014, The Role of Entrepreneurship in US Job Creation and Economic Dynamism, *The Journal of Economic Perspectives*, 28 (3): pp. 3 – 24.

24. Deere, D., Murphy, K. M. and Welch, F., 1995, Employment and the 1990 – 1991 Minimum-Wage Hike, *The American Economic Review*, 85 (2): pp. 232 – 237.

25. Dennis Jr. W. J., Phillips, B. D. and Starr, E., 1994, Small Business Job Creation: the Findings and Their Critics, *Business Economics*, 29 (3): pp. 23 – 30.

26. Doi, N. and Cowling, M., 1998, The Evolution of Firm Size and Employment Share Distribution in Japanese and UK Manufacturing: A Study of Small Business Presence, *Small Business Economics*, 10 (3): pp. 283 – 292.

27. Duygan-Bump, B., Levkov, A. and Montoriol-Garriga, J., 2015, Financing Constraints and Unemployment: Evidence from the Great Recession, *Journal of Monetary Economics*, 75: pp. 89 – 105.

28. Ebersberger, B., 2004, Labor Demand Effect of Public R&D Funding. Espoo, Finland: Technical Research Centre Of Finland, *VTT Working Papers.*

29. Erixon, F., 2009, SMEs in Europe: Taking Stock and Looking Forward, *European View*, 8 (2): pp. 293 – 300.

30. Falk, A., Fehr, E. and Zehnder, C., 2006, Fairness Perceptions and Reservation Wages: the Behavioral Effects of Minimum Wage Laws, *The Quarterly Journal of Economics*, 121 (4): pp. 1347 – 1381.

31. Fendel, R. and Frenkel, M., 1998, Do Small and Medium-Sized Enterprises Stabilize Employment? Theoretical Considerations and Evidence from Germany, *Zeitschrift Für Wirtschafts-and Sozial Wissen Schaften*, 118: pp. 163 – 184.

32. Freeman, R. B., 1996, The Minimum Wage as A Redistributive Tool, *The Economic Journal*, 106 (436): pp. 639 – 649.

33. Fritsch, M. and Mueller, P., 2008, The Effect of New Business Formation on Regional Development Over Time: The Case of Germany, *Small Business Economics*, 30 (1): pp. 15 – 29.

34. Gerfin, M., Lechner, M. and Steiger, H., 2005, Does Subsidized Temporary Employment Get The Unemployed Back to Work? An Econometric Analysis of Two Different Schemes, *Labor Economics*, 12 (6), pp. 807–835.

35. Haltiwanger, J., Scarpetta, S. and Schweiger, H., 2014, Cross Country Differences in Job Reallocation: The Role of Industry, Firm Size and Regulations, *Labor Economics*, 26: pp. 11–25.

36. Hamermesh, D. S., 1989, What Do We Know about Worker Displacement in The US? *Industrial Relations: A Journal Of Economy And Society*, 28 (1): pp. 51–59.

37. Harrison, R., Jaumandreu, J. and Mairesse, J., 2008, Does Innovation Stimulate Employment? A Firm-Level Analysis Using Comparable Micro-Data from Four European Countries, *National Bureau of Economic Research*, 35: pp. 29–43.

38. Helfand, J., Sadeghi, A. and Talan, D., 2007, Employment Dynamics: Small and Large Firms over The Business Cycle, *Monthly Labor Review*, March: pp. 39–50.

39. Hijzen, A., Pisu, M. and Upward, R., et al., 2011, Employment, Job Turnover, and Trade in Producer Services: UK Firm Level Evidence, *Canadian Journal of Economics*, 44 (3): pp. 1020–1043.

40. Hohti, S., 2000, Job Flows and Job Quality by Establishment Size in The Finnish Manufacturing Sector 1980–1994, *Small Business Economics*, 15 (4): pp. 265–281.

41. Hölzl, W. and Huber, P., 2014, Firm Level Job Creation Rates over The Business Cycle, *Asian Economic And Financial Review*, 4 (6): pp. 837–852.

42. Hurst, E. and Pugsley, B. W., 2011, What Do Small Businesses Do? *Brooking Papers on Economic Activity*, 43 (2): pp. 73–142.

43. Jovanovic, B., 1982, Selection and the Evolution of Industry, *Econometrica*, 50 (3): pp. 649–670.

44. Kangasharju, A. and Venetoklis, T., 2002, Effect of Business Subsidies on Labour Demand: Overall Evaluation with Regional Extensions, *ERSA conference papers ersa02p172*, European Regional Science Association.

45. Kirchhoff, B. A. and Phillips, B. D., 1988, The Effect of Firm Formation and Growth on Job Creation in The United States, *Journal of Business Venturing*, 3 (4): pp. 261–272.

46. Kochan, T. A. and Litwin, A. S., 2011, The Future of Human Capital: an Employment Relations Perspective, in Alan Burton-Jones, John-Christopher Spender eds., *Oxford Handbook of Human Capital*, Oxford University Press, pp. 647–670.

47. Kongolo, M., 2010, Job Creation Versus Job Shedding and the Role of Smalls in Economic Development, *African Journal of Business Management*, 4 (11): pp. 2288–2295.

48. Lallemand, T., Plasman, R. and Rycx, F., 2007, The Establishment-Size Wage Premium: Evidence from European Countries, *Empirica*, 34 (5): pp. 427–451.

49. Lawless, M., 2014, Age or Size? Contributions to Job Creation, *Small Business Economics*, 42 (4): pp. 815 – 830.

50. Lawrence, R. Z., Slaughter, M. J. and Hall, R. E., et. al., 1993, International Trade and American Wages in The 1980s: Giant Sucking Sound or Small Hiccup? *Brookings Papers on Economic Activity*, Microeconomics: pp. 161 – 226.

51. Litwin, A. S. and Phan, P. H., 2013, Quality over Quantity: Reexamining The Link between Entrepreneurship and Job Creation, *Industrial & Labor Relations Review*, 66 (4): pp. 833 – 873.

52. Luttmer, E. G. J., 2007, Selection, Growth, and the Size Distribution of Firms, *The Quarterly Journal of Economics*, 122 (3): pp. 1103 – 1144.

53. Main, B. G. M. and Reilly, B., 1993, The Employer Size-Wage Gap: Evidence for Britain, *Economica*, 60 (238): pp. 125 – 142.

54. Mortensen, D. T. and Pissarides, C. A., 1999, Job Reallocation, Employment Fluctuations and Unemployment, *Handbook of Macroeconomics*, 1: pp. 1171 – 1228.

55. Moscarini, G. and Postel – Vinay, F., 2010, Unemployment and Small Cap Returns: The Nexus, *The American Economic Review*, 100 (2): pp. 333 – 337.

56. Moscarini, G. and Postel-Vinay, F., 2012, The Contribution of Large and Small Employers to Job Creation in Times of High and Low Unemployment, *The American Economic Review*, 102 (6): pp. 2509 – 2539.

57. Moutray, C. M. and Clark, M., 2004, The Future of Small Business in The US Federal Marketplace, *Journal of Public Procurement*, 4 (3): pp. 450 – 470.

58. Neumark, D., Wall, B. and Zhang, J., 2011, Do Small Businesses Create More Jobs? New Evidence for the United States from The National Establishment Time Series, *The Review of Economics and Statistics*, 93 (1): pp. 16 – 29.

59. Neumark, David, Brandon Wall and Junfu Zhang, 2008, Do Small Businesses Create More Jobs? New Evidence from The National Establishment Time Series, *NBER Working Paper No. 13818*.

60. Nugent, J. B. and Yhee, S. J., 2002, Small and Medium Enterprises in Korea: Achievements, Constraints and Policy Issues, *Small Business Economics*, 18 (1 – 3): pp. 85 – 119.

61. Okolie, C., 2004, Why Size Class Methodology Matters in Analyses of Net and Gross Job Flows, *Monthly Labor Review*, 127 (7): pp. 3 – 12.

62. Pagano, P. and Schivardi, F., 2003, Firm Size Distribution and Growth, *The Scandinavian Journal of Economics*, 105 (2): pp. 255 – 274.

63. Petersen, M. A. and Rajan, R. G., 1994, The Benefits of Lending Relationships: Evidence from Small Business Data, *The Journal Of Finance*, 49 (1): pp. 3 – 37.

64. Piva, M. and Vivarelli, M. , 2005, Innovation and Employment: Evidence from Italian Micro Data, *Journal of Economics*, 86 (1): pp. 65 –83.

65. Porter, K. M. , 2010, Life after Debt: Understanding the Credit Restraint of Bankruptcy Debtors, *American Bankruptcy Institute Law Review*, 18 (1): pp. 2012 –2019.

66. Roper, S. , 1997, Product Innovation and Small Business Growth: A Comparison of the Strategies of German, UK and Irish Companies, *Small Business Economics*, 9 (6): pp. 523 –537.

67. Schmidt, C. M. and Zimmermann, K. F. , 1991, Work Characteristics, Firm Size and Wages, *The Review of Economics and Statistics*, 73 (4): pp. 705 –710.

68. Siemer, M. , 2014, Firm Entry and Employment Dynamics in the Great Recession, http://www.federalreserve.gov/pubs/feds/2014/201456/201456pap.pdf.

69. Tan, H. and See, H. , 2004, Strategic Reorientation and Responses to the Asian Financial Crisis: The Case of The Manufacturing Industry in Singapore, *Asia Pacific Journal of Management*, 21 (1 –2): pp. 189 –211.

70. Van Reenen J. , 1997, Employment and Technological Innovation: Evidence from UK Manufacturing Firms, *Journal of Labor Economics*, 15 (2): pp. 255 –284.

71. Varum, C. A. and Rocha, V. C. , 2013, Employment and SMEs during Crises, *Small Business Economics*, 40 (1): 9 –25.

72. Wagner and Joachim, 1995, Firm Size and Job Creation in Germany, *Small Business Economics*, 7 (6): pp. 469 –474.

73. Winter-Ebmer, R. and ZweimÜller, J. , 1999, Firm –Size Wage Differentials in Switzerland: Evidence from Job –Changers, *American Economic Review*, 89 (2): pp. 89 –93.

74. Zinman, J. , 2002, *The Efficacy and Efficiency of Credit Market Interventions: Evidence from the Community Reinvestment Act*, Joint Center For Housing Studies Of Harvard University.

第十五章 出口企业融资约束问题研究的新进展

一、引言

全球一体化背景下,跨国公司主导的,以进出口、对外直接投资、外包等经济活动成为世界经济活动的主要形态。自 2000 年前后中国入世以来,中国成为世界工厂,对外贸易巨额顺差。从微观层面上讲,首先,全球一体化催生了新的贸易模式,构建了国际分工与贸易的新体系,各国企业从事价值链的部分任务,很多中间投入品来自国外进口。而进口该类产品,需要提前垫付大量的资金,对企业的融资能力提出了更高的要求,融资约束阻碍企业对国外高科技资本产品的进口,影响本国出口质量的提升(Bas and Berthou, 2012)。与内销非出口企业相比,出口企业往往需要支付更多的沉没成本与可变成本,企业的融资能力是影响出口企业能否支付这些成本的重要因素,出口事前投入的沉没成本作为公司竞争力的有效信号,有助于减少市场摩擦,提高企业生产效率(Greenaway et al., 2007; Monova, 2010)。其次,融资约束会影响企业的出口模式与全球价值链的治理模式。异质性企业贸易理论证明了能够主导和控制全球价值链的出口企业生产率要远远高于国内非出口企业,钱尼(Chaney, 2005)第一次在异质性企业出口决策模型中引入融资约束问题,认为企业在出口时须依靠企业利润与流动性支付出口固定成本,生产率较高的企业尽管出口预期利润为正,但在融资约束情况下无法进行出口。莫纳瓦(Monava, 2008)进一步将出口企业融资约束问题引入了金融部门,认为金融市场的不完全性,会影响企业的出口成本、拓展边际与集约边际。莫纳瓦和于(Manova and Yu, 2012)的研究揭示了融资约束如何决定出口公司在 GVC 中的位置,这种企业的选址如何影响企业的盈利能力、贸易方式。对于全球价值链上融资约束较大的企业,只能参与价值链低端分工体系,进口国外的中间投入品,进行简单的加工和组装,企业无法创造自己的品牌与技术创新。而就主导全球价值链的跨国公司来说,它在自己国家或全球价值链覆盖的主要国家能较为容易地获得资金融资。跨国公司能在全球范围内的子公司之间转移营运资本和会计利润。世界各国税收政策的广泛差异,跨国间资金流动管制和障碍所造成的资本市场不完善,为跨国公司通过内部资金转移,实现套利(如税收套利、金融市场套利、政府管制套利)提供了便利(Manova,2015)。可见,金融市场不发达、信贷歧视的情况下,企业出口的动机更多是为了"缓解融资难而出口"。

金融危机之后,一方面,出口导向型的中国企业面临严重冲击,许多出口企业的外汇收入难以满足日益上升的采购成本,企业缺乏融资渠道,资金周转不灵,企业陷入融资困境,中国企业的出口融资问题引起了国内外学者的重视。另一方面,我国总体贸易谈判能力逐步增强。国家鼓励企业以"走出去"的方式拓展全球资源、重构全球价值链、实现全面战略升级。2014年底,中国1.85万家境内投资者设立对外直接投资企业近3万家,投资遍布全球186个国家(地区)。随着中国贸易地位的变化,企业是否可以通过"走出去"缓解融资约束问题,增强企业的国际竞争力呢?出口的扩张对于企业嵌入全球价值链、金融体制政策改革有何影响?本章结合对企业融资约束问题的最新关注,通过全面总结近十年来国内外学者的代表性研究文献,梳理出口企业融资约束研究领域的发展脉络、主要内容、研究结论,最后,对未来的研究方向做出展望。

二、出口企业融资渠道的选择

在阐述出口企业融资的融资约束问题之前,首先要明确企业融资约束的内涵与出口企业融资渠道的选择。根据法扎里等(Fazzari et al.,1988)的定义,融资约束是指:在市场不完备的情况下,企业外部融资成本过高使得企业的投资无法达到最优水平。简言之,就是获取资金的难易程度。出口企业会根据自身的情况来选择融资渠道,而这些情况又受不同融资渠道的限制,企业可以从银行借贷,也可以通过金融市场借贷。那么,出口企业的融资渠道选择有哪些？哪些因素影响了融资渠道的选择呢？

（一）企业内部融资

企业进入国际市场之前，需要支付一定的沉没成本用于开拓国外市场、搜集信息，这对于企业的财务状况有着较高的要求。投资对现金流的敏感性（Guariglia and Mateut，2005），是企业面临融资约束的表现。伊藤和寺田萩原（Ito and Terada-Hagiwara，2011）对印度的研究发现，在金融市场不发达的情况下，净现金流充足的企业，更有可能自筹出口固定成本，从而更容易出口。如果企业面临的外部资金成本太高，只能通过内部融资的方式进行投资。坎帕和西沃尔（Campa and Shaver，2002）认为，出口企业要比非出口企业拥有更多现金流，并且更可能获得外部融资。钱尼（2005）将流动性约束加入梅利茨（Melitz，2003）企业异质性模型研究表明，拥有充足现金流的企业才可以出口，内部融资状况良好是出口的格兰杰原因。伯纳德等（Bernard et al.，2010）针对以东欧、中亚转型国家的研究发现，内部融资状况在企业进入和退出国际市场中发挥重要作用。并且发现低收入国家相对于高收入国家来说，更不可能从事出口贸易活动。

（二）银行信贷

大量银行方面文献的典型研究成果表明，银行可以促进一国出口贸易的发展，出口量与银行信贷密切相关，银行信贷还会影响企业的出口二元边际（Janda，2009；Degirmen and Gundogdu，2010；Paravisini，2010）。众所周知，在我国，正规金融机构包括银行在内是企业获得外源性金融支持的主要渠道，而就银行融资是否对企业出口具有促进作用，学术界说法不一。

顿德·格里马（Duand Grirma，2007）认为，中国企业获得银行融资与出口的市场导向有关，金融发展能够提高企业的出口强度。但韩剑、王静（2012）认为，银行信贷约束是中国企业参与国际市场的障碍，出口可以有效解决企业贷款难的问题。丹尼尔·帕拉维西尼等（Daniel Paravisini et al.，2015）对银行出口借贷的专业化问题进行了研究，文章通过使用秘鲁的银行信贷与海关微观数据进行实证分析发现，所有的银行至少向一个出口目的地投放了较多且长期的贷款；企业扩大向一国的出口贸易，更可能从向该国提供专门贷款的银行进行融资，金融危机期间，银行借贷的冲击对银行的出口市场专业化产生了很大的影响，这种专业化银行借贷很难被替代；研究表明，通过关系借贷，银行出口放贷除了对特定企业的偏好，还有对不同出口目的地的偏好。

（三）商业信贷

企业面临融资约束时，买卖双方会选择商业信用等其他融资方式。与银行贷款、股权融资相比，商业信贷具有风险小，门槛低的特征（Biais and Gollier, 1997; Peterson and Rajan, 1997）。卡尔等（Cull et al., 2007）研究指出，中国资本市场的不健全，使得容易获得银行贷款的国有企业为其他不易获得贷款的企业进行融资，具体表现为除国企之外的其他企业赊销产品、拖欠商业信用的应收账款。这种债务拖欠行为会占用企业资金，约束企业的融资能力（金碚，2006）。ECK 等（2012）对德国的研究发现，商业信贷不仅促进企业出口，而且有利于企业进口。于洪霞等（2011）使用应收账款相对比例作为融资约束的代理变量，通过对中国的研究发现，企业应收账款的相对比例越高，企业出口的可能性越小。江静（2014）将融资约束分为商业信用、银行信用和政府补贴三方面。她认为，出口企业应收账款的减少，能够提高企业的内部储蓄率，而对于非出口企业来说，增加应收账款、增加利息支出则会降低企业储蓄率。同时，文章提出了出口企业能获得更多政府补贴，政府融资约束较低，非出口企业受银行信贷资金影响较大。

（四）跨国企业融资

哈里森和麦克米伦（Harrison and McMillan, 2003）利用科特迪瓦的数据研究发现，跨国企业的母公司通过多种融资渠道帮助子公司进行出口固定成本融资，跨国企业的子公司更容易出口，所受到的融资约束较小。李和于（Li and Yu, 2009）认为，在融资渠道上，外商投资企业可以从母公司获得部分融资所需贷款，同时又假定企业需要外部融资渠道为出口固定成本与出口生产成本融资。融资顺序是先由企业内部和母公司融资，然后从外部金融机构融资。研究结论认为，企业出口项目成功率越高，或从母公司贷款，其出口可能性越高。实证研究方面，莫纳瓦（2011，2014）通过对中国微观数据的实证研究分析得出，中外合资企业与外商独资企业的出口绩效优于国内私人企业出口绩效的结论。还有国内学者就对 FDI 与出口融资约束的关系进行了研究，中国银行体系的"信贷歧视"限制了企业融资，FDI 能够有效缓解这一融资约束，依赖外部融资的产业在信贷相对密集的地区出口优势比较弱，扩大出口使得 FDI 可以缓解东道国、合资民营企业的出口融资约束（黄玖立、冼国明，2010）。

综上，中小企业和服务业发展迅速，出口需求日益增长，对外部资金的需求日趋增加，出口企业融资难问题愈发突出。出口企业有强烈地寻求创新融资途径、增强融资能力的诉求，除了上述文献的融资渠道，企业实际融资过程中，进出口银行、出口信用保险公司等政策性金融机构还提供多种融资产品，如流动资金贷款、出口订单融资、出口汇款融资、信保项下融资、国际保理等为出口企业破解"钱荒"。

三、出口企业融资约束程度的测算

总体来说，融资约束测度的方法主要有三种（邓可斌，2014）：第一种是法扎里等（1988）提出的投资—现金流敏感度指标（简称 FHP 模型），企业内部人与外部投资者信息不对称，融资约束与投资—现金敏感度正相关。第二种是卡尔普兰等（Kalplan et al.，1977）对托宾 Q 值、负债比率、现金流量与存量比值等指标进行回归，合成构建的 KZ 指数。第三种是怀特德等（Whited et al.，2006）用动态结构方法估计的融资约束指数，简称 WW 指数。WW 指数作为相对较少受到质疑的指数，近年来在国内外研究中得到了广泛应用与发展（Livdan et al.，2009；Lin，2011）。

国内外关于出口企业融资约束文献，大都使用了进出口贸易数据、工业企业数据、上市公司等微观数据，采用了不同的融资约束测度方法、代理变量、计量模型、就不同的研究对象进行实证检验。国外出口企业融资情况的测度，按照评价指标可分为内源融资与外源融资两类。衡量出口企业内部财务状况和运营情况，慕尔斯（Muǔls，2008）、米内特等（Minetti et al.，2011）使用了现金流量、企业资产管理效率、企业的全要素生产率等指标。而考察出口企业的外部融资依赖度，金融市场发展水平、行业外源型融资依赖度等均作为评价指标（Antras and Foley，

2011；Manova，2013）。

中国出口企业融资约束程度代表性的研究包括：于洪霞等（2011）以企业的应收账款相对比例，构造了度量融资约束的代理变量发现，企业的融资约束会制约企业出口能力。韩剑和王静（2012）使用三大指标企业现金流充裕程度、杠杆率、应付账款占收入比分别测度了企业内部融资、银行贷款融资、商业信贷融资。从这三个方面，就企业出口的融资约束事前效应与事后效应进行了检验。罗长远与李姝醒（2014）使用世界银行2005年对中国企业调查问卷整理所得的数据，选择投资—现金流敏感度框架来识别企业的融资约束发现，出口企业、出口规模较大企业、有出口权限的企业，能够通过规避国内市场环境的不确定性、分散市场风险、增强流动性的方式，发出企业资质良好的有利信号，从而有利于企业融资。阳佳余、徐敏（2015）构建了反映企业融资能力的综合指标，对企业的内源融资状、商业信贷融资、外部融资约束、投资的机会进行考察，并且采用分位数方法，确定每个企业在同行业的相对融资能力。董二磊、王博（2015）与文东伟、冼国明（2014）一样，将应付账款作为商业信用融资的代理变量，利息支出作为银行贷款融资的代理变量。借鉴丁等（Ding et al.，2013）的研究，张杰（2015）用企业运营资本投资敏感性指标变量WKS作为企业融资约束的代理变量。

上述国内外的研究，大都采用代理变量，单一指标测度方法，对企业的融资约束能力进行考察，只关注了融资约束的某个方面，局限于传统银行融资、企业间商业信用等方式，忽视了关于出口信用保险、担保的测度。同时，鲜有研究将中国金融市场特有的制度偏向性考虑其中，仅采用反映正规金融信贷的指标难免有偏（黄玖立、冼国明，2010）。

四、融资约束对异质性企业出口的影响机理

企业全球化一个很重要的贸易行为，就是企业从事出口。异质性企业与企业出口产品数量、产品质量、市场数量、出口波动等方面的关系近年来开始得到重视。异质性企业出口与融资约束问题的关系，在梅利茨（2003）提出异质性企业贸易模型之后，引起了学界的广泛关注。那么，融资约束对企业出口是何种影响机理，下文将结合国内外最新的研究成果，对这个问题做出解答。

第十五章 出口企业融资约束问题研究的新进展

(一) 事前决定效应

由于信息不对称、金融市场不发达、银行信贷歧视等原因导致企业融资约束问题,大部分学者认为,融资约束与企业出口决定间的关系是事前(Ex Ante)的,企业受到融资约束,从而难以进入出口市场,只有融资约束较小的企业能够事先(Ex Ante)支付高额沉没成本,有能力进入出口市场销售产品。有大量研究证明,融资约束会阻碍并且会影响总的贸易流动(Manova,2013;Bricongne,2012;Ahn, Amiti and Weinstein 2011; Minetti and Zhu 2011; Chor and Manova 2012; Feenstra et al.,2014)。

莫纳瓦(2013)认为,融资约束对异质性企业的出口主要通过三种影响机制:企业进入国内市场生产何种产品、国内制造商的出口选择、企业的出口水平。该文章利用107个国家金融发展的数据、27个行业金融脆弱性指标,实证分析发现,信贷约束会对异质性企业出口产生影响,信贷约束会导致企业出口市场数量下降、出口商品种类减少、出口贸易额下降。莫纳瓦(2015)详细解释了出口企业需要大量的外部融资,以及出口企业比进口企业更易面临信贷约束的原因:(1)出口需要额外的成本(固定贸易成本与可变贸易成本);(2)跨境航运和交付通常所需时长要比国内订单长60天左右,这就增加了出口商的营运资金需求,需要垫付大量的资金;(3)跨国经营由于汇率波动风险与合同纠纷,面临着不同跨管辖区的法律规定与实践困难。

关于异质性企业与出口领域,主要有以下三方面的研究:一是关于融资约束与出口的扩展边际与集约边际方面。莫纳瓦(2008,2013,2014)发现,融资约束会对出口的扩展边际及集约边际产生影响,实证分析可知,20%~25%的信贷约束对企业贸易的影响体现在由于总产出的下降。与莫纳瓦(2012)的结论相一致,杨连星、张杰、金群(2015)研究证实,融资约束程度的改善会极大促进企业出口边际增长,但对出口集约边际、扩展边际影响程度存在显著差异。利用中国出口数据,对中国企业的研究大多认为,出口增长来源于出口的集约边际增长(即企业出口量增长)。通过首次将价格因素引入出口贸易结构中,施炳展(2010)使用中国出口贸易数据测算出口"三元边际"(数量增长、广度增长与价格增长),发现集约边际增长的速度最快。同时,融资约束对从事加工贸易和混合贸易企业的高端出口企业有很大的抑制效应,但对一般贸易的出口能力影响并不显著。值的关注的是，地理集聚会通过融资渠道对中国出口贸易的促进作用通过扩展边际（出口企业的数量）来体现，地理集聚对外部融资依赖度较高的企业，出口决策的影响更大，并且有利于东部与中部地区企业的出口决策。地理集聚能够促进民营企业的出口倾向于出口量、且能扩大外资企业的出口量，但对国有企业的出口决策没有影响（佟家栋、刘竹青，2014）。二是融资约束与贸易方式、出口模式方面。莫纳瓦（2012）使用中国的微观数据研究可知，融资约束较低的企业会倾向于一般贸易（OT），而融资约束严重的企业，会采用加工贸易与进料加工贸易（PA 与 PI）。融资约束还会对中国企业的出口模式会产生较大的差异性影响。出口企业可以细分为持续出口、新出口和间断出口的不同出口模式，企业融资能力在出口模式选择中的作用重要。提高融资能力能够帮助企业进入出口市场，有利于企业保持出口持续性；融资能力对持续出口型企业边际作用最显著，高于新出口企业与间断出口企业。分地区来看，中国金融发达的东部地区，融资能力对持续出口企业影响最大，接着是新出口企业，再次是间断出口企业；而金融相对欠发达的西部地区，对持续性出口企业的估计系数不显著，对新出口企业和间断出口企业影响较大（阳佳余、徐敏，2015）。三是关于融资约束与出口市场的数量、产品种类、产品质量间的关系方面（Manova and Zhang，2012；Manova，2013）。通过实证方法，张杰（2015）发现，融资约束对企业出口产品质量的扭曲性影响效应，即金融抑制对中国本土企业出口产品质量提升具有阻滞效应。融资约束会减少出口市场的数量与产品种类，降低产品的质量。从所有制类型看，融资约束对国有、集体企业出口产品无显著抑制影响；融资约束对民营性质企业的出口产品形成显著的抑制作用；港澳台和外商投资企业出口产品质量与融资约束呈现倒"U"型关系。

现有的实证研究表明，融资约束是各国出口企业普遍面临的问题，其中，慕尔斯（2008）和米内特等（2011）的研究影响较大。慕尔斯（2008）对比利时企业的出口状况进行分析发现，高生产率与低融资约束水平的企业更易于进入出口市场；融资约束对企业的集约边际没有明显影响，但会影响出口企业的扩展边际；汇率上升，会导致生产率较高的出口企业进入市场，而生产率较低的出口企业会退出市场。米内特等（2011）对意大利出口企业进行研究，研究结果表明，受融资约束企业的出口概率比不受约束的企业要低39%，出口量要低38%。除此之外，马诺来等（Manole et al.，2009）对捷克厂商研究发现，融资状况越好，企业出口

第十五章　出口企业融资约束问题研究的新进展

可能性越高，但二者并不存在反向的关系。帕拉维西尼等、卡普尔等、马诺瓦和艾森等（Paravisini et al.，2011；Kapoor et al.，2012；Manova，2009；Aisen et al.，2013）从智利、意大利、韩国、中国台湾地区选取数据进行了实证研究。阿斯凯纳齐等（Askenazy et al.，2011）对融资约束与出口目的地数量，融资约束与企业退出出口市场的两种关系进行研究发现，出口企业存在融资约束，会减少企业的出口目的地，并且会增大企业退出国外市场的概率。

还有学者认为，低效率的金融体系会阻碍企业出口，使企业外部融资能力下降（Greenaway et al.，2007；Minetti and Zhu，2011）。钱尼（2013）在梅利茨（2003）模型中加入了融资约束，并且预测有融资约束的企业难以支付出口的固定成本，因此更不可能出口。与钱尼（2013）的预测相一致，国家间出口的数据显示，金融体系更发达的国家更倾向于出口，出口与金融体系之间的关系，在经济较脆弱的行业表现得尤为显著（Manova，2010）。中国金融抑制背景下，不仅会造成政府干预对企业融资约束的扭曲性影响，信贷市场的利率管制与数量歧视、资本市场的行政管制会增加企业直接融资成本，浪费信贷资源，抑制非国有经济的发展（周业安，1999）。

（二）出口中学习效应

企业在出口之后拥有更为广阔的市场，融资的渠道会扩大，故也有不少学者认为，企业出口与融资约束的关系是事后的（Ex Post），出口可以改善企业的融资状况。如贝洛内等（Bellone et al.，2008）发现，出口商具有更好的财务状况，而格里纳韦等（Greenaway et al.，2007）与布驰等（Buch et al.，2009）均发现，财务状况良好的企业出口的可能性更大。

格里纳韦等（2007）用英国制造业企业的微观数据，研究了企业的融资状况与出口决定间的关系发现，出口可以改善企业的融资状况，出口企业的融资状况要比非出口企业好，但是融资状况不会影响出口。他们还认为，持续出口企业、新出口企业、退出出口市场的企业有所不同，新出口企业具有较低的流动性与较高的财务杠杆，而进入出口市场的固定成本使企业的融资约束更加严重、财务状况恶化。企业进入出口市场之后，可以利用国内与国外两个市场，实现融资渠道的多元化，分散风险。一方面，出口企业通过获得在国际市场的利润，减少企业所受内部流动性不足的限制。另一方面，出口企业更依赖于国外市场，因此国内宏观经济环境的变化，如通货紧缩、经济周期波动对出口企业影响不大。类似的观点还有，布里奇斯和瓜里利亚（Bridges and Guariglia，2008）发现，参与国际贸易的企业面临较少的融资约束，因为企业通过出口提高了资金流动性，改善了融资难的境况。布驰等（2009）认为，2007年的金融危机之后，世界贸易额大幅下降，而造成贸易额大幅下降一个很重要的原因，是企业难以获得融资。其研究分析了企业参与国际经营和参与国际经营的方式，说明企业面临的融资约束影响企业的出口及FDI行为。韩剑、王静（2012）研究了"出口企业为何舍近求远？"他们利用工业企业数据发现，企业在出口之后，贷款额增加，说明出口可以缓解企业的贷款难问题，这为通过出口缓解企业融资约束问题找到了一个新的解决方案。

综观以上研究，一方面，高额的沉没成本，使得进入国际市场的成本要高于国内市场，受到融资约束的影响较小的企业才可能具备进入国际市场的能力；另一方面，企业进入国际市场之后，会具备更多的融资机会，能缓解企业的融资约束。但是究竟是融资状况好的企业从事出口，还是出口改善了企业的融资情况，又或是两者兼有，学界对此还无定论。

国内外从微观层面对融资约束与出口的研究，为我们的进一步研究提供了很有意义的借鉴，但这些研究也存在一些值得改进与完善的空间。首先，多年来国外学者的研究大都围绕发达国家出口与融资的关系开展，使用发达国家的数据，很少有发展中国家的研究，最近两年部分学者（Chor et al.，2014；Manova，2014）对中国的出口与融资情况进行了研究，这说明以中国为代表的新兴经济体出口企业融资问题，已成为贸易金融领域新的研究热点。发达国家与发展中国家的融资结构存在差异，目前缺乏将进出口市场国家金融不完全性纳入分析框架中，全面而准确的实证研究。其次，大量文献通过计量方法围绕融资约束对出口行为的事先决定效应（Ex Ante）进行了研究，而出口学习效应（Ex Post）的研究相对较少，这方面可作为后期研究的着力点。最后，运用异质性企业与出口理论，如何动态地分析当前中国贸易金融的发展现状，是该研究领域有待深入研究的薄弱环节。

五、全球价值链上出口企业的融资约束

受限于数据、模型等方面,对全球价值链上中国企业出口融资约束问题的研究相对较少,楚尔等(Chor et al.,2014)利用中国的投入产出表、海关数据和工业企业数据测算了企业在全球价值链中的上游度,即企业在价值链中所处位置的指标,考察了企业异质性与出口企业在价值链上位置的关系。国内申明浩、杨永聪(2012)首次将全球价值链与金融支持、产业升级三者相联系,用CES函数模型及推导,微笑曲线分析外部融资与全球价值链嵌入环节的关系。研究发现:资本市场对第二产业的升级有显著促进作用,信贷市场与第二产业的升级存在微弱的负相关关系。

马诺瓦和于(Manova and Yu,2012)将贸易金融与全球价值链研究领域相联系,研究了融资约束是如何决定了公司在GVC中的位置,这种企业的选址又是如何影响企业的盈利能力和贸易方式。他们采用中国海关数据与工业企业数据,将出口贸易分为三类:普通贸易(OT)、进料加工贸易(PI)、来料加工装配贸易(PA)。研究认为,中国企业会选择PI与PA而非OT,是因为缺乏融资渠道,面临融资约束。随着约束水平的提高,企业会从进料加工贸易(PI)转向来料加工贸易(PA),而融资约束水平低的企业则倾向于融资能力要求相对较大的普通贸易(OT)。企业在选择贸易体制(Trade Regime)时,存在融资约束,进而影响了企业在价值链中的参与模式,融资约束较大的企业被锁定在价值链低端,只能从事进料加工组装,进口国外的中间品。而参与价值链分工体系,可通过改善样本中融资约束最小企业的财务状况,企业会增加55亿元人民币(原有水平提高1.3%)的利润以及152亿元人民币(原有水平0.7%)的贸易附加值。莫纳瓦(2012)有一个很重要的发现,即以融资能力为代表的要素成本,是企业全球化行为的一个重要决定因素,进而讨论了全球价值链上最优的贸易政策。

融资约束对位于全球价值链上的企业、不在全球价值链上企业出口行为分别有何影响?国内该领域的研究以吕越、罗伟与刘斌(2015)为代表。他们利用1999~2007年中国海关贸易与2000~2006年的中国工业企业合并数据,测算了企业在全球价值链的嵌入程度,研究发现,在动态分析中,融资约束通过影响固定成本的方式,影响在全球价值链的参与度,

对连续出口型企业来说,就是说已经在 GVC 中的企业,融资约束对企业嵌入全球价值链的程度没有显著影响,而对第一次出口的企业来说,融资约束不利于其垂直专业水平,会阻碍企业在全球价值链中的参与程度。

在跨国贸易、融资约束与全球价值链方面,莫纳瓦(2013,2015)认为,全球价值链上跨国公司的融资依赖问题有很大的研究价值,并特别强调,要在理解全球供应链与各国经济制度、市场摩擦差异的基础上进行研究。而减轻市场摩擦的最有效方式,就是企业(或发展中国家)攀升到全球价值链的高附加值环节。跨国贸易越来越分散,信贷约束可能影响到公司与国家在全球价值链上的位置,从而对企业的利润、技术溢出效应、经济的长期增长产生影响。全球生产网络与金融摩擦的互动,可能反过来形成真实的金融冲击国际传导机制。

代表性的观点还有:德赛等(Desai et al.,2008)关于东道国汇率贬值对当地企业与外商独资企业的影响机制研究,结果表明,跨国公司子公司会在汇率贬值后,扩大规模与投资,而国内企业会收缩规模或退出出口市场。金融市场的不完备性,也影响了跨国公司的垂直一体化决策。安特斯等(Antràs et al.,2009)研究了总部设在发达国家的企业是如何离岸外包给需要外部融资的外国供应商的。他们在 2012 年还提出了"产出上游度"(Output Upstreamness,OU)指标来度量一个行业在全球价值链中的位置。

一些研究认为,跨国公司在供应商融资约束较小的国家倾向于通过外包获取中间产品,而不是垂直一体化方式(Carluccio and Fally,2012)。这是由于东道国金融发展滞后,导致供应商融资约束。

莫纳瓦等(2011)利用中国企业数据发现,中外合资企业与外商独资企业的出口绩效要比国内私人企业好,这是因为外资企业能够从母公司获取内部融资,面临较小融资约束。之后,莫纳瓦等(2014)进一步阐述了该观点指出,跨国公司在中国的子公司,相对当地企业,更依赖于一国金融制度。外国子公司相对于国内企业出口更多,需要外部融资以支持企业的长期投资,公司部门需要更多的流动性短期资金(如较高的库存—销售比率),而有形资产较少的部门,可以用做外部融资的抵押品;基于此,供应商—购买者间的贸易信贷,可以替代正式借贷。从这个角度,各国金融发展程度差异,一定程度上受到各国企业在全球价值链上分布状况的影响,一国的企业越分布于全球价值链附加值较高的环节,对更高风险投资额吸引力越强,对间接融资的需求也越大;而一国企业越处于价值链附加值较低的环节,相对于价值链高端的国家来说,高风险的融资需求越小。

总结现有的实证研究结果,不难发现一些结论:(1)国内外在贸易金融与全球价值链的研究方面尚不成熟,可以说是一个比较新的领域,大多研究主要围绕融资约束、R&D 投资、异质性企业出口行为进行研究,而将全球价值链的分工与演化纳入贸易金融研究的凤毛麟角;(2)根据现有国内外的测算结果,可以得到一个统计结论,即中国企业融资约束的扩大会阻碍参与全球价值链的程度,这对于我们研究金融异质性、企业国际化决策、全球价值链嵌入提供了一个基本认识。但在未来的研究中,低端企业在全球价值链上升级,跟上游的发达国家竞争,两国不同的融资体制对于企业向价值链两端升级有何影响?两国融资成本之差,对于降低融资成本,产业升级有何影响?从事国际代工、加入 GVC 的出口企业与从事国内代工、本土国内价值链上的企业,这两类企业向银行释放的信号有何不同?面临的融资约束程度有何不同?这些问题现有研究都没有给出解答。

随着经济全球化的进一步深入,对于发展中国家,尤其对我国而言,面临着从原来低端嵌入价值链分工,向"中端争夺"和"高端占据"的价值分工地位的攀升。发展中国家部分企业的成功升级,提高了发展中国家在全球经济中的话语权,对原先由发达国家跨国公司主导的全球价值链体系形成新的挑战。全球价值链上企业融资约束问题的研究,毫无疑问是一个贸易金融的前沿领域。

六、总体述评与展望

综上所述,关于融资约束的研究从广度以及深度上都有了新的扩展,众多经济学家对异质性出口企业的融资问题从理论建构与实证分析方面取得了一定的研究成果,丰富了贸易金融领域的理论与经验研究。值得强调的是,尽管中国的金融市场近年来进行了一系列的改革,但金融抑制问题仍然存在,限制了金融市场对企业出口的支持作用,可以说,中国金融改革效率或开放程度将直接影响中国企业在 GVC 上的升级和地位。因此,完善金融市场、促进企业出口、调整融资结构是未来的政策导向。如本章所述,出口企业融资渠道的选择、出口企业融资约束的测度、异质性企业出口的决定因素、全球价值链上出口企业的融资约束等方面的研究,仍存在诸多值得商榷与进一步研究之处。企业进入出口市场的选择机制、融资约束下的最优贸易政策、融资约束对异质性企业出口动态影响机理等问题都是未来的研究方向。

(1) 当前的研究范式大多为静态的,该领域未来应使用动态的视角揭示融资约束对出口企业的影响机理。企业进入与退出出口市场,这种市场选择机制,本就存在着动态性、多阶段性、多选择性的特点,融资约束对没有进入出口市场的企业,后续进入出口市场,加入全球价值链是怎样的影响机理?已经进入国际市场的出口企业被迫退出出口市场,在国内价值链上,从事国内代工,这背后的逻辑因果关系又是什么?现存文献很少对这些问题予以关注。

(2) 融资约束对全球价值链上出口企业的影响,还体现在,对融资的需求要高于企业低端加入价值链时的需求,并且远远高于国内企业在国内市场竞争所需的融资需求。从这个意义上再次证明了,中国金融发展对中国企业向全球价值链攀升具有重大的现实意义。那么,围绕全球价值链上贸易流与金融流互动关系,来说明价值链上的资金流动对发展中国家金融的抑制或金融深化的影响,对发达国家的影响,以及两国货币间的这种关系也是未来值得研究的方向。

(3) 在优化融资约束测度方法、完善数理模型的同时,还要将中国金融体制的异质性纳入理论模型之中,并结合中国自身的金融特质、贸易情况构建模型。同时要关注中国与发达经济体之间融资结构、企业融资现实的差异。美国作为发达经济体的代表,是金融市场导向的金融体制,中国的金融体制尚未完全开放,一旦金融体系满足不了中国在全球价值链上攀升所需大量高风险融资,中国企业就会走出去,或要求金融体制更加开放。

参考文献

1. Allen, F., Qian, J. and Qian, M., 2008, China's Financial System: Past, Present, and Future, *in T. Rawski*, *L. Brand T. eds*, *China's Great Economic Transformation*, Cambridge University press.

2. Ahn, J., Amiti, M. and Weinstein, D., 2011, Trade Finance and the Great Trade Collapse, *American Economic Review*: *Papers and Proceedings*, 101: pp. 298 – 302.

3. Alessand ra Guariglia and Pei Liu, 2014, To What Extent do Financing Constraints

Affect Chinese Firms' Innovation Activities? *International Review of Financial Analysis*, 36: pp. 223 – 240.

4. Askenazy, P. , Aida Caldera, Guillaume Gaulier and Delphine Irac, 2011, Financial Constraints and Foreign Market Entries or Exits: Firm-Level Evidencerom France, *Banque de France Working Paper*, No. 328.

5. Biais, B. and Gollier, C. , 1997, Trade Credit and Credit Rationing, *The Review of Financial Studies*, 10 (4): pp. 903 – 937.

6. Bronwyn H. Hall and Sand ro Montresor, 2015, Financing Constraints, R&D Investments and Innovative Performances: New Empirical Evidence at the Firm Level for Europe, *Economics of Innovation and New Technology*, 1: pp. 1 – 13.

7. Buch, C. M. , I. Kesternich, Lipponer and M. Schnitzer, 2009, Exports versus FDI Revisited: Does Finance Matter? http://econstor.eu/bitstream/10419/30181/1/621686166.pdf.

8. Beata S. Javorcik and Mariana Spatareanu, 2009, Liquidity Constraints and Firms' Linkages with Multinationals, *The World Bank Economic Review*, 23 (2): 323 – 346.

9. Bridges, S. and Guariglia, A. , 2008, Financial Constraints, Global Engagement, and Firm Survival in the UK: Evidence from Micro Data, *Scottish Journal of Political Economy*, 55 (4): pp. 444 – 464.

10. Bernard, A. , Stabilito A. and Yoo. J. D, 2010, Access to Fiance and Exporting Behavior in Transition Countries, *Kiel Advanced Studies Working Paper* No. 456.

11. Cull, R. , L. C. Xu and T. Zhu, 2007, Formal Finance and Trade Credit during China's Transition, *World Bank and China Europe International Business School Working Paper*.

12. Campa, J. M. and J. M. Shaver, 2002, Exporting and Capital Investment: On the Strategic Behavior of Exporters, *IESE Research Papers*.

13. Carlin, W. and C. Mayer, 2003, Finance, Investment, and growth, *Journal of Financial Economics*, 69 (1): pp. 191 – 226.

14. Carpenter, R. E. and B. C. Petersen, 2002, Capital Market Imperfections, High-Tech Investment, and New Equity Financing, *The Economic Journal*, 112 (477): F54 – F72.

15. C. Fritz Foley and Kalina Manova, 2015, International Trade, Multinational Activity, and Corporate Finance, *Annual Review of Economics*, 7: pp. 119 – 146.

16. Chaney, T. , 2013, Liquidity Constrained Exporters, *NBER Working Paper*: No. 19170.

17. Costinot, A. and J. VOGEL, S. Wang, 2013, An Elementary Theory of Global Supply Chains, *Review of Economic Studies*, 80: pp. 109 – 144.

18. Chung, K. and Wright, P. , 1998, Corporate Policy and Market Value: A Q-theory Approach, *Review of Quantitative Finance and Accounting*, 11 (3): pp. 293 – 310.

19. Desai, Mihir A. , C. Fritz Foley and James R. Hines Jr. , 2004, The Costs of

Shared Ownership: Evidence from International Joint Ventures, *Journal of Financial Economics*, 73 (2): pp. 323 - 374.

20. Desai, Mihir A., C. F. Foley and K. J. Forbes, 2008, Financial Constraints and Growth: Multinational and Local Firm Responses to Currency Depreciations, *Review of Financial Studies*, 21 (6): pp. 2857 - 2888.

21. Ding S., Guariglia A. and Knight J., 2013, Investment and Financing Constraints in China: Does Working Capital Management Make a Difference? *Journal of Banking& Finance*, 37 (5): pp. 1490 - 1507.

22. Dirk Czarnitzki and Kornelius Kraft and 2004, Firm Leadership and Innovative Performance: Evidence from Seven EU Countries, *Small Business Economics*, 22 (5): pp. 325 - 332.

23. Feenstra, Z. Li and M. Yu, 2014, Exports and Credit Constraints under Incomplete Information: Theory and Evidence from China, *Review of Economics and Statistics*, 96 (4): pp. 729 - 744.

24. Fisman, R. and I. Love, 2003, Trade Credit, Financial Intermediary Development, and Industry Growth, *The Journal of Finance*, 58 (1): pp. 353 - 374.

25. Feenstra R., Li Z. Y. and Yu M. J., 2011, Exports and Credit Constraints under Incomplete Information: Theory and Evidence from China, *NBER Working Paper Series W*16940.

26. Gereffi, G., 1999, International Trade and Industrial Upgrading in the Apparel Commodity Chain, *Journal of International Economics*, 48 (1): pp. 37 - 70.

27. Greenaway, D., A. Guariglia and R. Kneller, 2007, Financial Factors and Exporting Decisions, *Journal of International Economics*, 73 (2): pp. 377 - 395.

28. Hoshi, T., Kashyap, A. and D. Scharfstein, 1993, The Choice between Public and Private Debt: An Analysis of Post-Deregulation Corporate Financing in Japan, *NBER Working Paper* No. 4421.

29. Heitor Almeida and Murillo Campello, 2001, Financial Constraints and Investment-Cash Flow Sensitivities: New Research Directions, *Twelfth Annual Utah Winter Finance Conference*: December 12.

30. Ito. H., Terada-Hagiwara, 2011, Effects of Financial Market Imperfections on Indian Firms'Exporting Behavior, *ADB Economics Working Paper*, No. 256.

31. JaeBin Ahn, Amit K., Khand Elwal and Shang-Jin Wei, 2011, The Role of Intermediaries in Facilitating Trade, *Journal of International Economics*, 84: pp. 73 - 85.

32. Joan Farre-Mensa and Alexand er Ljungqvist, 2015, Do Measures of Financial Constraints Measure Financial Constraints? *Review of Financial Studies*, Forthcoming.

33. John Baldwin and Beiling Yan, 2014, Global Value Chains and the Productivity of Canadian Manufacturing Firm, *Economic Analysis (EA) Research Paper Series*: Catalogue

No. 11F0027M — No. 090.

34. Joachim Wagner, 2014, Credit Constraints and Exports: A Survey of Empirical Studies Using Firm-Level Data, *Industrial and Corporate Change*, 23 (6): pp. 1477 – 1492.

35. J. R. Markusen and A. J. Venables, 2007, Interacting Factor Endowments and Trade Costs: A Multi-Country, Multi-Good Approach to Trade Theory, *Journal of International Economics*, 73 (2): pp. 333 – 354.

36. Juan Carluccio and Thibault Fally, 2012, Global Sourcing under Imperfect Capital Markets, *The Review Economics and Statistics*, 94 (3): pp. 740 – 763.

37. James L. Berens and Charles J. Cuny, 1995, The Capital Structure Puzzle Revised, *The Review of Financial Studies*, 8 (4): pp. 1185 – 1208.

38. Li Z. J. and Yu M. J. , 2009, Exports, Productivity, and Credit Constraints: A Firm-Level Empirical Investigationof China, http: //gcoe. ier. hit-u. ac. jp/research/discussion/ 2008/pdf/gd09 – 098. pdf.

39. Lakshmi Shyam-Sunder and Stewart C. Myers, 1999, Testing Static Tradeoff Against Pecking Order Models of Capital Structure, *Journal of Financial Economics*, 51: pp. 219 – 244.

40. Lin, C. , Y. Ma and Y. Xuan, 2011, Ownership Structure and Financial Constraints: Evidence from A Structural Estimation, *Journal of Financial Economics*, 102: pp. 416 – 431.

41. Marc J. Melitz, 2003, The Impact of Trade on Intra-Industry Reallocations and Aggregate Industry Productivity, *Economitrica*, 71 (6): pp. 1695 – 1725.

42. Manova, K. , 2013, Credit Constraints, Heterogeneous Firms, and International Trade, *Review of Economic Studies*, 80 (2): pp. 711 – 744.

43. Manova, K. and Yu, Z. , 2012, Firms and Credit Constraints along the Global Value Chain: Processing Trade in China, *NBER Working Paper* No. 18561.

44. Manova, K. , 2013, Credit Constraints, Heterogeneous Firms, and International Trade, *Review of Economic Studies*, 80: pp. 711 – 744.

45. Manova, 2015, Global Value Chains and Multinational Activity with Financialfrictions, *The Age of Global Value Chains*: Maps and Policy Issues, CEPR E-book, Forthcoming.

46. Manova, K. , S-J Wei and Z. Zhang, 2015, Firm Exports and Multinational Activity under Credit Constraints, *Review of Economics and Statistics*, 97 (3): pp. 574 – 588.

47. Maria Bas and Antoine Berthou, 2012, The Decision to Import Capital Goods in India: Firms' Financial Factors Matter, *The World Bank Economic Review*, 26 (3): pp. 486 – 513.

48. Mirabelle Muǔls, 2008, Exporters and Credit Constraints: A Firm – Level Approach, *National Bank Of Belguim working Paper* No. 139.

49. Manole, V. and Spatareanu, M. J. , 2009, Exporting, Capital Investment and Fi-

nancial Constraints, *LICOS Discussion Paper Series*, Discussion PaperNo. 252.

50. Philippe Askenazy, Aida Caldera, Philippe Askenazy and Aida Caldera, 2015, Financial Constraints and Foreign Market Entries or Exits: Firm-Level Evidence from France, *Review of World Economics*, 151: pp. 231 – 253.

51. Pol Antràs and Esteban Rossi-Hansberg, 2008, Organization and Trade, *NBER Working Paper Series* 14262.

52. Pol Antràs and Davin Chor, 2013, Organizing the Global Value Chain, *Econometrica*, 81 (6): pp. 2127 – 2204.

53. Pol Antràs and Ricardo J. Caballero, 2007, Trade and Capital Flows: A Financial Frictions Perspective, *NBER WORKING PAPER SERIES*, Working Paper 13241.

54. Pol Antràs, Mihir A. Desai and C. Fritz Foley, 2009, Multinational Firms, FDI Flows, and Imperfect Capital Markets, *Quarterly Journal of Economics*, 124 (3): pp. 1171 – 1219.

55. Petersem, M. and Rajan R. , 1998, Trade Credit: Theories and Evidence, *The Review of Financial Studies*, 10 (3): pp. 661 – 691.

56. Raoul Minetti and Susan Chun Zhu, 2011, Credit Constraints and Firm Export: Microeconomic Evidence from Italy, *Journal of International Economics*, 83: pp. 109 – 125.

57. Raghuram G. Rajan and Luigi Zingales, 1998, Financial Dependence and Growth, *The American Economic Review*, 88 (3): pp. 559 – 586.

58. Rafael La Porta, Florencio Lopez-de-Silanes, Rei Shleifer and Robert Vishny, 2000, Investor Protection and Corporate Governance, *Journal of Financial Economics*, 58: pp. 3 – 27.

59. Subash Sasidharana, P. J. Jijo Lukose and Surenderrao Komerac, 2015, Financing Constraints and Investments in Rand D: Evidence from Indian Manufacturing Firms, *The Quarterly Review of Economics and Finance*, 55: pp. 28 – 39.

60. Stewart C. Myers, 1984, The Capital Structure Puzzle, *The Journal of Finance*, 39 (3): pp. 575 – 592.

61. Steven M. Fazzari, R. Glenn Hubbard and Bruce C. Petersen, 1988, Financing Constraints and Corporate Investment, *Brookings Papers on Economic Activity*, (1): pp. 141 – 149.

62. Song, Zheng, Kjetil Storesletten and Fabrizio Zilibot-ti, 2011, Growing Like China, *American Economic Review*, 101 (1): pp. 196 – 233.

63. Tirole, J. , 2006, *The Theory of Corporate Finance*, Princeton University Press.

64. T. Beck and A Demirguc-Kunt, 2006, Small and Medium-Size Enterprises: Access to Finance as a Growth Constraints, *Journal of Banking and Finance*, 30 (11): pp. 2931 – 2943.

65. W. Kohler, 2004, International Outsourcing and Factor Prices with Multistage Pro-

duction, *The Economic Journal*, 114 (494): C166-C185.

66. 邓可斌、曾海舰：《中国企业的融资约束：特征现象与成因检验》，载《经济研究》2014 年第 2 期。

67. 董二磊、王博：《金融危机是否对企业出口存在异质性冲击——基于融资约束视角的分析》，载《国际贸易问题》2015 年第 2 期。

68. 韩剑、王静：《中国本土企业为何舍近求远：基于金融信贷约束的解释》，载《世界经济》2012 年第 1 期。

69. 黄玖立、冼国明：《金融发展、FDI 与中国地区制造业企业出口》，载《管理世界》2010 年第 7 期。

70. 江静：《融资约束与中国企业储蓄率——基于微观数据的考察》，载《管理世界》2014 年第 8 期。

71. 金碚：《债务支付拖欠对当前经济及企业行为的影响》，载《经济研究》2006 年第 5 期。

72. 罗长远、李姝醒：《出口是否有利于缓解企业的融资约束？——基于世界银行中国企业调查数据的实证研究》，载《金融研究》2014 年第 9 期。

73. 吕越、罗伟、刘斌：《异质性企业与全球价值链嵌入：基于效率和融资的视角》，载《世界经济》2015 年第 8 期。

74. 申明浩、杨永聪：《基于全球价值链的产业升级与金融支持问题研究——以我国第二产业为例》，载《国际贸易问题》2012 年第 7 期。

75. 施炳展：《出口增长的三元边际》，载《经济学季刊》2010 年第 4 期。

76. 孙灵燕、李荣林：《融资约束限制中国企业出口参与吗？》，载《经济学季刊》2011 年第 1 期。

77. 孙浦阳、李飞跃、顾凌骏：《商业信用是否成为企业有效的企业有效的融资渠道——基于投资视角的分析》，载《经济学季刊》2014 年第 4 期。

78. 佟家栋、刘竹青：《地理集聚与企业的抉择：基于外资融资依赖角度的研究》，载《世界经济》2014 年第 7 期。

79. 文东伟、冼国明：《企业异质性、融资约束与中国制造业企业的出口》，载《金融研究》2014 年第 4 期。

80. 阳佳余、徐敏：《融资多样性与中国企业出口持续模式的选择》，载《世界经济》2015 年第 4 期。

81. 杨连星、张杰、金群：《金融发展、融资约束与企业出口的三元边际》，载《国际贸易问题》2015 年第 4 期。

82. 于洪霞、龚六堂、陈玉宇：《出口固定成本融资约束与企业出口行为》，载《经济研究》2011 年第 4 期。

83. 张杰：《金融抑制、融资约束与出口产品质量》，载《金融研究》2015 年第 6 期。

84. 郑江淮、何旭强、王华：《上市公司投资的融资约束：从股权结构角度的实证分析》，载《金融研究》2001年第11期。

85. 周业安：《金融抑制对中国企业融资能力影响的实证研究》，载《经济研究》1999年第2期。